U0946869

国家出版基金项目
NATIONAL PUBLICATION FOUNDATION

世界历史文库
World History Library

突尼斯史

肯尼斯·帕金斯 著　姜恒昆 译

A History of Modern Tunisia

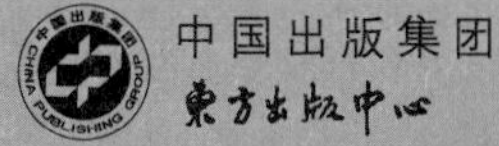

上海市版权局著作权合同登记：图字 09－2011－751

图书在版编目（CIP）数据

突尼斯史／（英）帕金斯著；姜恒昆译．—上海：东方出版中心，2012.8
（世界历史文库）
ISBN 978－7－5473－0500－3

Ⅰ．①突…　Ⅱ．①帕…　②姜…　Ⅲ．①突尼斯—历史
Ⅳ．①K414

中国版本图书馆 CIP 数据核字（2012）第 115847 号

责任编辑：赵　明
责任印制：尚小平
装帧设计：罗　洪
出版发行：东方出版中心
地　　址：上海市仙霞路 345 号
邮政编码：200336
电　　话：021－62417400
印　　刷：常熟新骅印刷有限公司
开　　本：640×960 毫米　1/16
印　　张：19
字　　数：240 千
版　　次：2012 年 8 月第 1 版第 1 次印刷
ISBN　978－7－5473－0500－3
定　　价：30.00 元

《世界历史文库》出版前言

在全球化时代，关注世界各国各地区文明发展的源流、现实和未来，不仅仅是新世纪人文学科的一个重点课题，也是许多当代中国知识分子强烈兴趣所在。甚至，关注别国热点，不亚于关注自身状况，也已经成为心态开放、视野开阔的许许多多当代中国人的一种精神生活方式。然而，至今我国尚未出版过一套相对完备的世界国别史及地区史丛书，这不能不说是一个很大的缺憾。改革开放以来，我国出版业虽然陆续推出过一些国别史、地区史，但既无规划，也很分散，而且主要集中在英、法、美、俄、日、德等大国，覆盖面过于狭小，更遑论完备与权威了。为此，中国出版集团公司通过深入调研，邀约史学界专家进行多方论证，精心策划组织出版这套《世界历史文库》。

《世界历史文库》主要选收国别史、地区史的通史性著作，以国别史为主体，适当辅以地区史。计划共出版 80 种，2 年内出齐。文库编辑委员会特邀我国世界史学界著名学者专家担任学术顾问，精心遴选著作。编选者和学术顾问一致认为，每个国家、地区的历史只选一种著作，因而要求此一种应是在学界已获得广泛定评的上乘之作，且最好是最新成果，作者应为著名史学专家，原出版者也应是知名的出版机构。原著使用的语种主要是英语、德语、法语、俄语、日语等，中文译者应基本上是史学专业人士或具有较高史学修养的翻译家。总之，学术性、权威性、完备性、可资借鉴性以及可读性，是《世界历史文库》编选出版工作所追求的目标。

显而易见，入选《世界历史文库》的著作，只是给读者们提供了关于一个国家一个地区历史一种具有较高学术价值并可资借鉴的优秀文本。在史学领域里，治史者所拥有的材料、眼光、立场以及才学识见的不同，必然导致历史研究结论与叙述状态的迥异，相信读者们会在阅读研究时注意加以辨别。上下数千年，人类一直在探寻自己的历史，寻找“信史”，追求“良史”，以期获得历史的真相和启悟。正如清代著名思想家龚自珍所说：“出乎史，如乎道，欲知大道，必先为史。”治史、读史的目的是为了发现并把握历史发展的规律，这是人类认识自身与寻求发展的需要。因而，寻找“信史”——要求史家叙述历史时具有很高的可信度，是其正当的要求。而追求“良史”——希望史家叙述历史时，在可信的基础上能正确揭示历史的内在真相与内在规律，达到“知兴替”而经世致用的目的，则是其最高的要求。宋代曾巩在《南齐书目录序》中曾提出“良史”的标准：“古之所谓良史者，其明必足以周万事之理，其道必足以适天下之用，其智必足以通难知之意，其文必足以发难显之情，然后其任可得而称也。”《世界历史文库》编选出版工作就是要坚持提供“信史”的原则，努力追求“良史”的境界，竭诚为我国史学研究者提供具有较高学术价值并可资借鉴的优秀文本，并满足各界读者了解世界各国各地区历史的需要，增进国际文化交流，为我国文化的繁荣发展作出贡献。这是编辑委员会和各位学术顾问的共同心愿和追求。

编辑出版工作不周之处在所难免，恳请批评指正！

《世界历史文库》编辑委员会

目录 Contents

导　言

对于细心的游客来说，乘坐城铁 TGM（指突尼斯市、古莱特和马 1
尔萨）——一条连接突尼斯市与突尼斯湾沿岸郊区的窄轨铁路——会成为一次穿越该国历史和文化的非凡之旅。离这条线的终点马尔萨不远是一个 16 世纪的王宫遗址，突尼斯的统治者们在这里吹着海风度过炎炎夏季。1882 年，当时执政的贝伊在这里签署文件，使该国沦为法国的保护领地。沿铁路行驶一英里，列车抵达西迪-布-赛义德，在 15 和 16 世纪，这个村子接纳了从伊比利亚半岛逃亡至此的穆斯林难民，在此后很多年里，这里都是当地和欧洲艺术家最喜欢光顾的地方。传统音乐和乐器博物馆坐落在鲁多夫·厄兰格男爵（1872—1932）的故居，用以纪念这位法国学者经年累月致力于帮助突尼斯音乐家保存其难民先祖带到“西迪布”的安达卢西亚乐曲和技法。

接下来的六个城铁车站穿越两、三英里，都在迦太基。有两个车站被冠以这座古城最著名的一对父子的名字，阿米尔卡和汉尼拔。从阿米尔卡站往山下走，有一座在独立运动早期建成的旅店，吸引着欧洲游客来到这个新近独立的国家的海滩。从车站向西几百码是一座第二次世界大战时的军人墓地——这是在 1942 年和 1943 年的战线上散布在突尼斯的英、法、德、美军队的墓地之一——缅怀那些在北非作战的人，这里掩埋着约 3 000 名美国士兵的遗骸。

快到汉尼拔车站的时候，乘客们可以瞥见铁路两侧的罗马迦太基遗迹。朝向突尼斯湾一侧分布着安东尼浴场，它如今是环绕可一览突尼斯湾至邦角半岛迷人景色的建筑群遗址的考古公园。火车站的另一侧则是一座已发掘的罗马别墅区遗址。紧靠共和国总统官邸的总统车
2 站位于阿米尔卡车站和汉尼拔车站之间。或许在突尼斯市很少有搭城铁上下班的人会对这种并置多加留意，但这种并置无疑使 1956 年以来仅有的两位行政首脑哈比卜·布尔吉巴和宰因·阿比丁·本·阿里安心住在了突尼斯史上的两位勇士的象征性的怀抱之中。

另一个迦太基的车站比尔萨得名于迦太基卫城所在的小山，据维吉尔年代错误的记述，狄多女王在这里款待过旅途劳顿的埃涅阿斯。在法国建立对突尼斯的保护之后，天主教会在山顶上修建了圣路易斯大教堂以纪念这位圣君，他在 13 世纪的那次注定要倒霉的十字军东征就是在下面的沙滩上被打败的。从比尔萨车站步行片刻，即可到达古迦太基的双子港，一为该城的商港，另一为军港。从萨朗波车站（以阿米尔卡的女儿的名字命名，同时也被 19 世纪对突尼斯着迷的众多欧洲作家之一古斯塔夫·福楼拜用作他 1862 年创作的小说书名）可以同样轻松地走到托菲特神殿。一些学者认为，此殿曾举行儿童祭祀来安抚迦太基诸神。

几站之后是一个以 16 世纪海盗船船长海尔·丁·巴巴罗萨命名的车站，其海盗船令欧洲水手们胆战心惊，但也可能是为了纪念 19 世纪具有改革意识的总理海尔·丁·图恩斯。图恩斯曾在法国生活过十年，他认为关于现代世界突尼斯有许多需要向欧洲各国学习的地方。由于这个车站位于古莱特郊区，而两位海尔·丁都曾从这个港口出发开始他们不同使命的航行，因而这种模糊性似乎相当合宜。

位于突尼斯湾的古莱特作为突尼斯的港口已有几个世纪，海岸线在这里的断裂提供了一条进入浅水突尼斯湖的通道，古莱特的意思就是这条“水道”。与地中海沿岸保持的海上联系使这座城市具有了国际

大都会的气氛，甚至在独立后，它仍然是这个国家种族和宗教最为混杂的地区之一。城铁从这座要塞巨大的垛口下经过，这是1535年西班牙哈布斯堡王朝为了巩固对这一地区的占领而修建的。沿着要塞南墙下的街道一直走，在视野模糊之处，有一座哈比卜·布尔吉巴的骑马塑像。塑像原来矗立在突尼斯市中心，但在1987年哈比卜·布尔吉巴总统下台之后被挪到这个不太显眼的位置。离开古莱特，铁路线转向西边，经由1905年突尼斯电车公司所筑的堤道穿过突尼斯湖，这条堤道取代了19世纪70年代早期修建并最先经营这条铁路的意大利特许经 3
营权所有者在突尼斯湖西岸铺设的那条更长的沿湖轨道。大约50分钟15英里的行程之后，列车抵达突尼斯-马里讷车站，途经与3 000年历史相关的诸多古迹。

依照这次搭乘旅行对突尼斯历史的介绍，离开城铁的终点站后可以悠闲地步行一两个小时。出了转门就是这座“新”城的一条东西干道，“新”城是19世纪在湖边平坦的泥滩上修建起来的，这里曾是阿拉伯城梅迪纳城墙外的一个欧洲人居住区。一座巨大的钟塔俯瞰着繁忙的“1987年11月7日广场”，以纪念当日的“历史性转变”，那天本·阿里代替病中的布尔吉巴当上了总统，当时布尔吉巴主宰突尼斯政坛已长达半个多世纪。在“历史性转变”之前，广场中心摆放的是现在被挪到了古莱特的布尔吉巴的塑像。

然而，这条街道仍旧使用着前总统的名字。中心一条宽阔的林荫道，两边是高大的遮阳树，顺着大街把交通车道分开，为行人创造出一个愉快的空间，大量的鲜花摊和随处可见的卖茉莉花束的男人和孩子使这里赏心悦目，香味弥漫。从城铁车站沿布尔吉巴大街走大约300码就到了国家剧院。这座建于20世纪初的剧院是为欧洲定居者修建的娱乐中心的一部分，里面还包括一个赌场，后来成了突尼斯戏剧团体的大本营，他们的演出在提高文化生活水平的同时也点燃了民族主义情绪。两个街区之外隐约可见的是法国75年殖民统治最有力的象征：圣文森特·德·保罗大教堂及其正对面的法国大使馆，独立前，法国大使馆是总督的邸宅以及保护领地政府的总部。在它们之间布尔吉巴大街的中线上是14世纪著名学者突尼斯人伊本·哈勒敦的塑像。向西100码多一点儿就是中心商业区与梅迪纳的主要交汇点。

曾经穿过梅迪纳城墙的城门遗迹如今仅有几座尚在。迄今最著名的是巴布巴哈尔,或“大海之门”,可直通突尼斯湖,今天,人们更多地称之为“法国门”。门内就是英国大使馆,在把突尼斯拉入欧洲范围的竞争中,女王陛下的领事们曾在此密谋对付法国和意大利的领事。附近
4 有曾挤满得到英国保护的马耳他移民的“小马耳他”区和曾容留过犹太人的梅拉赫区。从“法国门”直插梅迪纳的有两条街道,一条叫做加玛宰敦街(宰敦清真寺街)。这条街道沿着山坡缓缓而上,途经五花八门的各种商店,其中许多商店如今专门销售游客青睐的物品,最终抵达清真寺的正门。建于8世纪的宰敦清真寺不仅是一处礼拜场所,而且还是突尼斯第一所教育机构。即使现代世俗学校在19世纪开始取代它的教育职能后,清真寺仍然是穆斯林学术生活的中心,直到20世纪60年代其教学职责被移交给了突尼斯大学的神学与宗教科学系。宰敦清真寺周围蜿蜒的街道和小巷提供了很多消遣,因为清真寺周围环绕着市里最好的商场或市场。香水、香料、书籍、珠宝和精美的织物造成的斑斓色彩和混合香味使清真寺周围区域单另成了一个独特的环境。离宰敦清真寺不远,就在梅迪纳的南部边缘,是贝伊陵(Tourbet al-Bey),这里安放的是侯赛因王朝(1705—1957)君主的陵墓。

另一条穿过梅迪纳的主要街道开始于“法国门”,从清真寺近旁通过,但终点是旧城区(kasbah),这里是梅迪纳的世俗的而非宗教的权力中心。统治者达尔贝伊先前的王宫如今是总理府,而其他政府办公大楼都在梅迪纳最西边的“政府广场”边上。在没有城墙的旧城中穿过那条繁忙的环城大街,就是萨迪吉中学,海尔·丁·图恩斯留下的这座仍然发挥作用的遗产为突尼斯资产阶级的子弟提供了现代中学教育,它也是几代民族主义领导人真正的摇篮。

穿越突尼斯历史的最后一段旅程是沿梅迪纳边缘步行至13世纪

梅迪纳的郊区巴布-苏伊卡，从这里再到突尼斯市地铁的巴布-哈德拉站。始建于20世纪80年代的地铁系统缓解了城市交通拥堵，并把突尼斯市与其北部、西部和南部的郊区连接起来。向西的四号线在巴尔杜王宫设有一站，1881年条约就是在这座贝伊的王宫里签署的，它赋予法国在突尼斯的特别权力并为保护领地的建立铺平了道路。现在国民议会占用了王宫的一部分，入口两侧站着身穿19世纪军礼服的士兵。王宫的其他翼楼都用作了一个世界级博物馆，展出大量的突尼斯艺术品，而最著名的藏品是镶嵌画，许多来自迦太基，其他的来自突尼 5
斯各地：杜加、埃尔-杰姆、沙布尔波-马裘斯和布拉-雷吉雅。一些专家认为巴尔杜王宫里的馆藏是全世界罗马时期镶嵌画最精美的藏品。在一个历史层融合得如此紧密无缝的国家，在21世纪，让这些镶嵌画在这始于14世纪的皇宫中安家似乎是十分合适的。

从马尔萨到巴尔杜不到20英里的旅行中所见到的历史的丰富性和多样性真是非凡，同样令人惊叹的是，这绝不仅限于突尼斯市地区。尽管整个国家只比美国佛罗里达州略大一点儿，但同样可以做具有类似多样性的短途旅行的地方还有其他城市中心，比如苏塞、马赫迪耶、斯法克斯、加夫萨、凯鲁万或者比塞大；首都以西迈杰尔达河谷中的乡镇和村庄；或者西南部的杰里德绿洲。当今突尼斯的历史经历何以能展现得如此密集并有如此多不同的文化痕迹？

非洲海岸线位于邦角半岛的南部弯曲处为突尼斯朝向地中海打开了两扇窗户，一扇朝着欧洲，另一扇朝向中东。自古以来，这种情形使得两个地区的人们，比如腓尼基人、罗马人、阿拉伯人、土耳其人、西班牙人、意大利人、马耳他人、英国人和法国人，都能很容易地进入并控制这一地区。在不同时期，这里的地名也不同，例如迦太基、非洲（阿拉伯语的词形为 Ifriqiya）、突尼斯，因为这里的人民不断接收一批批从地中海盆地各处而来的新来者，他们都在这片土地的风土人情上留下了各自的文化印记。但是在所有留给突尼斯的丰富遗产中，阿拉伯人留下的无疑是最为深厚和持久的。阿拉伯人在近14个世纪以前带到马格里布（“西部”，对他们而言指所有尼罗河流域以外的地方）的语言、信仰和文化从此塑造了这个地区人民的身份核心。

然而，将西西里岛和邦角分隔的近 80 英里宽的西西里海峡还保证了欧洲影响力的迅捷传播。有时，地中海北岸的统治者与突尼斯的统治者争夺对沿海土地的控制权，但是，更常见的是，北岸统治者把自己的政治和经济意愿强加给北非并把它并入罗马帝国以及后来的法兰西帝国。仅在极少数情况下，例如在公元前 6 世纪迦太基的巅峰时期或
6 者公元 9 世纪阿格拉比德王朝统治时期，后来演变为突尼斯的政治实体扭转局势，把欧洲领土据为己有。

但是在任何特定历史时期，无论突尼斯与其邻国的实质关系如何，这片土地都充满了大量的外来影响。当代突尼斯人对他们的祖先巧妙地将自身受到的许多刺激融合成独特的文化感到非常自豪。突尼斯的现代史清楚地表明，这个国家面临的主要挑战在理念和方法上激起的反应如此广泛乃至涉及了民族文化遗产的整个范围。充分了解在任何一个特定时期西方影响力都比阿拉伯-伊斯兰影响力更具强度和广度，了解不同人群如何评价这些影响力以及他们为何持有这些观点，将有助于我们理解这个国家的近代史。

在现代，决定突尼斯历史轨迹的四个反复出现的主题很好地说明了这些影响的相互作用。在讲述那段历史时，本书把最突出的四个因素组合在一起，这是随时代和环境的变化而不同的一个混合体。这些主题是：(1) 努力创造一个统治者和被统治者都认可的政治环境；(2) 努力改造，或者在某些情况下根除被认为是阻碍“进步”的传统信仰和习俗，同时保留根植于殖民前时期的民族身份；(3) 努力促进经济大幅增长，减少依赖并为政治和社会发展提供一个稳定的平台；(4) 探索形成一个反映这个国家接受的多种不同影响的艺术传统。

现代突尼斯历经本地君主制、作为法国保护领地的殖民制和独立的共和国政府的统治。在保护领地早期，突尼斯人努力寻求在国家治理中享有更大的发言权，其中许多人是殖民前政府机构改革运动的资

深人士或宠儿。起初,他们请求拥有在突尼斯的欧洲居民所享受的同
等权利和特权,但法国没有满足他们的请求,这导致他们要求全面终止
法国的统治。反殖民斗争中最成功的领导人利用他们与欧洲和欧洲人
打交道学来的理念和方法发起了一场运动,坚持在掌握西方文化精髓
的同时,保留了在突尼斯人民中产生广泛共鸣的阿拉伯和伊斯兰文化
遗产。因此,良好的定位使他们制定并掌控了 1956 年独立后出现的政
治制度。然而,到 20 世纪 70 年代,人民对他们实行的非宗教的、一党 7
执政的独裁政体的热情的减弱引发了要求彻底改革政治制度,限制行
政权力并推动多元化的呼声。但直到 1987 年,被拥戴为“终身总统”的
前民族主义领袖哈比卜·布尔吉巴才离任。随着突尼斯进入 21 世纪,
本·阿里作为总统及政党领袖的继任者,在政坛上策划的变革的意义
和满意度仍然难以确定。

在突尼斯现代历史上最容易引起混乱、令人不安、影响广泛,同时也是最重要的社会争论就是围绕着传统信仰和习俗的价值。颁布禁止或限制多年形成的习俗和惯例的法令,经常要连同其他形式更为巧妙的政府压力,让人们除了遵从别无他法。从殖民前时期到现在,历届政府认为过时并因此试图消除或大力改变的许多东西都与伊斯兰教有关。尽管国家有权确保人民对其意志的表面服从,但其对宗教事务的处理方式还是给了反对者把柄并引起了强烈反对。保护领地政府引进了法国的法院和学校。类似的突尼斯(和伊斯兰)法律和教育机构仍然存在,但是随着时间的推移在社会上失去了许多声望和实用性。独立之后,国家新的领导人——差不多全都受过法国教育并从中汲取了西方文化的基本哲学——发起了影响广泛的社会改革,据称是为了把突尼斯人从他们认为是在现代世界中已经过时的并且会阻碍发展的信仰和习俗中解放出来。就范围和影响而言,在伊斯兰世界能与之相当的只有穆斯塔法·凯末尔·阿塔图尔克在 20 世纪 20、30 年代对土耳其进行的世俗化改革。但事实是大多数突尼斯人不像这些接受了西方教育的精英,他们的世界观有着不同的来源,这就必然导致了伴随这些改

革而来的紧张关系。许多年来,政府权力一直避免明确反对这些政策,但是当真的明确反对后,这种反对常常成功表现为通过对进口价值观和习俗的猛烈抨击来保护突尼斯的阿拉伯-伊斯兰传统的遗产。

现代突尼斯的统治者们采取了多种策略,努力打造足够强大和稳定的经济来支持政府的政治和社会工作。在保护领地时期,来自首都
8 突尼斯市的经济决定总是让某些人群获得特权,为欧洲人获取土地提供便利,并广泛增加来自欧洲的农村定居者和城市企业家而非突尼斯农民和商人的利益。欧洲人拥有这个国家最富饶、最能获利的土地,控制着存在的为数不多的几家制造企业。被推到经济边缘的突尼斯人发现自己常常陷于贫困,而在罕见的困难时期,比如20世纪20、30年代,尤其是在农村地区,许多人根本无法生存。所以,经济上的不满就成了激起反对法国控制的有力因素。独立后,政府的主要经济目标变成了坚持突尼斯人对经济的控制并且加强工业化进程。为了加快实现这些目标,国家在经济的规划和管理中承担了重要职责,这让人想起1964年执政党名称中增加的形容词"社会主义的"。这种安排的严重缺陷,以及民众对耕地集体化和建立合作农场等这类政策的强烈抵制,迫使政府重新考虑其经济理论,并在20世纪70年代初用另一种以极其不同的信条为前提的经济理论取而代之了。随着自由主义原则的恢复以及以石油和旅游业为主的开放的外向型经济的发展,一些突尼斯资本家获得了极大的成功,但大多数普通突尼斯人并非如此。当那些人由于生活质量下降而变得越来越绝望时,阶级差异也在不断加大。受到1978年、1980年和1984年暴乱的致命打击后,政府制定了介于先前主张的两条路线之间的经济政策并一直贯彻至今。

表演艺术、绘画和文学中有一系列较少为人们研究的揭示不同文化影响力对突尼斯造成冲击的例子。尽管戏剧作品在传统阿拉伯文学创作中并不占重要地位,但是熟悉为欧洲定居者上演的作品的突尼斯人在20世纪早期就已经开始上演阿拉伯语的西方戏剧。在两次世界大战之间的年代,他们的演出剧目不断扩充,包括了更多的阿拉伯作家

还有突尼斯人的创作。大约在同一时期，同样经历了类似的过程，第一批用阿拉伯语写作的突尼斯小说也出现了。在此基础上，到 20 世纪中期涌现了一大批使用欧洲文学体裁和语言创作的新小说。突尼斯许多最杰出的小说家无论使用什么样的创作语言，总是以他们在生活中亲身经历的相互竞争并常常互相冲突的文化之间的较量作为主题。

与戏剧和小说一样，北非的阿拉伯-伊斯兰传统文化中的绘画与雕 9
刻基本无人知晓。然而，一些欧洲艺术家住在保护领地，还有不少来此游览。在 20 世纪 20、30 年代，接触他们的作品促使几个突尼斯人开始尝试绘画。第二次世界大战后，这些人成了“突尼斯画派”的推动力。作为最早的大师，他们创造了重视国家传统和象征但却用现代形式表达的真正的突尼斯艺术性格。在电台和唱片令西方音乐风靡世界的时候，突尼斯音乐家和音乐学家通过保护民族声乐和器乐遗产显示了其对真实性的同样尊重。踏着这些先驱的足迹，独立后的几代剧作家、演员、作家、音乐家和艺术家既从阿拉伯-伊斯兰传统中也从欧洲传统中寻找灵感，并经常把二者的元素融合在一起。许多人因其在国内和欧洲的工作而在整个阿拉伯世界获得了赞许。但突尼斯在艺术创作方面获得最广泛国际认可的是电影。甚至在初期，电影就吸引了一些突尼斯人的兴趣，而国外的制片人利用这个国家充足的阳光和多样的地貌使它成为电影拍摄地。近年来，该国的电影业，由于常常汇集着优秀的阿拉伯和西方作家、制片、导演、演员和技术人员，已经发展成了西方世界之外最受尊重和最为成功的电影业之一。

突尼斯“现代”历史开始的准确时间尚无定论，但是 19 世纪 80 年代法国的强行统治无疑是一个具有重大意义的转折点，那么，就以使保护领地建立成为可能的环境介绍作为本书的开始吧。

致　谢

需要挑选图像来给本书加插图使我接受了一项令人愉快的工作，即仔细查看过去35年在突尼斯收集的照片、邮票、明信片及其他各种各样的纪念品。这项工作还促使我寻找旧图片的存放处。我首先要感谢突尼斯马格里布研究中心（the Centre d'Etudes Maghrébines à Tunis）主任詹姆士·A.米勒（James A. Miller）博士在突尼斯查找和获得由民族运动历史高级研究所（Institut Supérieur d'Histoire du Mouvement National）保存的图片副本方面给予的帮助，并感谢他热心提供了有关突尼斯市事态的最新文字和图像资料。我还要感谢该研究所的M. 费舍尔·谢里夫（M. Faycal Cherif）先生，他慷慨安排提供了我所需要的图片。

南卡罗莱纳大学教学服务中心的基思·麦格劳（Keith McGraw）提供了将明信片、邮票和幻灯片转变为适合出版的图像所需的专业技术，历史系提供了使该项目得以完成的资金。

2002—2003年的公休假大大加快了本书的完成。我妻子玛格丽特被聘为摩洛哥阿加迪尔市伊本-祖赫尔大学（Ibn Zuhr University）英语系的富尔莱特学者，这使我们得以在北非度过了一年时间。住在摩洛哥撰写关于突尼斯的著作可能并不正规，但这大大提高了我对这两个国家的相似和不同之处的认识，我衷心感谢玛格丽特使那次经历成为现实。

肯尼斯·帕金斯

突尼斯主要政治人物

哈比卜·阿舒尔(1913－　　)工会领袖和工人权利的捍卫者。尽管长期作为党的忠诚分子,但在 20 世纪 70 年代他曾严厉批评社会主义宪政党的经济政策对突尼斯工人总会成员的不利影响。1978 年暴乱后一度入狱,1981 年重新开始工会活动,但因抨击政府资助他的竞争对手的工会而于 1985 年再度被捕。1988 年获释后更加远离激进主义。

艾哈迈德贝伊(1806－1855)侯赛因王朝的第十位统治者(1837－1855)。他为使突尼斯免于外来侵略而采取的西化改革被证明代价极为高昂。虽然他的几个计划使他得以幸存,但他的统治为许多突尼斯的未来领导人提供了处理国际事务的最初经验。

阿明贝伊(1879－1962)侯赛因王朝的第 19 位也是最后一位统治者(1943－1957)。取代被废黜的蒙塞弗贝伊后,他寻求与新宪政党和法国政府保持良好关系。然而,独立后的突尼斯政府急于消除竞争性权力核心,把要求他退位看作是废除君主制的前提。

阿里·巴什·哈姆巴(1876－1918)年轻的突尼斯活动家。1905 年他创建了萨迪吉中学校友联合会,1907 年成为突尼斯人出版的第一份法语报纸《突尼斯人报》的共同创始人和政治主任。在组织了争取突尼斯员工与欧洲员工同等待遇的有轨电车系统的抵制活动后，他于1912年被驱逐出境，并在流亡期间死于伊斯坦布尔。

宰因·阿比丁·本·阿里(1936－)1987年后的突尼斯总统。从军队退役后担任大使和部长，随后成为总理并在布尔吉巴下台后担任总统。他的经济政策改善了大多突尼斯人的生活质量，但是没有履行实行富有意义的政治多元化的诺言。政权的伊斯兰主义反对派在20世纪90年代被根除，世俗反对派也被系统地从政治舞台中排出。

塔哈尔·本·阿马尔(1889－1985)参与创建宪政党的政治人物，后因支持改良主义党而退出宪政党，之后在1928－1934年成为大委员会成员并在第二次世界大战后担任其会长，拒绝依附于任何特定党派。1955年被任命为总理，监督了先是通向内部自治，接着导致结束受保护地位的谈判。

艾哈迈德·本·萨拉赫(1926－)政治活动家和工会组织者。1961年被任命为计划部长，承担了独立后的发展后殖民经济的任务。他设法把农业置于国家控制之下的做法引起了强烈批评，加上被指控腐败和管理不善，导致了他在1969年的辞职和被捕。在1973年后的流亡期间，他成立了人民团结运动，1988年重返突尼斯。

萨拉赫·本·优素福(1920－1961)新宪政党激进分子，独立前夕曾挑战过哈比卜·布尔吉巴对党的领导权。他批评布尔吉巴向法国人妥协的意愿及其世俗倾向和对泛阿拉伯主义的蔑视，并促成了一次在法国的协助下才得以平息的公开反抗活动。1956年离开突尼斯，但在被暗杀之前他一直在开罗抨击布尔吉巴。

哈比卜·布尔吉巴(1903－2000)民族主义领袖、新宪政党的创建者之一，突尼斯独立后的首任总理，并从1958年到因健康原因于1987年被解职一直担任总统职位。他结束法国统治的务实策略主导了反殖民运动，而其积极进取的现代主义和坚定不移的世俗主义思想则左右了这个后殖民国家的政策制定。

保罗·康邦(1843－1924)法国总督，1882－1886年。作为法国驻突尼斯首任最高行政长官，他监督实行了建立保护领地的条约所批准的改革。他提出维持贝伊主权门面，而由自己和一小群法国行政人员掌握真正权力，他的这个决定所建立的模式成为他的继任者们的准则。

拉希德·哈努什(1941－　　)1979年伊斯兰教派运动(MTI)的建立者，该团体致力于恢复伊斯兰教价值观。他在布尔吉巴当政最后几年两次入狱，但鉴于总统本·阿里谋求改善与伊斯兰教团体的关系，他于1988年被释放。然而，在政府禁止他的复兴党参加1989年的竞选后，他流亡国外。他被指控策划了1992年的暴力风潮，被(缺席)定为阴谋推翻政府罪。

哈桑·吉拉提(1880－1966)青年突尼斯人党的积极分子。因在1912年抵制突尼斯市电车公司的活动中的作用被驱逐出国。他在第一次世界大战后返回，与建立了宪政党的前同事分道扬镳，并于1921年建立了不太激进的改良主义党。法国自由党人称赞他的温和观点，但在突尼斯人中却几乎得不到支持，该党很快就消失了。

费尔哈特·哈奇德(1913－1952)工人组织者及1945年突尼斯工人总联盟(UGTT)的建立者。通过动员工人支持新宪政党的政治目标，他增加了该党要求的影响力并招致了法国定居者和行政官员的敌意。他的遇刺使他成为民族主义运动中的一位重要烈士，并在全国引发了大量的暴力活动。

海尔·丁·图恩斯(约1822－1890)政治家，曾担任一系列职务，1862

年因与穆斯塔法·哈斯纳达尔政见不同，他自愿离开突尼斯前往欧洲。1869年回到突尼斯，他主张为建立一个强大、公正和负责的国家而进行改革，其中许多改革措施在他于1873年成为总理后得到实施。在1877年哈斯纳达尔的支持者将他赶下台后，他去了奥斯曼帝国。

夏尔-马夏尔·拉维热里（1825－1892）天主教教士，支持在法国对北非进行政治统治的同时传播基督教。白衣传教会是他于1868年成立的一个传教士修道会，甚至在保护领地建立之前就帮助增加法国在突尼斯的利益。1882年被任命为迦太基和阿尔及尔的红衣大主教，为了加强法国在突尼斯的地位，他主张和谐的政教关系。

路易·马科勒（1848－1922）公共教育主任，1883－1908年。他相信教育对建立切实可行的种族关系的重要性，他建立了融合了两种文化因素的法国-阿拉伯教育体制。尽管许多定居者反对，他在保护领地任职期间始终坚持给突尼斯学生提供教育机会。

艾哈迈德·梅斯迪利（1928－　　）社会主义宪政党政治家。呼吁对总统权力进行制度检查以及加大党的经济业务的透明度，1974年被罢免。后来他建立了“社会民主运动党”（MDS），从1983年作为政治党派得到正式承认到1992年退出政治生活，该党在他的领导下参加了几次普通的立法选举活动。

穆罕默德·阿里（约1888－1928）工人组织者和宪政党激进分子。1924年，他组织了突尼斯总工会（CGTT），认为为工人阶级提高社会正义和经济公平会扩大宪政党的中产阶级基础。但是宪政党在1925年背弃了突尼斯总工会，一系列罢工使他们担心针对工会的镇压措施也可能被用来对付宪政党。

勒内·米勒（1849－1919）法国总督，1894－1900年。支持青年突尼斯人党参与突尼斯同胞与西方之间对话的愿望，也支持他们的教育事业，并为他们的出版物提供了政府资助。法国定居者给他施加压力不让他采取这些做法，最终他们游说议员成功令他解职。

蒙塞弗贝伊(1881－1948)侯赛因王朝第18位统治者，1942－1943年。在新宪政党的重要人物因第二次世界大战前的反法活动入狱或流亡时，他站出来成了民族主义发言人。在德国人占领突尼斯期间(1942－1943)，他与德国官员仅保持了不冷不热的官方联系，但他对民族主义的支持却令法国人感到惊慌，他们回来时强迫他退位了。

穆罕默德·萨迪克贝伊(1814－1882)侯赛因王朝第12位统治者，1859－1882年。构想拙劣的发展项目和官僚腐败是他统治时期的特点并造成了巨额债务。无力偿还国外贷款导致了一个国际委员会的成立，用以监督突尼斯财政。随后由总理挂帅的政治和经济改革运动的失败为1881年法国入侵铺平了道路。

穆罕默德贝伊(1811－1859)侯赛因王朝第11位统治者，1855－1859年。通过远离艾哈迈德贝伊的政策，他希望能降低政府开支。英国和法国为了保护他们在突尼斯的利益，迫使他实行司法改革并接受大量外国在突尼斯的投资。

穆斯塔法·哈斯纳达尔(1817－1878)19世纪50－70年代时常担任贝伊的首席部长。积累了一笔个人财富，其中许多来自与急于在突尼斯做生意的欧洲人的合作。因使国家背负了有危害性的债务并残忍地镇压由提高税收引发的叛乱而受到广泛的鄙视，1873年因试图挑动突尼斯债权人之间的相互争斗而失势。

穆罕默德·姆扎利(1925－　　)总理，1980－1986年。由他实施的旨在创建一个更开放、更多元的政治环境的改革引起了他自己所属的社会主义宪政党内保守派的反对，而他无力刺激衰退的经济也使突尼斯中下层人民疏远了他。当1986年有权势的批评家劝布尔吉巴总统解聘他时，他离开了突尼斯以避免更多的政治和法律报复。

纳赛尔贝伊（1855－1922）侯赛因王朝第15位统治者，1906－1922年。1922年他威胁如果宪政党的要求得不到满足，自己就退位，试图以此迫使法国人与新成立的宪政党进行谈判。当总督吕西安·塞恩特派法国士兵包围了贝伊的王宫时，他退缩了，这清楚地表明他不会对这样的威胁做出反应。

赫迪·努伊拉（1911－1993）新宪政党政治家。1958—1970年担任突尼斯中央银行行长，之后任总理至1980年。在任期间，他的主要任务是对艾哈默德·本·萨拉赫的社会主义规划试验造成的混乱进行恢复。作为经济自由主义者，他鼓励私人企业并寻求国外投资，但同时也保留了许多在前十年创办的国有企业。

马塞尔·佩鲁同（1887－1983）法国总督，1933－1936年。希望加剧民族主义运动内部的分歧并排挤其中更激进的人员，他当政开始就提出，如果宪政党不承认其更激进的年轻成员的观点，就解除对宪政党的禁令。当年轻的激进党员于1934年组建了新宪政党，他命令逮捕他们并着手摧毁这个新政党。

莱昂·罗奇（1809－1901）法国驻突尼斯市总领事，1855－1863年。负责加强法国在突尼斯的影响力，罗奇与贝伊建立了紧密的私人关系，便于他提出亲法政策。就在他任职期满之前，他安排法国银行为突尼斯政府完成了第一笔国际贷款。

吕西安·塞恩特（1867－1938）法国总督，1921－1929年。上任时正是对保护领地自建立以来最明确、最有组织的反对时期，他拒绝接受宪政党的主要要求,威胁贝伊要远离民族主义者,并严格限制新闻和政治活动。在表面的平静下,突尼斯对法国统治的憎恨在他任职期间大幅上升。

巴希尔·斯法尔(1865－1917)青年突尼斯人党运动的积极分子。在萨迪吉中学接受教育并因此在保护领地政府担任职务。1898年,在哈布斯政府内任局长时,他因反对法国使用指定为宗教托管地的土地而辞职。十年之后,他对保护领地的不断批评致使他被重新派往远离首都的地方,这严重地削弱了他的影响力。

阿布德·阿齐兹·塔阿比(约1875－1944)从1920年宪政党建立到他去世一直是党的领袖。由于害怕宪政党反对法国的改革建议会引起一系列镇压,他于1923年逃离突尼斯,直到1937年返回。在此期间,一批新的积极分子掌控了民族主义运动。当他重新确立权威的努力失败后,宪政党处于反殖民斗争的边缘。

理查德·伍德(1806－1900)英国驻突尼斯市总领事,1855－1879年。负责保护英国臣民的利益,增加投资以加强英国在突尼斯的势力,由此引发了与法国对手之间的长期竞争,随着他加强突尼斯与奥斯曼帝国之间关系的活动,竞争进一步加剧。

拼写和音译注记

用欧洲人的习惯方式表示突尼斯地名，首先是为了技术上更加准确，但这些方式显然不是常见的和正式的阿拉伯语音译。因此，本书用“Sfax”代替“Safaqis”，用“Kairouan”而不用“Qairawan”，用“Sousse”而不用“Susa”。同样的，本书用已得到普遍认可的西方语言拼写政治人物的姓名。例如，用“Habib Bourguiba”而不用“Habib Abu Ruqaiba”。标准英语字典中的阿拉伯词也使用了相同的规则。由于非专业人士很可能会对拼字符号产生困惑，而专业人士无需拼字符号也能轻松识别名称和单词，因此只使用了表示阿拉伯字母“'ain”的符号“ᶜ”和表示喉塞音的撇号(')。

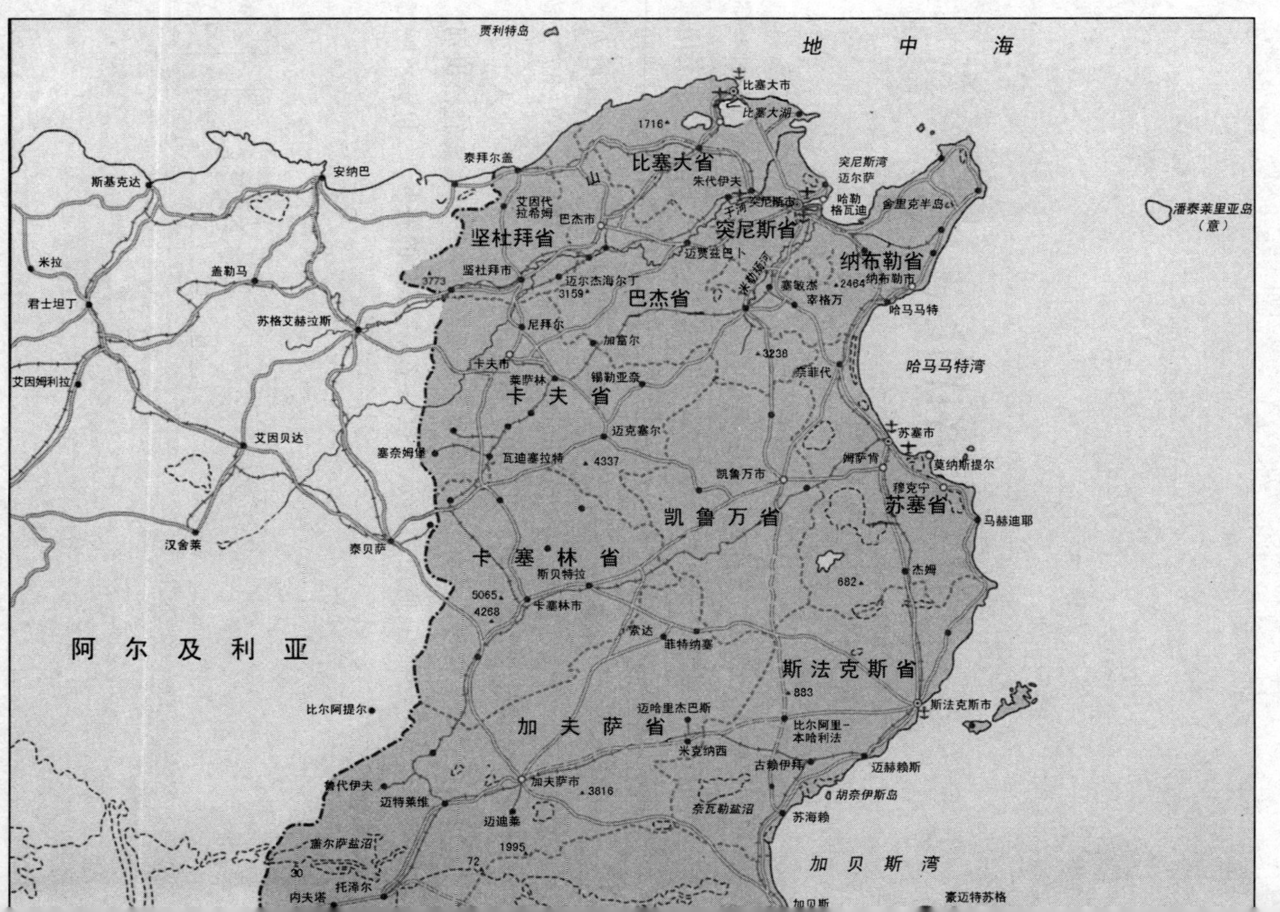

地中海
贾利特岛
潘泰莱里亚岛
（意）
比塞大市
比塞大湖
比塞大省
突尼斯湾
迈尔萨
哈勒格瓦迪
舍里克半岛
突尼斯省
纳布勒省
纳布勒市
哈马马特
哈马马特湾
朱代伊夫
艾因代拉希姆
巴杰市
坚杜拜省
坚杜拜市
泰拜尔盖
安纳巴
斯基克达
米拉
君士坦丁
盖勒马
苏格艾赫拉斯
艾因姆利拉
艾因贝达
汉舍莱
泰贝萨
阿尔及利亚
比尔阿提尔
迈贾兹巴卜
迈尔杰海尔丁
巴杰省
尼拜尔
加富尔
卡夫市
莱萨林
锡勒亚奈
卡夫省
迈克塞尔
塞奈姆堡
瓦迪塞拉特
凯鲁万市
凯鲁万省
奈菲代
宰格万
苏塞市
姆萨肯
莫纳斯提尔
穆克宁
苏塞省
马赫迪耶
杰姆
卡塞林省
斯贝特拉
卡塞林市
索达
菲特纳塞
斯法克斯省
斯法克斯市
迈哈里杰巴斯
比尔阿里-本哈利法
米克纳西
加夫萨省
加夫萨市
古赖伊拜
迈赫赖斯
胡奈伊斯岛
苏海赖
奈瓦勒盐沼
鲁代伊夫
迈特莱维
迈迪莱
托泽尔
内夫塔
加贝斯湾
豪迈特苏格
1716
2464
3773
3159
3238
4337
682
5065
4268
883
3816
1995
72
30

杰里德盐沼
吉比利
1539
杰尔巴岛
朱尔夫
迈特马泰
杰尔吉斯
瓦德
148
56
杜兹
梅德宁市
米勒赫盐沼
加贝斯省
722
本加尔丹
2172
泰塔温
祖瓦拉
梅德宁省
雷马达
1132
宰希巴特
纳卢特
杰纳因堡
博尔马
利比亚
1155
吉达米斯
代赖季
图例
国界
洲界
首都
卡塞林
首府
铁路
铺面路
未铺面路
机场
主要港口
居民地
500,000 以上
50,000 to 100,000
20,000 to 50,000
20,000 以下
1155
高程点（英尺）
0 20 40 60 80 100 千米
0 20 40 60 英里

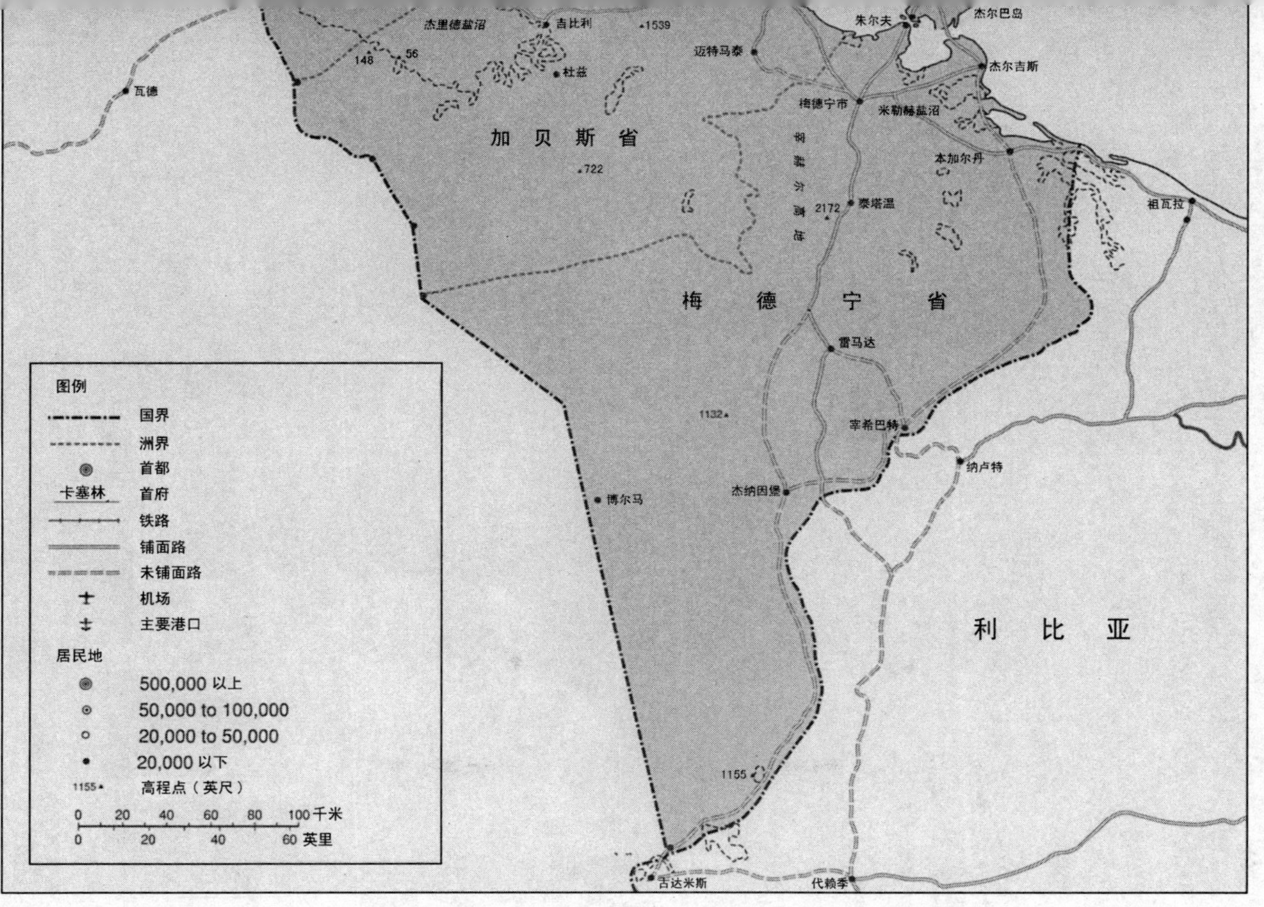

突尼斯

第一章　兵进巴尔杜(1835－1881)

在突尼斯和阿尔及利亚边境的深山密林中,生活着一些长久以来 10
拒绝外来控制的极其独立的部落。频发的争斗,加上一条无视许多部落传统分界线的边界,致使这个地区动荡不安。在19世纪70年代,阿尔及利亚当地军方记录了2 000多起摩擦事件,其中许多涉及越境入侵。[1] 因此在1881年2月,一伙阿尔及利亚人对突尼斯赫米尔(Khmir)部落的一个人进行了伏击,如果不是因为法国在北非有野心,其他欧洲列强有意通融,以及突尼斯政府无力阻止法国的企图等因素交汇在一起,给法国强烈想要在突尼斯采取的军事行动提供了借口,这件事在当地要人的仲裁下以及赔付被害人家属抚恤金后很可能会被淡忘。

当驻阿尔及利亚卡莱的法国军事长官阻挠了部落成员之间的谈判后,可想而知,他们的沮丧在将近3月底时引爆了新的暴力行为。法国军队声称需要稳定地区局势,于4月24日越过边境,两天后攻占了有驻军的要塞卡夫。与此同时,法国军舰炮击了塔巴卡,然后向东行驶到更大、更具战略位置的港口比塞大。5月1日,按照来自突尼斯市的命令,比塞大市长没有做任何抵抗就投降了。在接下来的一周里,法国派

① Mohamed Hedi Chérif, "L'Incident des Khmirs de 1881, d'après les sources tunisiennes," *Cahiers de Tunisie*, 45: 162－163(1992), p. 150.

大量援军加强了兵力，于勒-埃梅·布雷阿尔(Jules-Aimé Bréart)将军准备挥师突尼斯市。持续的降雨使进军比预想的更加漫长和艰难，但布雷阿尔最终还是于 5 月 12 日到达了位于首都西郊巴尔杜的贝伊王宫克萨尔·赛义德(Ksar Sa^{c}id)。因为急于完成使命，他坚持立刻与穆罕默德·萨迪克(Muhammad al-Sadiq)贝伊会面，会谈中他和法国总领事泰奥多尔·鲁斯唐(Théodore Roustan)要求这位统治者在三个小时内同意签署一份规定法突关系的文件。

11 

巴尔杜王宫的正殿。贝伊在这个装饰华丽的大厅里正式接见突尼斯政府官员和外国要人。

12 鉴于法国势不可挡的军事力量，所有在法国人迫近时被召进王宫的政要都劝他妥协，只有一人除外，这唯一的反对声音来自突尼斯市市长拉尔比·扎鲁克(Larbi Zarruk)。《巴尔杜条约》承认贝伊的主权，但是将突尼斯的对外关系置于法国常驻公使的监督下，军队由法国将军统领。此外，这个条约允许法国在其认为有必要时在突尼斯境内任何地方驻军以维持秩序。

尽管表面上看《巴尔杜条约》与最近在赫米尔地区的骚乱有联系,但其中包含的限制条款使一个始于半个世纪前的进程达到了顶点。长期以来,人们从地中海盆地的各处来到突尼斯,他们常常是做生意的过往旅客,也是散居海外地区的居民,这些人在突尼斯市和其他沿海城市为自己开辟了地盘。然而,在艾哈迈德贝伊(1837－1855)统治期间,涌入突尼斯的欧洲人、欧洲商品和欧洲思想都比从前数量更多,强度更大。最初,这些发展主要对突尼斯社会上层产生了影响,但随即就遍布各地了。大约与此同时,在奥斯曼帝国的几个地区,人们对欧洲物品的喜爱把政府推到了破产的边缘,而此时欧洲思想正以极为令人不安的方式对传统观念发起挑战,这些传统观念涉及政治、社会和经济组织的最基本概念。尽管一些突尼斯政治家试图通过实行一个国内改革计划(几乎坚持到了最后)来力挽狂澜,但是当欧洲想在政治上和经济上控制突尼斯的胃口越来越大时,这些令国力衰弱的因素综合起来还是削弱了国家的能力,使它无力应付。1881年5月12日晚在巴尔杜王宫的签约仪式,作为突尼斯历史重大转折点的表现形式,证明了他们无力进行改革。要充分理解那个令人沮丧的场合的意义,就得将其放在艾哈迈德贝伊时期以来在突尼斯发生的事件当中加以考虑。

侯赛因王朝的统治始于1705年,作为该王朝的第十位统治者,艾哈迈德(Ahmad)登基的时候,他的家族历来在奥斯曼帝国内部成功捍卫基本自治的做法似乎正在受到威胁。1835年,奥斯曼帝国的军队已经占领了相邻的的黎波里省,那里的卡拉曼利(Qaramanli)家族自1711年起也一直享受着相似的自由。1830年法国对阿尔及利亚的占领使伊斯坦布尔感到震惊并用行动表明了奥斯曼帝国在北非的利益。
恢复奥斯曼帝国的直接控制意在阻止进一步的损失,这就要通过强调 13
这片土地的统治者不仅是本国君主,还有苏丹,但对于艾哈迈德来说,这只是在突尼斯进行一场相似战役的前奏。此外,阿尔及利亚最东端、与突尼斯有着许多政治、经济和社会联系的康斯坦丁省(Constantine)在艾哈迈德即位当年就落入了法国人之手。因此,在他执政初期,一支他作为虔诚的穆斯林应该效忠的国家的军队驻扎在突尼斯的一条边境上，而他欠了巨款（源于 1830 年入侵阿尔及利亚后法国在突尼斯商业活动的激增）的国家的军队则陈兵于另一条边境上。

艾哈迈德认为，他可以采用大胆并慎重的双向战略来缓解被更强大的邻居钳制的不快，他非常明白法国之所以支持突尼斯在奥斯曼帝国内自治，是希望使土耳其人离阿尔及利亚越远越好，并为法国最终把影响力扩大到他的国家铺平道路。艾哈迈德感激法国对奥突关系的解释，但同时对这个强大的新邻居的意图也很警惕，他向英国请求支持，他相信这会挫败法国以牺牲突尼斯来扩大其北非占领地的任何企图。英国官员对艾哈迈德的友好姿态表示热情欢迎，但让他恼火的是，他们要求他建立与奥斯曼政府更牢固、更公开的联系，坚持认为这样的对策会让法国投鼠忌器（并有利于英国参与突尼斯经济）。尽管英国这样强求，但贝伊从未忘记在奥斯曼帝国的怀抱中窒息的危险，因此坚决拒绝了，他不想让自己看上去好像只是一个省长。因此，他故意回避正式宣布具有划时代意义的 1839 年帝国法令（*Hatt-i-Sharif*）中关于扩大苏丹臣民权利的条款，但是他自己颁布的废除奴隶贸易和解放奴隶的法令（分别颁布于 1841 年和 1846 年）表明，他对奥斯曼帝国改革的反应更多的是想避免表面附庸的形式而不是反对改革的实质内容。帝国皇室对贝伊感到不满，于是在 1840 年派遣舰队前往突尼斯，这使得法国，随后是英国，也向突尼斯水域派遣了他们各自的军舰。只是同时，在奥斯曼帝国的叙利亚爆发了一场更为严重的危机，这才避免了最后摊牌。此后，伊斯坦布尔努力坚持保留象征其最高统治权的惯例做法，而艾哈迈德同样努力地试图摒弃这些做法，其中包括向苏丹纳贡和送礼，以及
14 苏丹颁布法令正式确认每位贝伊的即位。尽管艾哈迈德针对与帝国的政治关系进行的精心设计造成了不确定性，但是伊斯坦布尔、苏丹和奥斯曼帝国的中东各省，就像自 16 世纪土耳其人到来之后那样，对所有突尼斯的穆斯林来说仍然是具有强大吸引力的宗教和文化中心。

除了外交方面，艾哈迈德还发起了一项军事现代化的计划，以使突尼斯军队自己有能力面对来自各方的挑战。就大体框架看，艾哈迈德的计划可以媲美过去 50 年间奥斯曼苏丹塞利姆三世（Selim III）和穆

罕默德二世(Mahmud II)以及埃及总督穆罕默德·阿里(Muhammad ᶜAli)的类似事业。在艾哈迈德贝伊的议程中,购买先进的武器和军事物资排在首位,装备来自几个欧洲供应者,特别是法国。1830 年后,法国政府煞费苦心地强调突尼斯是完全独立的政治实体,因为这种地位最终会让法国把突尼斯并入其北非领地而不给伊斯坦布尔以任何反对的理由。这种观点使法国和英国产生了矛盾,并成为他们激烈争夺突尼斯的一个重要原因,这种竞争几乎一直持续到保护领地初期。这也将法国置于某种奇怪的位置,它装备突尼斯军队去保卫独立,而那个独立或许在某一天法国自己又想要终结它,在这个过程中法国会发现其武器装备被调转枪口对准了自己的军队。艾哈迈德很清楚,所有与他打交道的欧洲人在制定政策时都把他们自己的,而不是他的利益放在首位,但他非常喜欢法国官员在给予他虚设的主权时对他的格外关注。这种奉承在 1846 年贝伊对法国进行国事访问时达到了顶点,之后他接收了许多法国的装备,常常耗资巨大。

火枪、大炮和军舰是艾哈迈德现代化计划的一个重要方面,但其成效取决于两个需求:一个熟悉新型军事和海军设备、具备以这些设备为支撑的当代战术和战略思想的军官团;能够操控这些翻新的军事设施的足够数量的士兵和水手。为了满足第一个需要,艾哈迈德在巴尔杜王宫创建了一所军事学校。在那里,由欧洲教师培养未来的军官们,他们大多数是马穆鲁克的后代(马穆鲁克是声望显赫的官员阶层,被侯赛因的人从奥斯曼帝国的奴隶市场买来,在突尼斯市接受培训后充任政府高级职位),但也有一些是巴迪亚人(Baldiyya)的富家子弟,他们 15
是具有贸易传统,在首都社会地位显赫的阶层。巴尔杜学校规模不大,一直无法培养足够的军官去充实改建的军队,但毕业生接触到的一系列新思想和新概念——除了上军事课外,他们还是第一批系统学习现代数学、工程学和应用科学的突尼斯人——培养了他们的一种凝聚感,使他们单另形成了一个独特的精英团体,这个团体在国家议会中的影响力在艾哈迈德的军事理想消失之后很久仍然继续存在。

为了给军队和海军供应人员,艾哈迈德走出了创新性的一步:征召农民。以前,侯赛因的军队中只有“土耳其人”(土耳其士兵和官员的后代,或从奥斯曼帝国的整个地中海范围内招募的冒险家),朱阿夫兵(阿尔及利亚卡拜尔部落成员,即以武士技艺闻名的扎瓦瓦人),斯帕希人(突尼斯的部落骑士)以及哈姆巴,骑兵部队则包括“土耳其人”和行使警察职责的突尼斯人。在必要时,会从部落招募一支非正规的骑兵部队补充到这些军队中,作为军事服务的回报,这些部落会得到税项减免和其他特权。艾哈迈德在充实军队时严重背离传统的做法不可避免地引起了一些人的不满。政府人员频繁、残酷和任意地征兵,更不用说等待新兵的未卜前途以及他们的家庭将遭受的经济困难,这一切加剧了反抗并促使人们躲避兵役。在短时期内,征兵仅仅是为军队增加了人员,但最终,这种做法灌输了这样一种观念,即普通突尼斯人有可能在国家机构中获得一席之地,并由此在国家的未来中得到利益。

为了给庞大的计划提供资金,艾哈迈德想出了新的税收项目并提高了现有的征收额。他还强行对农产品出口实施政府垄断,恢复了导致欧洲列强与他的几位前任之间经济关系恶化的制度。随着 1830 年在阿尔及尔的胜利,法国对侯赛因贝伊(1824 — 1835)施压,要求终止类似的垄断并允许自由进入突尼斯市场。因此,在欧洲人看来,艾哈迈德恢复出口控制是他们努力推动在突尼斯经济渗透的倒退。尽管政府大力增加财政收入,但许多为支持军队而设计的辅助项目太过昂贵。生产军服和基本补给品的小工厂很少能开足马力运转,因为所需的经
16 费问题,一些项目未能完成,而另一些则因为贝伊的热情飘忽不定而成了牺牲品。

在当政的多数时间里,艾哈迈德对财政灾难都毫不在意,直到 1852 年其核心集团的一位成员卷跑了国库一大笔钱,削减开支才得到重视。然而,即使在这个时候,他仍然拒不实施紧缩政策,(至少他认为)这可能会使突尼斯丧失作为强国的地位。夹在宏伟的抱负和可怕的财政现状之间,艾哈迈德收到了一份措辞强烈的照会并由此结束了他的执政。为了抓住机会展示他所建立的军队,显示突尼斯不比欧洲最强大的国家差,艾哈迈德与英国和法国一起于 1855 年向克里米亚派

遣军队,帮助苏丹抵御来自俄罗斯的威胁。为了给这次远征筹集资金,他变卖了一些王室的珠宝,毫无疑问,当他想象着他这位在理论上处于附属地位的贝伊有可能帮助拯救他的奥斯曼主人,他从中得到了巨大的喜悦。艾哈迈德自信突尼斯参战会为国家赢得尊重,并为他一直希望开始的事业重新赢得支持。或许在得知他的军队在克里米亚因为疾病——而不是根本就没有发生的战斗——而遭受重大损失之前他就去世了是最好不过的事情。这场远离家乡却最终也毫无成果的灾难给军事现代化带来了最后的也是致命的一击。后来的贝伊再也无人显示出一丝恢复它的意向。

在整个执政期间,艾哈迈德面临了一系列特殊挑战。由于他的反应缺乏本地传统范式可以效仿,他的行为大多像在他之前的一些别国君主,如埃及的穆罕默德·阿里、奥斯曼帝国苏丹塞利姆三世和穆罕默德二世,在类似情况下做出的反应:推行注重实效的专门措施,其中许多都严重偏离了过去的惯例。由于贝伊和他身边的精英集团是唯一声言需要进行重大变革的团体,因此这些变革总是来自上层,在上层实施它们的原动力虽然存在,但在基层对改革的影响力缺乏相应的意识(或兴趣)。实际上,艾哈迈德的改革没有一项是真正成功的,但是,直到克里米亚事件之前,也没有哪一项改革具有如此大的灾难性以至于注定了整个改革过程的失败。

为了追求保卫突尼斯以及为国家和自己赢得尊重的双重目标,贝伊与能满足他当前需要的欧洲强国建立了联盟,这往往会抵消来自其他欧洲国家的影响。同时,他以支持国家抵制越来越多的国外影响为
名,为引进创新的、但常常是不受欢迎的项目进行辩护。虽然艾哈迈德 17
18 年的执政时间太短,还不足以让他移植到突尼斯的陌生思想和新技术扎根,但这丝毫没有影响他努力的价值。相反,他在执政初期若无所作为就会招致灾难,若只是试图用最初他手中的贫乏资源来解决面临的问题,几乎肯定会失败。

艾哈迈德最具影响力、最持久的一项改革措施,破坏了突尼斯政府长期以来遵循的组织原则。允许豪门子弟进入巴尔杜军事学校以及征

召农民入伍带来了前所未闻的观念，即突尼斯当地人，“祖国的儿子”，有可能参与国家治理，因此会在国家未来中获得真正的利益。当艾哈迈德让一小群经过严格挑选的年轻人接触到欧洲世界的物质和知识概念时，他启动了一个深刻影响突尼斯政府和社会的过程。在他去世后的几年中，反对欧洲国家竞相影响突尼斯的努力，与实施根本的政治和社会改革的新努力同时进行，营造出了一个艾哈迈德几乎未曾料到的环境。

穆罕默德贝伊对他的前任确定的方向将产生的结果非常谨慎，他本来想与欧洲人保持距离，他认为艾哈迈德与他们结交太过随意，花费过于奢侈。他为艾哈迈德狂热统治结束后的冷却期所做的计划，只不过重复了埃及和奥斯曼帝国的统治者——在那些地区活跃的先驱改革家们的继任者——曾经所抱有的希望，但是像他们一样，穆罕默德几乎没有喘息之机。1855 年他登基时正好有两位有权势的人来到突尼斯，他们不失时机地试图让穆罕默德服从他们的意志。理查德·伍德(Richard Wood)和莱昂·罗奇(Léon Roches)，分别担任英国和法国领事，他们在大部分任期中为在突尼斯获得经济和政治优势相互激烈竞争，但他们最初向贝伊提出建议时采取了一致行动。克里米亚战争结束时，苏丹阿卜杜勒-马吉德(Abdul-Majid)遵照英法盟友的要求，公开肯定了非穆斯林臣民的权利，兑现了他宽容和进步的承诺。无论欧洲强权对奥斯曼帝国基督教徒和犹太人的状况有什么样的担心，他们的基本考虑是，一个更加开放的体制更易于西方经济的渗透，更易于帝国融入世界经济。正如领事们所预料的，穆罕默德就像艾哈迈德在 1839
18 年那样，用同样的理由，拒绝在突尼斯执行 1856 年皇家法令。然而伍德和罗奇不打算让贝伊如此轻松地绕过这个问题，如今，他们可以指望从一个和他们意见一致并主要由马穆鲁克组成的团体得到支持。

尽管这些人受艾哈迈德贝伊的保护，但他们仍为前任统治者的政策带来的进口狂潮感到遗憾。从军需品延伸到种类繁多的消费品，国外产品对突尼斯许多小规模的手工业和企业造成了严重的损害。扭转这种趋势需要彻底改革突尼斯经济，使它纳入国际体系——确切地说，这是英国和法国在奥斯曼帝国的目标。在他们受欧洲影响的观念中，保证普通突尼斯人免受专治政府压迫是开始这一过程的核心前提。当人们的个人自由和财产安全有了保障，这些具有现代化观点的人想象着展开这样一幅图景：生产增长了，不仅是在传统手工业部门，而且是在艾哈迈德执政时期耕作业下降了80%的农业领域。① 最终，艾哈迈德创建的、刚刚起步的工业基地也有望得到扩大。这样的增长不仅会在那些经济领域，而且会在支撑着整个经济结构并加速国内、国际营销的现代交通和通讯基础设施的发展方面，促进国内外资本投资。

1857年的一件事使伍德和罗奇得以向穆罕默德施加更大的压力。贝伊批准对巴托·斯菲兹(Batto Sfez)执行死刑，这个突尼斯犹太人驾的马车轧死了一个突尼斯孩子，然后与一伙穆斯林发生了争吵，盛怒之下，据说斯菲兹亵渎了伊斯兰教，犯了死罪。② 为了表达对死刑的愤慨，两位外交官向穆罕默德提出了一系列司法和经济要求。当穆罕默德提议只服从部分要求时，罗奇命令法国战舰开到突尼斯沿海，穆罕默德知道他实际上已经没有选择了。他颁布《安全公约》(*ᶜAhd al-Aman*)满足了领事的条件，宣布所有臣民享有平等的民事和经济权利。但是，按照双方最初的约定，这个法令进一步使贝伊保证制定刑事和商业准则，建立了混合法庭审理涉及欧洲人的案件。此外，该法令还宣布结束政府垄断。为了确保贝伊遵守这些义务，罗奇和伍德坚持他

---

① Hachemi Karoui and Ali Mahjoubi, *Quand le soleil s'est levé à l'ouest. Tunisie 1881-Impérialisme et Résistance* (Tunis: CERES Productions, 1983), p. 24. 根据本书，耕地从1840年的75万公顷减少到1855年的15万公顷。这一时期的高额赋税、征召农民参军以及农村地区普遍的腐败解释了耕地为何如此急剧减少。有关突尼斯现代时期之前的农业概况，参看 Lucette Valensi, *Fellahs tunisiens: l'économie rurale et la vie des compagnes aux 18è et 19è siècles* (Paris and The Hague: Mouton, 1977)，或者该书的英译本，*Tunisian Peasants in the Eighteenth and Nineteenth Centuries* (Cambridge: Cambridge University Press, 1985)。

② Mezri Bdira, *Relations internationales et sous-développement: la Tunisie 1857－1864* (Stockholm: Almqvist and Wiksell, 1978)，对穆罕默德贝伊的艰难统治进行了非常出色的研究，这也是本文叙述的依据。Bdira 注意到(第47页)在斯菲兹事件发生不久前，穆罕默德判处一名杀害犹太人的穆斯林士兵死刑，他认为贝伊或许把对斯菲兹的惩罚视为恢复群体间关系平衡的一种手段。

19

朝拜者离开宰敦清真寺。突尼斯市最古老以及最重要的清真寺不仅是敬拜场所，而且是全国最著名的伊斯兰教高等教育机构的所在地。这所清真寺大学是突尼斯伊斯兰教的学术中心。

在实施法令时要与他们商议。《安全公约》为全面的经济和社会变革铺平了道路。如同艾哈迈德的改革一样，它也是从上面强压下来，但比过去更为险恶的是，还是从外部强加的。

拥护经济现代化的马穆鲁克认识到外国介入这一过程的重要性，但是大多数人或者低估了欧洲霸权的危险，或者高估了自己阻止这种危险的能力。在有些情况下，他们想的就是以权谋私。欧洲企业家需要为他们在突尼斯的事业寻找中间人，而马穆鲁克熟悉欧洲文化和语言，这使他们成为扮演这种角色并从中受益的理想人选。但这个精英团体中还有一部分人是乌莱玛，或宗教学者，他们普遍持有更严重的怀疑态度。根据传统穆斯林关于“顺民”(dhimmis，住在伊斯兰国家受政府保护的一神教信徒)的观点，乌莱玛不反对贝伊维护非穆斯林臣民的安全，但他们反对非穆斯林在税收和法律事务中享有平等权这种观念。
20 政府行政人员和职员只字不提他们的批评意见，但其他人，尤其是颇有声望的宰敦清真寺大学的谢赫(shaikh,意为“导师”)和穆夫提(mufti,意为“教法阐释者”),则更坦率地说出了他们的观点。或许是为了强调政府认为《安全公约》符合伊斯兰教,穆罕默德命令在星期五的祈祷会上朗读《安全公约》的序言,重点放在贝伊臣民的福利上,而对经济和司法内容加以掩盖。这个公告删节本的广泛传播表明穆罕默德知道其中的细节会引起反对。

自从穆瓦希德时代(12－13 世纪)开始就有少量欧洲商人住在突尼斯市,但是 1857 年之后到来的投机商和生意人大大提高了他们的形象。然而,正像斯菲兹事件和乌莱玛对《安全公约》中某些条款的担心所暴露的,这个国家的社会结构中还包括其他数量更多的非穆斯林居民。巴托·斯菲兹属于一个约有 1.8 万人的犹太人群体,其祖先是在1—2 世纪反对罗马统治的叛乱后从巴勒斯坦流散的犹太人。这些突尼斯犹太人在乡村和城市都有居住,但普遍贫穷,几乎没有政治和社会影响力。还有一个与他们差别很大但规模更小的犹太人群体,仅一两千人,[①]他们的祖先是 16—17 世纪的西班牙难民和 18—19 世纪初来自里窝那(Livorno)的移民。里窝那移民中大多数是商人,他们利用与地中海贸易网的联系在突尼斯市从事重要的、赚钱的工作,起初常常是作为海盗和其资助者的代理人。这些格拉纳人(Grana,在突尼斯对里窝那的阿拉伯语口语称呼)中有些人受过教育并与欧洲有联系,这使他们加入了统治精英的圈子,他们充任顾问、商业代表或者几位贝伊的医生。

在穆罕默德当政期间,除了犹太人,还有几千既非阿拉伯也非穆斯林的人住在突尼斯市内及郊区。其中最大的一个群体约有 7 000 人,来自附近的马耳他岛,他们在码头做车夫或干体力活,从事通常是不需

① 这个数字是根据在法国保护领地开始时犹太人不足 2.5 万人这一估计,见 Jacques Taieb, “Evolution et comportement démographiques des juifs de Tunisie sous le protectorat français (1881－1956),” *Population*, 37: 4－5(1982), p. 953。另外,同一时期这两个群体所占比例的分析,参看 Mohammed Larbi Snoussi, “Aux origines du mouvement sioniste en Tunisie à la veille de la Grande Guerre: Création de l'Aghoudat-Sion et sa première scission (1887－1914),” *Cahiers de Tunisie*, 44: 157－158(1991), p. 227。

要技术的工作。马耳他人说一种近似阿拉伯语的语言，大部分住在梅迪纳的一个区里，或称有城墙的城，遵守的社会习俗只是对突尼斯人熟知的内容做了些改变，他们与突尼斯当地人的主要差别是他们信奉罗马天主教。其他 4 600 多名外国居民包括西西里人、撒丁岛人和意大利大陆人，但在穆罕默德执政期之后的 20 年中，意大利的政治和经济
21 环境使这个数字翻了一倍多。[①] 他们集中在突尼斯市的古莱特港，使那个小镇早在艾哈迈德贝伊执政时期就既有突尼斯特色又有意大利风情，艾哈迈德贝伊的现代化项目把许多熟练或半熟练工人和工匠吸引到这里。其他意大利人是矿工、农民和劳工，或者像马耳他人一样，经营小商店、餐馆和酒馆来满足本国同胞的需要。

除了供应酒类，屠宰猪肉，或者从事某些技术行业，意大利人和马耳他人与突尼斯同行在社会经济阶梯的底层展开就业竞争。尽管如此，到 19 世纪中期，移民们已经在突尼斯市为自己开辟了可观的领地，这使他们的妻子和孩子得以来到这个一直是多为成年男性的群体。此后，大多数移民都是举家迁来。由于在传统上制约穆斯林与非穆斯林贸易关系的贸易特权协定(Capitulation treaties)阻止欧洲妇女在伊斯兰国家定居，这个前所未有的局面影响了整个突尼斯社会的社会和经济活动，而移民与突尼斯人比邻而居使事情进一步复杂化。关于女性恰当举止的观念冲突加剧了群体间的紧张关系，并最终要求政府设法处理曾经被认为是私事的社会经济事务。[②]

就像适用于其他欧洲人一样，《安全公约》也适用于这些移民，但是意大利人和马耳他人继续依赖领事官员(对于马耳他人是指英国领事，因为

---

① Janice Alberti Russell, "The Italian Community in Tunisia, 1861－1961: A Viable Minority," unpublished Ph. D. dissertation, Columbia University, 1977, p. 39. 对马耳他人口的估计，参看 Julia Clancy-Smith, "Marginality and Migration: Europe's Social Outcasts in Pre-colonial Tunisia, 1830－1881," in Eugene Rogan (ed.), *Outside In: On the Margins of the Modem Middle East* (London: I. B. Tauris, 2002), p. 150。

② 关于欧洲妇女到来后所引发问题的最佳研究，见 Julia Clancy-Smith, "Gender in the City. Women, Migration and Contested Spaces in Tunis, c. 1830－1881," in David M. Anderson and Richard Rathbone (eds.), *Africa's Urban Past* (Oxford: James Curry, 2000), pp. 189－204。

他们的故乡是英国殖民地)保护并增进他们的利益。外交官没有忽视他们,因为相当数量的本国公民或臣民的出现会造成潜在的影响力,但在1857年之后,他们更愿意花精力给商人和投机商的建议提供便利,这些人在突尼斯的商业投机能更直接地推进他们所代表的政府的战略。无论如何,许多领事把19世纪60、70年代的移民潮与犯罪率上升联系在一起,有些是轻罪,但有些要严重得多,甚至危及了他们的使命,例如蔓延的走私活动,其中包括走私违禁武器。由于认为犯罪行为与大多数移民的社会经济地位低下有关,大使们有时候会允许阶级利益取代民族团结,他们相互串通并勾结有权势的突尼斯人,对那些从“还算不上是欧洲的”地中海沿岸(即马耳他和意大利岛屿)来的移民,尤其是妇女的生存造成了不利。[①]

穆罕默德贝伊发布《安全公约》时受到的逼迫让他极度痛苦。他几
乎没有采取任何步骤来执行这项法令,但当欧洲投机商大批涌入突尼 24
斯时,他们的领事不断援引这项法令。伍德和罗奇是这片呼声的领头人,他们甚至还施加新的压力逼迫穆罕默德制定一部完备的宪法来增加《安全公约》的效力。尽管穆罕默德不想这样做,但根据经验他知道在这件事上他没有什么选择。为了尽量利用令人不快的形势,贝伊成立了几个委员会对这样一个文件可能的版式进行审查。穆罕默德任命了艾哈迈德贝伊随从中的资深人员,作为改革最公开的拥护者这些人几乎不可能被排除在外,此外他还指定了许多乌莱玛进入委员会。许多宗教领袖与城市商人有家族的和社会的联系,这些商人在欧洲人开始控制国际贸易后陷入困境。因此,他们憎恨看到眼前正在展开的图景,认为这与欧洲影响力的大肆增长有关,并进而将这种影响与艾哈迈德当政期间开始的许多革新联系在一起。他们害怕一旦这扇允许欧洲

---

① 同前引,第200页。越来越多的文献也公开了关于前殖民时期突尼斯妇女生活的重要材料,例如,可参看 Abdelhamid Largueche and Dalenda Largueche, *Marginales en terre d'Islam* (Tunis: Centre d'Etudes et de Recherches Economiques et Sociales, 1992); Adelhamid Largueche, *Les Ombres de la ville: Pauvres, marginaux et minoritaires à Tunis* (Tunis: Centre de Publications Universitaires, 1999); and Dalenda Bouzgarrou-Largueche, *Histoire des femmes au Maghreb: Culture matérielle et vie quotidienne* (Tunis: Centre de Publications Universitaires, 2000)。

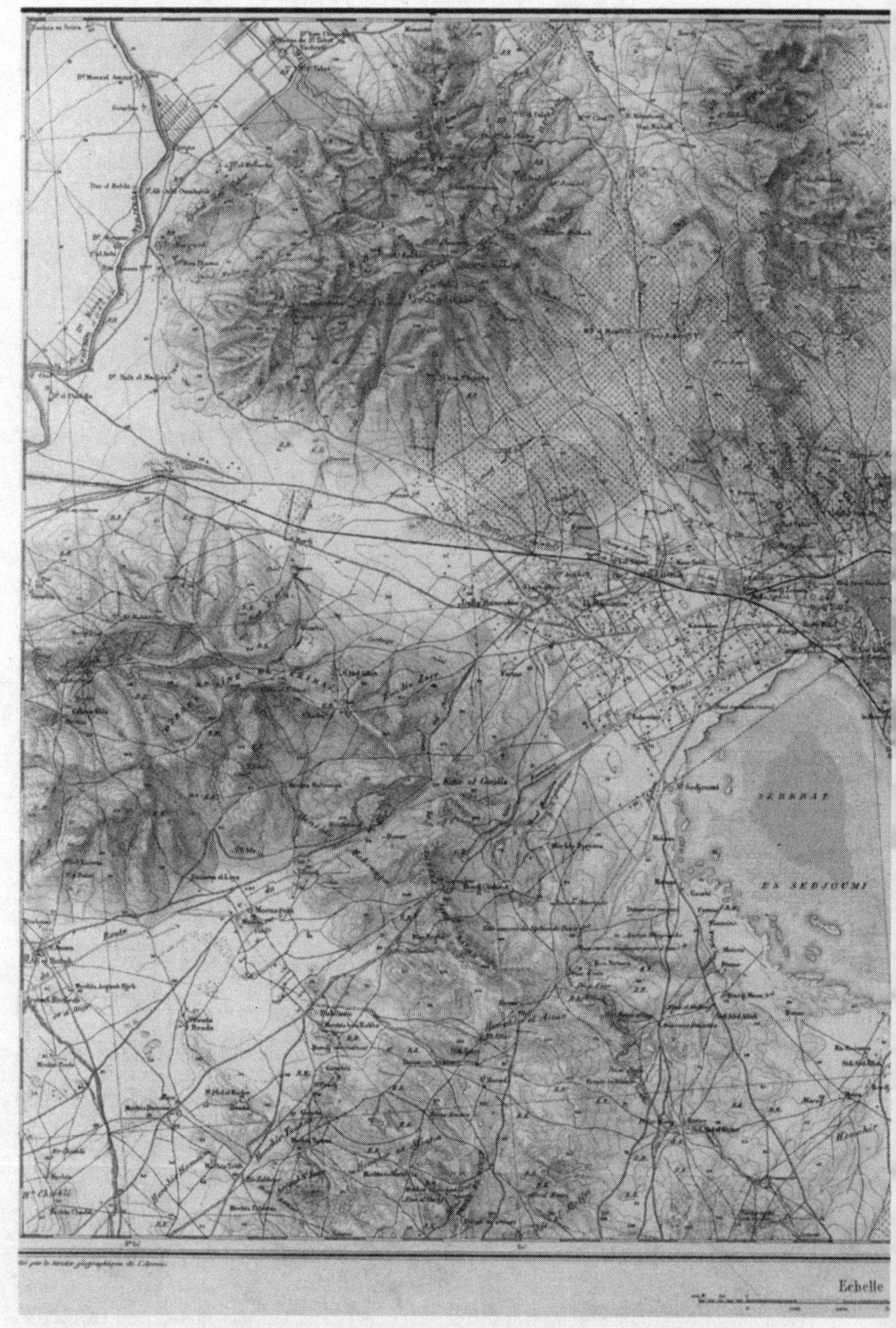

突尼斯市及周围地区，约 1898 年。698 年，突尼斯市由来自尼罗河流域的阿拉伯军队建立，它取代迦太基成为这个地区最重要的城市。突尼斯市在哈夫西德王朝(Hafsid Dynasty)(1227－1574)经历了一个黄金时代，并且在 1883 年《马尔萨协议》使突尼斯正

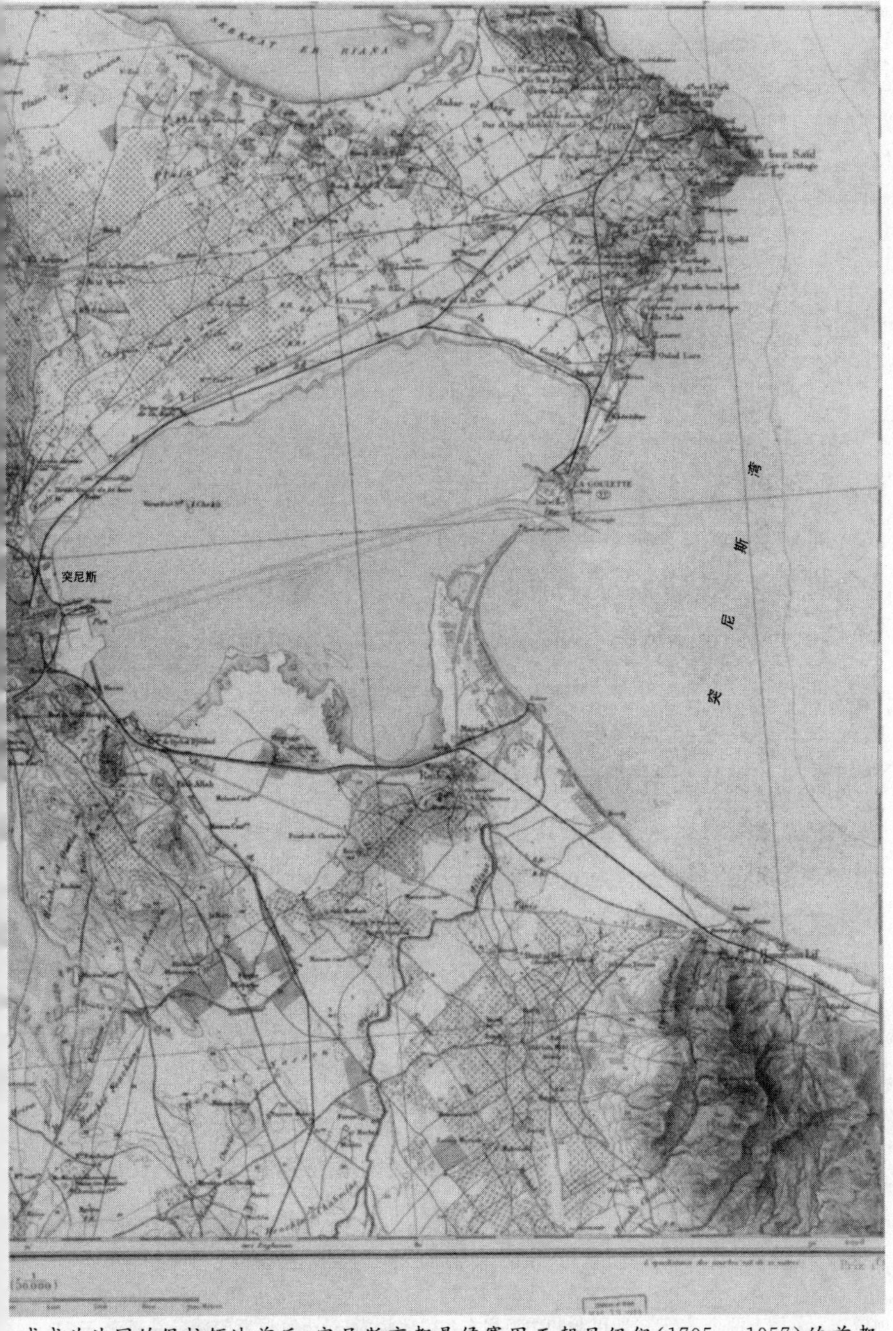

式成为法国的保护领地前后，突尼斯市都是侯赛因王朝贝伊们(1705－1957)的首都。其后，从突尼斯市的港口古莱特沿突尼斯湾一直到马尔萨，许多郊区都成了这个城市欧洲居民的时尚生活区。

24 进入突尼斯的大门被打开，就再也关不上了，而且突尼斯人将无法控制从这扇门通过的东西。埃及和奥斯曼帝国的乌莱玛在几十年前就曾表达过类似的担忧，到了19世纪50年代后期，他们的担忧被证明是有先见之明的。更重要的是，乌莱玛认为突尼斯已经有了一部宪法——《古兰经》，因而就不需要其他立法来保障正常的社会秩序。然而，乌莱玛委员缺乏政治手腕，也没有与搞现代化的人进行联系，他们并未开始一场肯定会失败的浴血之战，而是在商议之后决定退出。

当宪法委员会着手开始工作时，穆罕默德贝伊最后又做了一次努力，通过两害相权取其轻以及加强突尼斯与奥斯曼帝国的联系来检验欧洲的野心。他派政府代表前往伊斯坦布尔，提议承认苏丹对突尼斯的权利，以此换取苏丹允许侯赛因家族管理这个国家的自由。突尼斯密使强调这个提议仅仅是对现状的一个形式上的承认，当了解到这是贝伊因为势弱而采取的行动，苏丹不同意改变任何奥斯曼帝国的传统观点，即突尼斯只是帝国的一个省。苏丹的固执把突尼斯劲头最十足的改革家进一步推向欧洲，但还有一些人认为与世界上最强大的伊斯兰国家保持良好关系仍然是必要的。[①]

在宪法委员会远未结束其工作之前，促成委员会成立的英法合作
25 就变成了对投资机会的激烈竞争。伍德和罗奇认为艾哈迈德贝伊和穆罕默德贝伊的总理穆斯塔法·哈斯纳达尔(Mustafa Khaznadar)是上层统治集团中最具影响力的人物，他能够轻而易举地加快或阻碍他们的计划。1858年，先是罗奇接近哈斯纳达尔，为他引见愿意为贝伊政府提供财政支持的法国银行家。哈斯纳达尔感觉这是个陷阱，他试探伍德的意见来决定他可以做出什么样的对策。这位英国官员抓住机会主张建立一个由双方国家的投资者出资，由领事馆控制的英国-突尼斯

---

① Andreas Tunger-Zanetti, *La Communication entre Tunis et Istanbul, 1860－1913. Province et métropole* (Paris: L'Harmattan, 1996), pp. 18－19，在描述19世纪的突尼斯市时说在它外围有两个大都市，即巴黎和伊斯坦布尔。他认为，对于突尼斯的领导人来说，在19世纪50年代，巴黎比伊斯坦布尔更为重要。对于突尼斯的中产阶级，这种转变又用了20年。在普通人眼里，这座欧洲城市从来没有取代过这个穆斯林城市。

银行。除了把突尼斯和国际(或至少是英国)货币体系联系起来,这个机构还将垄断法定货币的发行。罗奇当然是强烈指责这个协议,但穆罕默德批准了,并补充了欧洲人自己解决他们关于银行的分歧的建议。但他们未能做到(像贝伊以为的那样),而突尼斯想要双方互相削弱的策略也未能成功。法国不断施压,有时是明确提醒其在阿尔及利亚强大的军事部署,这让穆罕默德确信,在这件事以及其他大多数事情上,他无法公然拒绝法国的意愿而安然无恙,尤其是法国在英国提供支持保证的背后还从未如此直接地显示军事力量。最终,他撤销了对银行的认可,尽管因为态度的彻底转变而招致了大笔赔偿。

后来,在 1858 年,伍德告诉贝伊,一伙英国企业家想要建一条电报线连接突尼斯市和阿尔及利亚的卡莱,从那里海底电缆穿过地中海直达欧洲。甚至在贝伊尚未来得及回复之前,罗奇就要求他拒绝这一提议,并要求他同意一个法国项目,说这个项目不但对他的国人有益,而且额外的好处是使英国的经济利益远离阿尔及利亚。两个建议的不同仅仅在于法国公司想让突尼斯政府承担一部分费用。穆罕默德断然拒绝了这个提议,但他的确接受了法国修改后的提议,其中要求突尼斯为这个项目的辅助部分支付的费用更为适度。同样,投资商坚持认为,政府在经济上参与连接古莱特港与首都的铁路修建、转让道路使用权并提供免费劳工阻碍了工程的进展,尽管这样的连接对突尼斯融入世界经济具有明显的重要性。1859 年穆罕默德去世,几年之后,一家英国联合企业建议修建这条铁路,突尼斯无需出资,但作为回报,公司要拥 26
有 99 年的经营特许权。他们意欲将铁路线向西延伸到阿尔及利亚边境,这使法国人感到不安,就像对付电报项目一样,罗奇要在这一项目明确之前进行暗中破坏。

潜在投资人的贪婪和英法之间的竞争使本来可以促进突尼斯经济发展的项目流产了,而与此同时,其他不能很好地满足突尼斯的需要或者成本过高的项目却还在继续。然而,这种反常不完全是由于领事们把能力用来对付欧洲和突尼斯之间的权力不平衡,还因为这些项目不但为外国投资者,也为当地的中间人带来了可观的利润,因此,中间人会大力推动这些项目。比如,如果英国-突尼斯银行能取得成效,穆斯塔法·哈斯纳达尔本可能成为银行总裁(表面上是因为他担任总理职务,但无疑是为了回报他与伍德的合作)。其他突尼斯重要人物策划与欧洲投资人的合作,而那些能进入权力通道的人都找到了很好的位置去取悦外国人,安排引见并带领他们进入陌生的经济环境。过去几乎没有听说过的腐败和任人唯亲在穆罕默德执政时期竟然变得更加显著。有一个最典型的例子是,一家法国公司于 1859 年通过贿赂以及由罗奇施加压力签订了一份合同,由政府出资,修建从宰格万(Zaghouan)到突尼斯市的输水管道,所涉及费用原本高得令人无法接受,但疲惫不堪的穆罕默德屈服了。他的继任者,穆罕默德·萨迪克(Muhammad al-Sadiq),接过了完全无力承担的义务,由于税收下降和垄断的废除,国库已经空虚——这都是《安全公约》带来的后果。突尼斯的现代化和依赖性携手并进。

由穆罕默德成立、研究有关颁布突尼斯宪法问题的委员会在他去世时才完成了工作。穆罕默德·萨迪克对这一进展表现出了兴趣,他确信采取这种欧洲政治模式会使突尼斯博取列强的欢心,并缓解他们在穆罕默德更保守的执政时期所施加的压力。在情况最好的状况下,这样一个大的改革有可能会成为突尼斯赢得与欧洲国家平等的一个重要步骤,穆罕默德·萨迪克,像他的堂兄一样,对此非常重视。这种可能的结果会让突尼斯与奥斯曼帝国保持距离,也许还会保障其形式上的主权。然而,真正重新调整突尼斯的政治体制并非贝伊的优先考虑。
27 鉴于法国对奥突关系的一贯看法以及法国对宪法极为热情的支持,穆罕默德·萨迪克把一份宪法草案拿给拿破仑三世过目,在征得他的同意后于 1861 年进行了颁布。

作为伊斯兰世界的第一个此类法律,这部基本法建立了君主立宪制,部长们向君主任命的一个 60 人的大议会负责。被提名进入议会的许多人都是改革坚定的支持者,其中最著名的是议长,一位名叫海尔·丁·图恩斯(Khair al-Din al-Tunsi)的马穆鲁克。但一些有权势的人物,如穆斯塔法·哈斯纳达尔,在过去责任和义务普遍不明确的环境中曾经很活跃,他们也坐在议会中但却不想与改革——尤其是那些使人紧张的责任——有任何关系。其他突尼斯人虽然与哈斯纳达尔的原因有很大不同,但也对正在开始的变化持保留态度。

对于一些人来说,改革者们的政策,在错误思想指导下,集中反映在他们含蓄地批评《古兰经》教义已经不足以作为社会政治的参照标准,这使得宪法变成了避雷针,周围聚集着众多的不满。由于未参加宪法制定的讨论,乌莱玛大都忽视了宪法的公布,但其他阵营中的不满立刻涌动起来。突尼斯稳步融入国际经济使小麦和橄榄油等农产品出口激增,导致这些主要产品在本地市场的价格高涨。为了表示抗议,一伙商人和宰敦乌莱玛于 1861 年末在苏克(即中心市场)联合举行了一次示威活动,并通过向巴尔杜王宫前进扩大声势。贝伊对这次冲突的回应迅速而有力:逮捕了参与示威活动的许多非宗教人士,并拉拢了几个温和的乌莱玛,安排他们到政府任职。政府对这些事件的解释冲淡了它们的意义,但在王室和外国领事馆却是众所周知的,抗议者认为造成他们经济困境的根本问题是外国影响力的蔓延,现在集中体现在宪法当中。

由于缺乏收入,贝伊在 1860 年开始发行公债,但只有在农村地区更全面、更系统的征税才能给他带来还清财务欠债的真正希望。当然,任何这样的尝试都会受到抵制,并且被认为是政府对外国债权人负债造成的后果——这种认识相当正确。在惯例上由部落酋长执行法律的地区,由于害怕司法重组会导致政府法庭的介入,因此生出了对突尼斯 28
政府进一步的憎恶。在这种情况下,以宪法为顶点的改革进程又一次被看成是令人讨厌的局面的核心问题。罗奇指责哈斯纳达尔引发了这场骚乱,当他和他的盟友无疑在利用这种局势时,许多普通突尼斯人都以某种方式受到了始于 1857 年的事态进展的不利影响,因此,似乎可以合理地断定,他们的行动首先是来自对自身利益的考虑。

穆罕默德·萨迪克希望自己一幅开明立宪君主的形象会缓和来自欧洲的压力,他的这种幼稚通过 1863 年的两件事让人们有了清楚的认识。他决定先从巴黎银行家那里商谈一笔贷款整顿金融公司,然后通过给英国公民特权来抵消法国日益增长的影响，这把普遍存在的不安推向了公开叛乱。为了偿还约 3 000 万法郎的国际债务，突尼斯政府借款 3 500 万法郎，但佣金和折扣使这笔钱实际拿到手的只有 2 900 万法郎。以 12%的利率计算，还款额总计近 6 500 万法郎，等于每年偿还 700 万，这大约是政府年平均收入的一半。[①] 贝伊保证用个人税，或人头税马杰巴(majba)，产生的收入来偿还这笔债务，但恐怕税收不能带来足够的资金，于是做出了税率翻倍这样不明智的决定。

穆罕默德·萨迪克还发现，尽管列强们拥护宪法，但马耳他、意大利和其他欧洲群体的成员不喜欢宣布突尼斯所有居民平等，因为这个理念会造成他们丧失某些特权。例如，他们不愿服从突尼斯法庭的管辖，而想保留领事法庭，以及继续享受某些形式的免税。尽管如此，他们坚持他们有权得到宪法保证提供的保护。这种高度选择性的解释激怒了突尼斯人，进一步证明了改革的不可信。结果，贝伊顺利地看着出台了一个正式协议，这份协议在宪法的保护伞下，将英国公民，其中包括大量马耳他人，置于与突尼斯人平等的地位上。对于穆罕默德·萨迪克而言，这份《英国-突尼斯协定》结束了一个庞大而重要的外国群体的治外法权地位；对于英国人来说，协定的条款确认了宪法赋予的财产所有权，即是批准他们在这个国家从事工作。对双方都极为重要的是，法国影响力因近期贷款得到了增加，而这个条约对法国的影响力起到
29 了制衡作用。然而，对贝伊的大多数臣民来说，这份协议只代表另一个机制，使外国人巧妙地逐渐参与突尼斯事务，几乎可以肯定这对突尼斯是不利的。

1864 年，恐惧、愤怒、沮丧和憎恶导致叛乱的全面爆发。自从劝阻贝伊和哈斯纳达尔从海外借款的努力失败后，海尔·丁在突尼斯受到

---

① Anne-Marie Planel, "Etat réformateur et industrialisation au XIXe siècle: les avatars d'une manufacture (1837 – 1884)," *Maghreb-Machrek Monde Arabe*, 157 (1997), p. 103, 评论说因为奥斯曼帝国从 1854 至 1862 年间从欧洲得到了六笔大的贷款，同时也因为墨西哥、秘鲁和美国南部邦联在 19 世纪 60 年代初都想借款，这导致当时在欧洲市场上借贷的费用相当高昂。虽然这是事实，但突尼斯贷款的条件被认为肯定是非常过分的。

排斥并移居欧洲,他从欧洲观察局势,勾画了一幅糟糕的形势图。

> 阿拉伯人不再支持强加在他们身上的专制制度和不公正,他们在摄政统治区的起义此起彼伏;这种可怕的暴动使政府处于垮台的边缘。贝伊处境困难,无力镇压反抗,只是坐等着看叛乱者进攻城市和他的官邸。①

上述起义由一位马拉布(marabout,虔诚的人,或当地圣徒)阿里·伊本·格达海姆(ᶜAli ibn Ghdahem)和一位卡迪(qadi,穆斯林法官)的儿子煽动,开始于凯鲁万和卡夫之间地区的部落。叛乱者要求停止压榨式的税收,取消削弱地方要人声望的改革(尤其是在司法领域)以及废除宪法。他们把对所有不受欢迎的革新的指责都对准王室,谴责穆罕默德·萨迪克和马穆鲁克是造成他们苦难的始作俑者。阿里自封的头衔,"人民的贝伊",表现了他对无视臣民福利的统治者的公然蔑视。

由于长期得不到工资的军队开小差以及没有从部落征兵的希望,军队大量减员,无法镇压叛乱,于是叛乱很快蔓延到地中海东部沿岸的富饶平原萨赫勒。在这一地区长期定居的人民与部落成员有着同样的不满,不过,作为谷物和橄榄油等突尼斯最重要的出口产品的生产者,他们比其他部落成员更清楚外国外交官、商人和投机商在事态发展中所扮演的角色。对局势更有经验的估计使他们断定,穆罕默德·萨迪克不再是个自由的代理人,即使他想矫正事态,但已经失去了这个能力。许多萨赫勒人并不期待突尼斯政府制定新的政策,而是希望奥斯曼帝国进行干涉,尤其是此时被派来保护本国国民利益的英、法战舰已经出现在地平线上。

---

① 引自 Noureddine Sraieb, "Elite et Société: l'invention de la Tunisie de l'état-dynastie à la nation moderne," in Michel Camau (ed.), *Tunisie au présent: une modernité au-dessus de tout soupçon?* (Paris: CNRS [Centre National de la Recherche Scientifique], 1987), p. 83。本卷所有翻译均由作者完成。

从伊斯坦布尔的角度看,贝伊的政权似乎正在濒临灭亡,奥斯曼帝国与突尼斯之间紧张的、但对土耳其人来说依然重要的关系也随之面
30 临瓦解。对于在萨赫勒地区用可以想象的方法试图进行干涉会带来什么结果,帝国官员不抱任何幻想,但他们也不能袖手旁观。一名奥斯曼帝国的高级外交官乘船前往突尼斯市,带来资金重整士气低落的军队,使其能够控制叛乱。[①] 然而,在土耳其人介入之前,哈斯纳达尔已经开始通过给部落首领分送贿赂、保证由政府安排就业以及操纵地方竞争等手段削弱了部落叛乱。当秋季耕种需要武士们回到田地时,这次运动逐渐平息了。具有讽刺意味的是,正是在叛乱者指望得到土耳其人支持的萨赫勒,政府部署了依靠奥斯曼帝国资助的援军进行威慑并使他们投降了。

武力与劝说并用最终镇压了起义,但在这之前,起义的一个主要目标,即废除宪法,已经实现了。但在这件事上,贝伊的行动更多的是对国外压力而非国内压力的反应。《英国-突尼斯协定》在很大程度上是由总理哈斯纳达尔与英国领事的密切关系所促成,英国通过这个协定获得的优势地位使法国极为不安。至少根据这种估计,改革运动早就已经失败了,因为它加强了法国的主要竞争者在突尼斯的影响力。法国官员把宪法与这个协定联系起来,正如叛乱时期军事代表团的最高长官让-巴蒂斯特·康普农(Jean-Baptiste Campenon)将军解释说:“同英国的协定就是突尼斯宪法的结果;让宪法变成一纸空文,让它失效……随后就该是英国的条约了。”[②]为了结束英国的影响力,但是以结束极度的不公正为借口,法国要求罢免哈斯纳达尔、鼓励起义并要求贝伊终止宪法。就像在过去,穆罕默德·萨迪克断定法国人会诉诸武

---

① 随援助资金而来的是对臣服的进一步要求。这使贝伊想起,不像承认穆罕默德·阿里的后代在埃及的世袭要求那样,苏丹从未认可过侯赛因家族对世袭统治要求。怒火中烧的穆罕默德·萨迪克答道:“如果帝国政府承认我的家族世袭权力……我何尝不想像埃及人一样顺从呢?”引自 Abdeljelil Temimi, “Considerations nouvelles sur la revolution d'Ali ben Gadehem,” *Revue de l'Occident Musulman et de la Méditerranée*, 7 (1970), p. 181。

② 同前引,p. 176。

力来达到他们的目的,这种可靠的推断迫使他顺从他们并废除了他们前不久还坚持让他实施的宪法体制。就像康普农曾预言的那样,没有了宪法保障,《英国-突尼斯协定》就破产了。很快,从前的状况又恢复了,欧洲人之间展开恶性竞争,而对突尼斯官员没有任何约束。另一方面,叛乱的结束至少在名义上带来了突尼斯与奥斯曼帝国关系的变化。应贝伊的要求,海尔·丁与苏丹达成了谅解,承认苏丹对突尼斯享有主权,反过来,苏丹承认侯赛因家族的世袭统治以及突尼斯的行政自主权。苏丹记得促成海尔·丁此行的那些事件,也明确表示他将保留干 31
预将来在突尼斯发生的任何问题的权利。

苏丹愿意向穆罕默德·萨迪克妥协,但这并未进一步给他带来比尊重更迫切需要的东西——金钱。来自奥斯曼帝国的紧急援助已被用来发动战役镇压叛乱,贝伊还需要大笔资金偿还 1863 年的贷款。穆罕默德·萨迪克认为萨赫勒的人民应该为他们的不忠付出代价,他批准哈斯纳达尔下令派他的亲信艾哈迈德·扎鲁克(Ahmad Zarruk)对这一地区进行掠夺,没收房产和农作物,强征过高的赔偿金,以及征召不走运的居民入伍服役。扎鲁克执行任务时的残暴毁灭了萨赫勒,他破坏了当地经济,减少了城市、村镇和乡村的人口,使那里的居民除了付不起的赋税外变得一无所有。同样,如果收获不多的话,劫掠也会降临在支持阿里·伊本·格达海姆的部落头上。即便如此,凶残的攻击也没能让贝伊筹措到足够的资金向债权人还清欠款,这迫使他于 1866 年暂停还款。从长远看,更重要的是扎鲁克的手段造成了人民对中央政府尤其是对贝伊的深仇积怨。在 1881 年,当法国军队踏上突尼斯的土地时,穆罕默德·萨迪克尝到了他在叛乱之后种下的恶果,但他的债主们为他准备了更为直接的耻辱。

这场自由主义改革脱轨的原因与迫使改革开始的原因相同,都是来自外部压力,因此改革失败几乎没有在突尼斯政府的内部圈子里引起什么哀痛。正如在叛乱之后他们随即表现出的残暴所示,贝伊、哈斯纳达尔以及他们的同伙本能地回到了专制强权的做法。为了阻止叛乱的再次发生,他们从欧洲购买了大量军用物资,而同时他们继续寻求拙劣的投资，为他们自己以及突尼斯和欧洲的生意伙伴带来财富。然而，十年到期时，债主们得出结论，他们是在花钱填无底洞。在1869年，英国、法国和意大利迫使突尼斯政府同意成立一个“国际金融委员会”，为了希望能安抚国家最大的几位债主，总理哈斯纳达尔说服以提倡建立法治和负责的政府而闻名的海尔·丁·图恩斯结束他的自愿流放，回到突尼斯担任委员会主席。委员们监督为保护外国投资而策划的财政
32 政策改革，同时他们有权分配政府收入来偿还现有债务，由此把一部分重要的金融管理权从突尼斯政府转到了欧洲人手里。

意大利加入“国际金融委员会”更多是反映了居住在突尼斯的意大利公民（尤其是西西里人）人数的增加并很快成为最大的外国人群体，而不是反映了意大利高度参与经济活动——这还只是个目标，尚未成为现实。1868年的《意大利-突尼斯条约》通过保证意大利居民享有特权加快了经济渗透的速度，这些特权类似于五年前英国使其臣民拥有的特权，其中包括保留意大利人的公民权，他们的包括在突尼斯水域捕鱼在内的工作权，①以及他们的财产获取权。条约还允许意大利人继续使用他们自己的法律和法庭处理完全发生他们群体内部或仅涉及其他非穆斯林的事件。

委员会刚一开始工作，海尔·丁和哈斯纳达尔就发现双方剑拔弩张。总理采用的方式与他过去的行为完全一致，关于委员会，他的第一个念头就是彻底破坏它，如果不行，就设法对危及其有利可图的商业安排或轻松获取政府资金的指令设置障碍。尽管海尔·丁是委员会主席，但他对外国干预突尼斯毫无热情，他认为要使国家稳定下来就需要整顿，但有权势的人物，尤其是贝伊和总理，是不会赞成的。面对这样的坚决反对，其他突尼斯人包括他自己，如果没有外来帮助，都无法策

---

① 有关捕鱼业对于在突尼斯的意大利群体的重要性的深入分析，以及对一些渔民，特别是在突尼斯市地区之外，作为文化传播者作用的详细论述，参看 Hassine Raouf Hamza, “Les Pêcheurs saisonniers italiens à Mahdia (1871 － 1945),” in Institut de Recherches et Etudes sur le Monde Arabe et Musulman (IREMAM), *Etre marginal au Maghreb* (Paris: CNRS, 1993), pp. 155 － 159。

动这样一个过程。英国继续支持哈斯纳达尔,但委员会中的法国和意大利成员以他对财政不负责任和公然腐败为由,游说议员促成了他的免职。1873 年,当穆罕默德・萨迪克任命海尔・丁为总理时,突尼斯的债权人们表示,他们的控制已经从预算扩大到了主要部长的任命。

哈斯纳达尔的密友和客户发誓要报复。另一方面,领事伍德毫不犹豫地抛弃了名誉扫地的同伙并开始结交海尔・丁,唯恐这位新总理以伍德与哈斯纳达尔的不光彩合作为由而无视英国的利益。此外,伍德意识到法国人把海尔・丁当成某种保护对象——他曾在 19 世纪 50 年代在巴黎住过几年,1862 年他离开突尼斯后又回到巴黎——并对他获得控制权表示欢迎,此时法国正处于在 1871 年被普鲁士击败后声誉的恢复阶段。海尔・丁打算最大限度地利用各国竞相争取博得他好感的机会,使英国、法国和意大利互相争斗,从而将他可以相对自由操纵 33
的领域最大限度地扩大。

1867 年他出版的《掌握国家情况最可靠的途径》(*Aqwam al-masalik li ma*^{c}*rifat ahwal al-mamalik*)一书为他的总理职责制定了蓝图。《最可靠的途径》一书部分是比较政治学研究,部分是政治宣言,它利用了海尔・丁知识传承中最重要的三个部分:穆斯林的虔诚;作为马穆鲁克所受教育中包含的传统治国方略;以及为艾哈迈德贝伊效力时首次接触,但在法国居住时才更充分理解的西方现代文化。他在西方的经历使他懂得,西方政治、社会和经济发展给它带来了无数的资产,有些是有形的,另一些不那么具体,对此突尼斯如果加以选择并态度审慎,都可以有效地借用或模仿。然而,他也明白,西方制度是在一个特定的文化环境中经历了几个世纪之久的成熟过程,要把它们成功移植到西方文化没有扎根的社会中,取决于能否在一个尽管是缩短的、但很相似的过程中打好基础。

在海尔・丁看来,好的治理等同于慎重管理和认真引导,并得到民众的信任和信赖——统治者与被统治者之间的关系类似牧羊人和羊群的关系。任何变革的命令都必须来自上层,但必须在伊斯兰教价值观的范围内,并在那些价值观的维护者乌莱玛的支持下得到确认。海尔·丁对于在突尼斯发生的变迁中乌莱玛的普遍弃权感到遗憾,因此他就把他们作为《最可靠的途径》的主要读者。他呼吁他们与声誉卓著的政治家结成联盟,清除政府的压迫性特征,避免任何形式的权力滥用和专制行为。在包括伊斯兰教法在内的伊斯兰教准则的指引下,这个新秩序会给突尼斯臣民带来正义、安全和繁荣等福祉,从而恢复最近的领导人由于自身行为已经丧失的民众信任。依照这些原则,在乌莱玛的支持下,海尔·丁一直执政到 1877 年。[①]

在他的任期开始之时,亦即 1864 年叛乱和镇压大约十年之后,萨赫勒的农业仍处于混乱状态。考虑到该地区的农业复苏对突尼斯的稳定和繁荣非常关键,总理取消了未付税款,对种植新橄榄树的农民实行免税,[②]并降低了出口税。对进口产品征收更高的关税帮助了手工艺
34 人和工匠,而对收税人员更严格的监督查出了许多他们过去习以为常的滥用权力的行为。从措施的执行以及由于降低赋税和摒弃敲诈勒索的收税方式带来的收入损失看,这样的措施是需要付出代价的。国际金融委员会的持续工作进一步紧缩了可用于支持海尔·丁计划事项的资金。结果,他将大量的注意力投向花费相对较少的改革,这些改革使现有制度,其中许多是宗教性质的制度,适应于当代需要。

为了把当代管理理念引入迄今对约占突尼斯 25%并划分为“神圣的信托地产”(哈布斯)的特殊管理中,海尔·丁于 1874 年建立了一个哈布斯委员会,任命全国最受尊敬的乌莱玛之一穆罕默德·巴依拉姆·哈米斯(Muhammad Bairam al-Khamis)为主任。他还率先对宰敦

---

① 海尔·丁的呼吁在从各省来到突尼斯市的乌莱玛中反响热烈。他们中的许多人因为出身而在首都的宗教机构中被降至第二阶层,因此他们视改革为个人升迁之路。此外,他们中的一些人,或其家人,曾经是艾哈迈德·扎鲁克在萨赫勒地区暴行的受害者,这也使他们认为改革是必要的。比起人数众多的马利基学派的追随者,总理也喜欢得到来自哈纳菲学派(madhhab 意为“法律解释学派”)的乌莱玛更强有力的支持。参看 Arnold Green, “Political Attitudes and Activities of the ^{c}Ulama in the Liberal Age: Tunisia as an Exceptional Case,” *International Journal of Middle East Studies*, 7 (1976), p. 230。

② 这种激励特别重要,因为从种植到第一次收获之间时间漫长——通常长达十年。类似的鼓励措施也用于了海枣树种植,其中大部分是种在萨赫勒以外的地区。

清真寺大学的课程进行了调整,将世俗学科增添到传统的宗教学习之中,这表明,他确信在包括未来宗教学者在内的突尼斯人的教育中,这些课程具有相关性。正是在这种信念的支撑下,海尔·丁做出了对国家最持久的贡献,即建立了萨迪吉中学(Sadiqi College)。学校既有用阿拉伯语讲授的传统学科,也有受法国影响而注重现代语言、数学和科学等的课程。萨迪吉的双文化教育使学生成为政府职位的理想候选人,当时的政府不得不与大多数突尼斯人尚不了解的西方世界进行广泛联系。萨迪吉的毕业生很快开始取代了宰敦的毕业生,在政府中担任职员和秘书职位。许多人在公务员队伍中迅速晋升,形成了一支组织严密的骨干队伍,甚至在海尔·丁的任期结束后很久,他们仍然保持着导师的思想观念,并且在可能的情况下按其行事。作为突尼斯一流的世俗教育机构,在其建立后的数十年,学校培养的几代毕业生在突尼斯随后的历史中大放异彩。

在国际事务领域中,作为总理海尔·丁实现了他在任期中始终倡议的目标:加强突尼斯与奥斯曼帝国的联系。贝伊视苏丹为突尼斯独立自主的障碍,与此观点相反,海尔·丁认为苏丹是世界上最重要的伊斯兰国家的精神与世俗领袖,也是任何一个受伊斯兰教指引的领袖都会感到自然亲近的人物。同时,海尔·丁还认为承认帝国在突尼斯的权利会给国家提供“最好的保护以抵御欧洲列强的贪婪”。[①] 只要奥斯
曼帝国继续存在,与它在形式上紧密相连的突尼斯仍然会免受欧洲的 35
控制,这种估计是假设帝国的存在就意味着它有能力影响其利益范围内的事件,但这是非常错误的。苏丹要求突尼斯军队帮助抗击 1877 年的俄国进攻就暗示了这种错误估计。财政和外交上的束缚使海尔·丁无能为力,但是为了奥斯曼帝国的战争努力,他敦促突尼斯人捐款。这个事件并没有动摇他对奥突关系的信心,但这提出了一个问题,哪一方

① 引自 François Arnoulet, “Les Rapports tuniso-ottomans de 1848 à 1881: d'après les documents diplomatiques,” *Revue de l'Occident Musulman et de la Méditerranée*, 47 (1988), p. 148。

萨迪吉中学。1875年由海尔·丁·图恩斯建立。萨迪吉第一次使突尼斯学生接受世俗的西方教育。其早期的许多毕业生在保护领地政府工作;而后来的许多校友是民族主义运动中的活跃分子。

在另一方需要时出力更多。

海尔·丁对伊斯坦布尔的态度加剧了法国对自他上任以来采取的行动方针的忧虑。法国对他愿意接纳伍德提出的经济提案感到恼怒,当1875年新的英国-突尼斯商业协议签订后,这种恼怒变成了担心。尽管于前一年来到突尼斯市的总领事泰奥多尔·鲁斯唐(Théodore Roustan)最初促进法国利益的积极努力获得了一些成功,但他很快就要求罢免海尔·丁。仍在为自己被免职而痛心疾首的哈斯纳达尔集团也积极加入到要求总理下台的一片呼声中。与此同时,由于1869年开通的苏伊士运河在帝国策略中开始占据主导地位,英国在地中海的利
36 益正在向东转移。伍德与海尔·丁逐渐疏远,这就为1877年穆罕默德·萨迪克解聘他扫清了道路。这位改革者试图让列强互相争斗的策略结果使他们全体结盟与他为敌。海尔·丁对奥斯曼帝国忠心耿耿,离职后他去了伊斯坦布尔,在那里度过了他生命的最后十年,其中从1878至1879年,他短暂担任过苏丹的大维齐(首相)。心怀怨恨且疾

病缠身的哈斯纳达尔重返总理职位,但随后不到一年就去世了。

他去世的时候恰逢大量的欧洲的外交和经济活动,这些活动预示着他曾如此声名显赫于其中的政权的结束。英国需要保证前往苏伊士运河的通道,于是在 1878 年占领了塞浦路斯,这预示着它放弃了支持奥斯曼帝国完整性的传统政策——这是使英国与突尼斯事务几乎完全切断联系的一个转变。就在同一年,欧洲列强召开了柏林大会,审视奥斯曼帝国被俄国打败后的命运。柏林会议的议程包括商讨与突尼斯有关的竞争性利益和要求。当法国和意大利陈述他们的情况时,英国是这些讨论的旁观者。当看到突尼斯可以作为一个战利品,使法国转移注意力,不再以可能破坏稳定的执著要求收复在普法战争中失去的省份,德国成功地施加压力,使法国在突尼斯拥有了不受限制的影响力。法国对德国的动机怀有疑虑,犹豫是否要接受这一安排,然而,受到商业利益和深陷于突尼斯的投资者的压力,以及意大利人一场来势汹汹的运动的出现使法国改变了立场,这次运动是基于意大利在突尼斯的公民以 15∶1 的比例相对法国公民占有人数上的优势。意大利政府忧心如焚但相对较弱,不得不勉强接受在的黎波里塔尼亚享有相似地位的保证。在赫米尔境内的地方性动荡给法国提供了一座桥梁,使其从柏林的谈判桌跨到了贝伊王宫的谈判桌前,在这里穆罕默德·萨迪克、总领事鲁斯唐和布雷阿尔将军聚在一起于 1881 年 5 月完成了《巴尔杜条约》。

显然,因为贝伊的屈从以及对进攻沉闷的抵抗,他们的使命得以完成了,除了协议批准的部分法国驻军,大部分没有被指派为守备部队的法国军队在 6 月份撤出。然而,在随后一个月爆发的一场起义席卷了全国许多地方,揭示出贝伊的屈服不能被认为是民众对法国人到来的接受。在初期,这次起义常常被巧言解释为反对异教徒入侵的伊斯兰教圣战,但最后矛头不但是指向法国人,也指向了穆罕默德·萨迪克和 37
他的随从。贝伊失去了臣民的尊敬,许多人利用起义为多年郁积的怨愤进行报复。尽管可能受到了法国人的胁迫,但贝伊仍对受命去制止暴乱的官员称,法国人是作为朋友应他的要求来到这里,这使他很容易被他的敌人描绘成卑躬屈膝的走卒或傻瓜。①

起义最主要的煽动者是一位来自东南地区的部落酋长阿里·伊本·哈里发(ᶜAli ibn Khalifa)。他是政府任命的,但就像在农村地区的大多数贝伊政府官员一样,他认识到,如果不能击退法国人,限制部落独立的管理措施就会被强制施行,其过程类似于贝伊的屈服。造反者寄希望于土耳其救世主的出现,但实现的几率比在 1864 年还要渺茫。法国入侵几天后,奥斯曼帝国官员提醒欧洲列强注意帝国在突尼斯的权利,并随后装模作样地表示拒绝接受《巴尔杜条约》。但是苏丹不打算公然反对法国的简短警告:奥斯曼帝国海军舰艇驶出达达尼尔海峡将被视为战争行为。

数万部落武士参加了起义,许多南部和西部的大片地区以及萨赫勒的农村地区都落入了他们手中,但他们无法控制萨赫勒的城市,这使他们无法取得对最后胜利至关重要的资源。城市反抗起因于城市居民长期以来对那些反复无常并且总是存在潜在破坏性的游牧民的不信任。总的来说,他们宁愿应付由强制施行法国人命令可能带来的债务,也不愿面临部落控制造成的某种不稳定的风险。由于害怕政府再次采取 1864 年叛乱之后的行动,城市居民就更不愿意支持起义者。夏天,法国派出援兵扭转了起义浪潮。反对派退守圣城凯鲁万,并在那里坚持到 10 月,然后分散成小队,其中有些在南方断断续续坚持抵抗直到战争结束。法国的火力优势最终注定了起义的失败,但是其他问题也在暗中起着破坏作用。习惯性的较量常常阻碍了部落间的合作,而日

① Hachemi Karoui, "La résistance populaire à l'occupation française (1881) chez les élites tunisiennes, désavoue et oubli," in Jean-Claude Vatin (ed.), *Connaissances du Maghreb: Sciences sociales et colonisation* (Paris: CNRS, 1984), p. 415. 尽管有《巴尔杜条约》的规定,但是法国没有做出任何努力来巩固穆罕默德·萨迪克的信誉。通过一位调解人,鲁斯唐对一位起义领导人提出劝告,说他向贝伊提议结束战争是没有意义的,因为事情完全掌握在法国人手中。Mohamed-Hedi Chérif, "Les Mouvements paysans dans la Tunisie du XIXe siècle," *Revue de l'Occident Musulman et de la Méditerranée*, 30 (1980), p. 43. 尽管如此,直到 1882 年去世之前,穆罕默德·萨迪克,尽管力量微弱,几乎没有放过任何阻挠法国政策的机会。

益临近的收割需要也使许多武士分心。叛乱失败后,十万多部落成员和他们的家庭前往土耳其的的黎波里塔尼亚寻求避难。

当叛乱平息,《巴尔杜条约》被法国议会正式批准后,高级外交官保
罗·康邦(Paul Cambon)作为法国的首任总督于 1882 年初到达突尼 38
斯市。他的使命是代表法国政府的利益,并且按条约中所规定的,充任贝伊的外交部长,而他不打算容许贝伊有任何阻挠行为。然而,穆罕默德·萨迪克仅过了几个月就去世了,留下这位新总督和新任贝伊,穆罕默德·萨迪克的弟弟阿里(ʿAli),去界定新的法国-突尼斯关系。

第二章　谁的突尼斯？（1881－1912）

法国的突尼斯：设置保护领地机制

39 阿里贝伊很清楚要保留他的地位取决于他与康邦的关系是否融洽。起初他谴责法国的入侵，但是当抵抗组织反对贝伊的意图一旦暴露出来，他就开始指挥在赫米尔地区与法国军队一同服役的突尼斯军队。尽管阿里是指定的法定继承人，他也注意到有谣言称负责计划1881年行动的一些法国官员主张废黜穆罕默德·萨迪克，转而支持他的兄弟塔伊布（Taieb），但他没有理由怀疑塔伊布还有机会被扶上王位。对于康邦，贝伊的替换让他有机会加强法国通过《巴尔杜条约》得到的外交监督权，并准备将条约的作用扩大到柏林大会认可的行政和政治监督。如果操作得当，还有助于使土耳其对突尼斯的政治要求泡汤。为了实现这些目的，加之信心不足的阿里也未加反对，1882年10月28日康邦精心安排了新统治者的登基大典。总督陪同阿里从他在马尔萨的海边住所来到巴尔杜王宫，在那里康邦以法国的名义封他为贝伊，赐予他荣誉勋位绶带。法国驻伊斯坦布尔的大使事先进行了巧妙的干涉，保证了这种篡夺苏丹一贯发布册封法令权力的做法不会在土耳其首都引起纠纷。当晚，身为驻突尼斯市的高级外交官的总督召集所有外国领事一起觐见了贝伊。

康邦相信无论他做什么决定,阿里都会服从,[①]现在他准备清除对法国行使完全自由权力的两大障碍:国际金融委员会和负责国内事务的突尼斯政府部门。1883 年 6 月 8 日当贝伊在《马尔萨协议》上签字 40
后,这个任务就得以完成了。根据条款规定,法国担保突尼斯偿还债务(这使国际金融委员会变得不再重要),条件是实施由总督确定的行政改革。条约剥夺了阿里一切有实际意义的主权,并把突尼斯变成了法国的保护领地。阿里贝伊继续执政,但他不再是统治者。到他的儿子穆罕默德·哈迪(Muhammad al-Hadi)(1902－1906)以及后来他的侄子穆罕默德·纳赛尔(Muhammad al-Nasir)(1906－1922)继位时,保护领地官员理所当然地接受了贝伊的附庸地位。

《马尔萨协议》结束了自入侵以来关于突尼斯最终地位的争论。许多殖民地扩张的反对者四处游说希望法国能完全撤出突尼斯,理由是在突尼斯部署军队会削弱宗主国法国的防御力量。他们还害怕突尼斯作为签约一方所签订的大量国际协议,其中许多协议包括最惠国条款并与大量马耳他和意大利居民有关,这些条款会造成一种外交困境,很可能会使态度最坚决的法国政府受挫。已经在突尼斯立足的法国军队指挥官和商人却从一连串同样的事实中吸取了完全不同的教训。对他们而言,如果没有宣布法国拥有全部主权而想一下子禁止所有其他国家的要求,任何方法都会让法国背负并吞带来的重担,而不是得到由此带来的任何好处。建立保护领地的想法占据了中间立场。支持者认为,法国政治同化曾经在邻国阿尔及利亚当地人中引起了怨恨和敌意,如果保留本国政府的外壳,就会减少这种可能性。此外,维持这种外表是考虑到突尼斯可以为法国监督下的政府提供资金。在受保护期间,突尼斯的法国官员和总督经常参考阿尔及利亚的政策和做法,有时是作为模仿的例子,但更多时候是作为实例说明什么不可以做。

---

① 有关康邦吹嘘阿里必须得到他的赞同的报道,参看 Moncef Dellagi, “L'Avènement d'Ali Bey en octobre 1882,” *Revue d'Histoire Maghrébine*, 17－18 (1980), p. 18,据此描述了阿里的册封仪式。

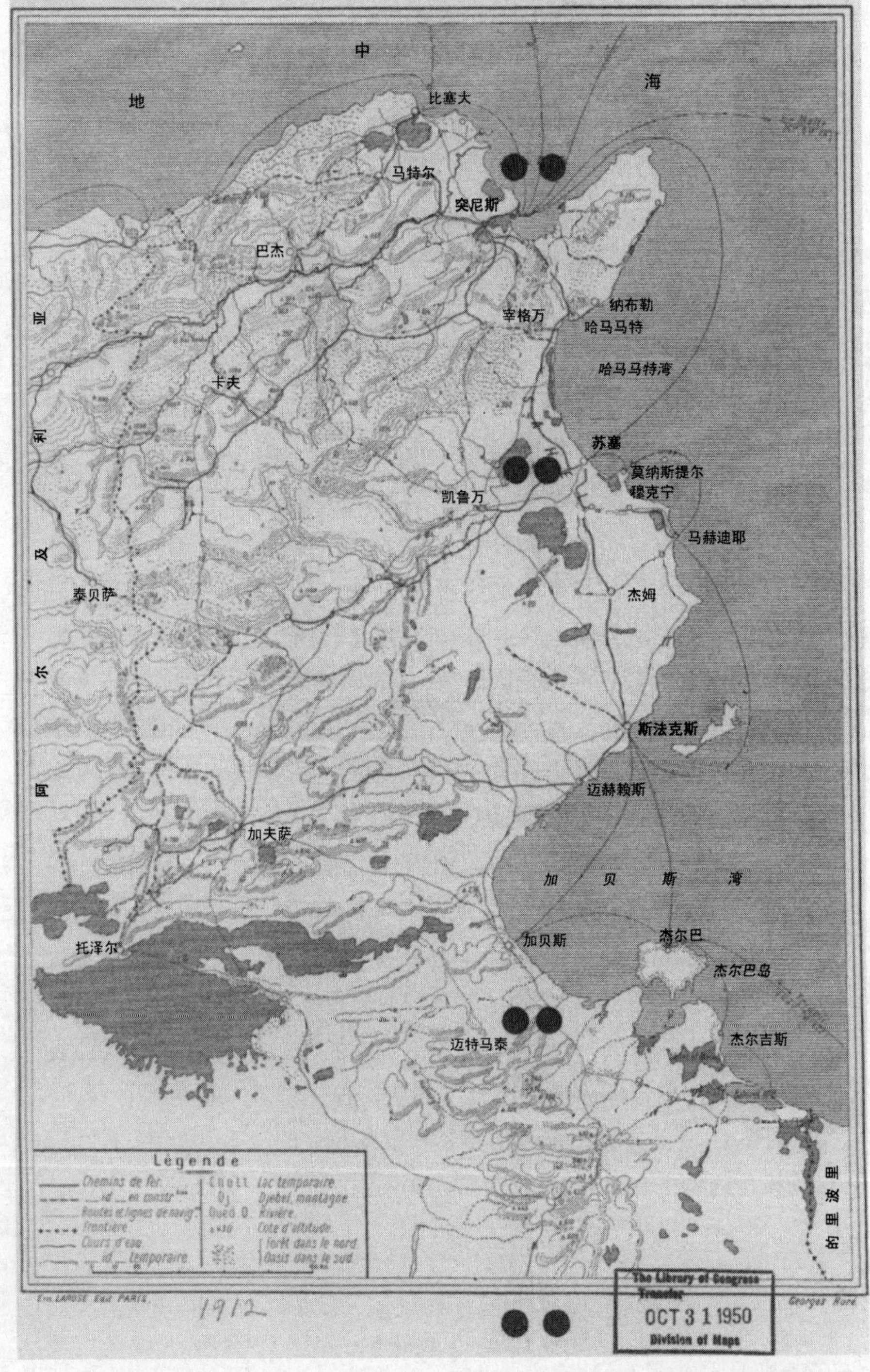

城市和部落，约 1912 年。除了南方腹地的沙漠地区由法国军官掌管，保护领地的城市和部落地区由民政监督员（contrôleurs civils）负责，这些法国官员对突尼斯地方政府的监督就像总督对贝伊和部长们的监督一样。

到 1883 年，突尼斯债务激增到 1.4 亿多法郎，是政府年收入的 11 40
倍。[1] 作为担保债务的第一个交换，法国坚持从财政部开始设置重要
机构，接受对总督负责的法国专家的领导。康邦把这个部门作为他的 42
第一个目标，因为对于维护外国债权人的信心以及落实《马尔萨协议》预期的改革，政府收入的系统征收和正确管理都很重要。为了满足他们对资金的长期需要，保护领地时期之前的领导人(海尔·丁是个明显的例外)对生产和商业强加了一批杂乱无章且普遍倒退的税收。财政部被重组为财政理事会之后，法国主管降低了许多现行税收的税率，并负责惩戒对违法核定和征收负有责任的政府官员。这些措施，加上保护领地当局更加彻底和熟练的执行，增加了政府收入并使政府有了稳固的财政地位，这使它在 1883 年后的十年中逐步取消了大部分出口税，大幅降低了市场费用，并减少了 25%的马杰巴。[2] 然而，即便有了这些削减，缴税仍然给许多突尼斯人带来了巨大的困苦。

在康邦和他的继任者贾斯汀·马西科特(Justin Massicault)(1886－1992)、于尔班·鲁维埃(Urbain Rouvier)(1982－1984)和勒内·米勒(René Millet)(1894－1900)在任期间，突尼斯除了三个部，其他部都在法国官员的监督下经历了类似的重组。这些机构都被称为保护领地的技术部门，机构中雇佣了少数突尼斯人，但他们只担任最低职位或充当翻译，这种做法激怒了贝伊官僚政府中许多被替代的行政人员、职员以及其他官员。总督行使外交部长职权，将军作为战争部长统领法国军队(按照《巴尔杜条约》的规定)，只有书写部长(minister of the pen)(首席秘书)、司法部长和总理是突尼斯人，他们的部门有突尼斯工作人员。为了给总理提建议并协调官僚关系，康邦设立了保护领地秘书长

---

[1] Jean-François Martin, *La Tunisie de Ferry à Bourguiba* (Paris: Editions L'Harmattan, 1993), p. 58.

[2] 这些政策与十年前海尔·丁推行政策有很强的相似之处。有关保护领地早期的税收制度的描述，参看 Richard A. Macken, "The Indigenous Reaction to the French Protectorate in Tunisia, 1881－1900," Ph. D. dissertation, Princeton University, 1973, pp. 146－162。

一职，他任命法国高级外交官莫里斯·邦巴尔(Maurice Bompard)出任该职。

地方治理方式对于突尼斯公务员的更换不是很有利。在城市、村镇和其他定居地区代表贝伊政府的卡伊德(qaids，指市政官员)和哈利法(khalifas)通常来自有权势的当地家庭；在部落和齐亚达(qiyada，由卡伊德掌管的行政单位)相互交错的农村地区代表政府的就是部落首领。他们不愿改变习惯性的，有时是令人反感的做法。为了使行政单位标准化，并且制约部落显贵，保护领地当局对现有的齐亚达重新划定界线，根据地理位置而非亲缘关系划分了区域。从19世纪90年代开
43 始，萨迪吉中学有前途的毕业生经常被任命为地方城市官员，这是希望他们给这些职位带来进步的方法。

保护领地刚开始时，在几个较大的地方中心由法国的领事们和副领事们代表总督，而在农村地区由法国士兵监督卡伊德和哈利法的行为。康邦担心批准军队永久性地承担这个职责会导致不稳定的、阿尔及利亚式的"军刀政体"，在整个在任期间，他都在寻求新的可行的选择，但由于军方坚持他们自己就能保证农村的安全而受到了阻碍。1887年，贾斯汀·马西科特当上了总督，不久之后他在康邦努力的基础之上建立了一支民政检查员队伍，充当他在突尼斯市以外的耳目。检查员被派到从古莱特到加夫萨与齐亚达对应的13个区，他们对卡伊德和哈利法进行监督和指导，并可调遣突尼斯宪兵小分队担任基本的治安工作。在那些欧洲人口规模足以建立市议会的城市和乡镇，他们也监督市议会的工作。[①] 这种安排维持了突尼斯政府的门面，但对政府各部直接负责的检查员和总督希望他们的建议能得到认真执行。在

---

① 利用纳布勒市政当局极其丰富的记录，Yahya al-Ghoul 通过一系列微观研究抓住了一个典型议会的主要特征，即由双方成员混合组成但欧洲人占主导地位，参看"Colonisation et vie municipale: Nabeul à la fin du 19ème siècle," *Cahiers de Tunisie*, 45: 159－160 (1992), pp. 25－45; "Colonisation et vie municipale: La Fiscalité et les recettes municipales à Nabeul à la fin du XIXe siècle," *Revue de l'Institut des Belles Lettres Arabes*, 176 (1995), pp. 261－288; 以及"Colonisation et vie municipale: Les Services et les dépenses municipales à Nabeul à la fin du 19e siècle," ibid., 177 (1996), pp. 3－31。

南部和西部几个偏远的地区，那里的部落习惯上只有在威逼下才会听从政府的命令。类似职责由情报处完成，情报处是按照阿尔及利亚对部落的军事管理模式建立的(1900 年更名为“土著事务处”)。直到 1906 年，在康邦、马西科特和他们的继任者们不懈努力了 20 年之后，总督才最终控制了这些军官，驱散了保护领地政府中经常由军事职责引起的噩梦。

中央和地区政府的改组巩固了法国对突尼斯人民的控制，但康邦也认识到需要把外国群体纳入到保护领地的范围内，1883 年在 2 万外国人中有 95％不是法国人。[①] 奥斯曼帝国时代的一系列协议以及近期通过谈判或用强加的方式达成的条约允许外国人拥有特权，最著名的就是维持领事法庭，领事法庭从前限制了贝伊政府对外国人的控制，而现在同样束缚了保护领地的官员。1883 年康邦发布了禁令，在其管辖范围内的个人完全有权使用法国司法制度，这个制度在保护领地形成，
包括地方治安法官和突尼斯市一审法庭(最后增补了苏塞、斯法克斯和 44
比塞大的其他法庭)。

英国没有反对这个决定是因为他们在埃及遭遇了相似的局面，意大利的同意更是相当勉强，占突尼斯外国人口半数以上的意大利居民和意大利政府都不打算仅仅在法国的要求下就放弃由 1868 年《意突协议》保证的其他特许权。意大利总理弗朗西斯科·克里斯皮(Francesco Crispi)把突尼斯描绘成“法国占领下的意大利殖民地”，而突尼斯最主要的意大利语报纸《联盟报》坚持说北非的局势仍然“未定，并且不可能持久，意大利与法国在突尼斯的权利是平等的”。[②] 就在意大利固执地拒绝承认法国的控制已经无法避免时，突尼斯的意大利人口迅猛增长，在保护领地最初的十年中增加了 88％。到 1896 年，当法

---

① Hachemi Karoui and Ali Mahjoubi, *Quand le soleil s'est levé à L'ouest. Tunisie 1881-Impérialisme et Résistance* (Tunis: CERES Productions, 1983), p. 31.

② 有关克里斯皮的内容引自 Arthur Marsden, *British Diplomacy and Tunis, 1875－1902* (Edinburgh: Scottish Academic Press, 1971), p. 228. Janice Alberti Russell, “The Italian Community in Tunisia, 1861－1961: A Viable Minority,” Ph. D. dissertation, Columbia University, 1977, p. 115, 引用突尼斯报纸。

国以意大利承认保护领地作为交换，默许意大利坚持保留1868年《意突协议》给予的大多数特权时，住在突尼斯的5.5万意大利人是以5：1的比例远远超过了法国公民人数。[①] 突尼斯的意大利人自信1896年的和解为他们奠定了一个安全的（虽然不是主导的）地位后，他们开始扩大并完善已经在社区中存在的大量政治、教育、社会、文化和宗教制度，目的是加强并保持其独特的身份。

保护领地法国人口的稀少致使他们寻求"人口联盟"来抵消意大利在人数上的优势。由于英国从突尼斯的退出，以及英国国民被纳入法国的法律体系，1883年居住在突尼斯的7 000马耳他人成了联盟的主要候选人。当法国天主教徒首次接触突尼斯的马耳他人时，他们总是轻视马耳他人传统的、在他们看来是简单的信仰实践，在其他事情中，他们总是拿马耳他人对牧师的盲从和他们罕见的高出生率作为证据。然而，到19世纪末，保护领地的支持者发现，对于突尼斯以及整个法国控制的北非，有1.2万多人的马耳他人群体都是定居者的重要来源。康邦在与天主教民众打交道时，结交了一位重要盟友，这就是迦太基和阿尔及尔的大主教，红衣主教夏尔·拉维热里（Charles Lavigerie）。拉维热里积极倡导法国在北非的政治使命应与教会的精神使命联系起来——在突尼斯这种联系的象征表现在使总督官邸与教堂在法兰西大道上对街相望。这位高级教
45 士敦促法国教士支持保护领地的政策，并鼓励为了达到法国的目的吸收马耳他和意大利天主教徒。1891年，法国与梵蒂冈签署了一个协定，使迦太基教区成为法国教会的保护区，就像突尼斯政府是法国政府的保护区一样。当最后一批意大利嘉布遣会修士（他们的修道会从17世纪开始就在突尼斯传教）决定在当年离开时，拉维热里没有试图挽留他们。[②]

---

① Russell, "The Italian Community," p. 43. 在突尼斯的意大利人口规模，无论是绝对数量还是相对于法国公民人数，都使保护领地官员在后来50年里焦虑不安。

② 对拉维热里在保护领地的重要作用的研究，参看J. Dean O'Donnell, *Lavigerie in Tunisia: The Interplay of Imperialist and Missionary* (Athens, Ga.: University of Georgia Press, 1979). François Arnoulet, "Le Cardinal Lavigerie et le clergé italien en Tunisie, 1881－1891," *Revue d'Histoire Maghrébine*, 71－72 (1993), pp. 375－386，对这位高级教士与意大利牧师的关系进行了更为仔细集中的调查。

法兰西大道，约1920年。这个欧洲城市的主要大街从梅迪纳延伸到突尼斯湖。这是从新城和旧城最重要的连接处巴布巴哈尔(法国门)看到的景色。左边背景中可以看见圣文森特·德·保罗大教堂的塔尖，大道对面就是保护领地政府的总部。

法国法庭的建立让突尼斯拥有了两个分立的司法部门(除了巩固单一权力下外国人的特别法庭，与保护领地之前的法律结构没有什么不同)。突尼斯人的司法审判被分配给了宗教法庭(既有伊斯兰教的也有犹太教的)，或者突尼斯司法部，被简单地称作维扎拉(wizara，部)，除非他们也被牵扯进了与欧洲人的争端，在这种案件中法国法庭拥有优先权。维扎拉实质上是国家的世俗法庭，其权力来自统治者判决刑事或民事事件的传统权力。伊斯兰宗教法庭依照伊斯兰教法律审判个人身份案件和财产争端，而犹太教法庭使用摩西律法处理类似事件。

保留伊斯兰宗教法庭对几乎所有的穆斯林都至关重要，但是法律架构是否适当的问题在2.5万名突尼斯犹太人中产生了大量的不同观点。在保护领地的前几年，许多成功的格拉纳商人，根据1870年给予 46
阿尔及利亚犹太人权利的《克雷米约法令》，也要求能使用法国法庭，甚至成为法国公民；然而，保护领地的官员坚决拒绝扩大这些特权。他们指出，巴尔杜和马尔萨协议阻止突尼斯人从贝伊君权转到法国主权下，他们知道，19世纪80年代末出现的一群对政治敏感的突尼斯人会极力捍卫这个禁令。无论如何，许多突尼斯犹太人也反对同化，对于同化的希求作为核心事件在犹太人群体中分化出了两个有组织且观点鲜明的政治阵营。除了提出文化和宗教理由，批评家们强调，尤其是在保护领地建立之后，疏远大多数穆斯林是轻率的行为，因为突尼斯犹太人通常与他们关系良好，与他们的共同之处也比与法国人的多。为了提醒狂热的宗教同伴们注意许多定居者都有极其强烈的反犹太主义思想，他们对融合带来的所谓利益提出了质疑，并警告其追随者可能遭到的冷遇。[①]

1909年，有消息称法国即将进行的立法将会便于突尼斯人加入法籍，这在犹太人圈子里以及在犹太人和穆斯林之间都激起了热烈的争论。然而，根据1910年的《梅西米法》(*Messimy Law*)的最终条款，突尼斯犹太人几乎没人有资格成为法国公民。那些被该议案的严格条件击碎希望的人对遭到法国官员的拒绝心怀怨恨，因为他们既受到突尼斯法国平民的鄙视，又受到穆斯林同胞的怀疑并被犹太同胞疏远。这些深感沮丧的人为了寻求友好的政治环境，一些人加入了法国社会主义团体，其他人投奔了一个成立于1911年的突尼斯犹太复国运动组织，阿果乌达修(Aghoudat-Sion)。这些就是他们后来为之献身的意识形态。

尽管法国官员尽可能不干涉宗教法庭的工作，但他们的确为维扎拉带来了变化，最显著的是在1896年将其设在一个新近建立的技术部门的控制下，这个司法理事会由一位法国法官主管。在接下来的几年中，这个机构在六个大城市建立了地方法庭，让术士不仅在首都审理案

① 关于保护领地早期的犹太人群体，参看 Mohammed Larbi Snoussi, "Aux origines du mouvement sioniste en Tunisie à la veille de la Grande Guerre: Création de l'Aghoudat-Sion et sa première scission (1887－1914)," *Cahiers de Tunisie*, 44: 157－158 (1991), pp. 229－233。关于整个保护领地时期犹太人群体的人口，参看 Jacques Taieb, "Evolution et comportement démographique des juifs de Tunisie sous le protectorat français (1881－1956)," *Population*, 37: 4－5 (1982), pp. 952－958。

件，也对地方发生的最严重的事件进行裁决并对下级法院判决的申诉做出决议。十年后，理事会把法国代表派往所有突尼斯世俗法庭，他们被称为政府专员，建立了另一个表面上平行，但实际上控制着贝伊政府官员的法国监督网。这些人并不都会说阿拉伯语——阿拉伯语是他们 47
需要监督的诉讼语言，也没有几个人有任何法律背景或接受过什么培训，但他们的负面评价甚至会让最高级别的突尼斯法官一贫如洗。1906—1913 年，法国律师和突尼斯维扎拉官员合作拟定了一部合同法、一部刑法和一部民事诉讼法，所有这些都植根于法国法律中。

长期以来，伊斯兰宗教法庭对财产案件享有司法权，这使突尼斯人能够运用伊斯兰教法律知识阻止外国人获取土地的企图，并就他们妄称拥有对小块土地的所有权提出质疑。康邦认识到避开一个必然会阻止将来欧洲人定居的诉讼程序是很重要的，但是，考虑到突尼斯人对伊斯兰教法的敏感性，他选择了谨慎行事。起先他任命了一个法-突委员会，其中三分之一的成员或是贝伊政府的部长或是伊斯兰教法律体系的高官，他交给他们的任务是把现行的财产法编成法典，并为保护领地的代表们找到一种方法，让他们在判决中有发言权。1885 年，委员会规划出一个对突尼斯人和外国人都适用的机制，让他们在政府部门登记私人拥有的土地，然后由国家颁发不容置疑的所有权凭证。涉及这种土地的争端会被提交到不动产混合法庭，由一位法国法官主持，人员还包括其他六位地方法官，其中法国人和突尼斯人各占一半。[①] 这个混合法庭置于内政理事会而不是司法理事会的保护下，这证明它的主要目的不是保证司法权的合理分配，而是加强外国人对土地的索取。

欧洲定居者的突尼斯：繁荣与贫穷

保护领地初期，法国获取土地采用的是 1861 年宪法使外国人购买

① Mohamed Dabbab and Tahar Abid, *La Justice en Tunisie: Un siècle d'histoire judiciaire (essai): de 1856 juscju'à la veille de l'indépendance* (Tunis: Ministère de la Justice, 1998), pp. 164－166. 这份官方出版物的其他部分对保护领地时期司法制度的变化提供了有用的综述。

房地产合法化之后不久产生的模式。公司和富有的投机商购买了哈纳希尔(hanashir)形式的大片土地(即属于王室或其他名人的农村地产,通常包括国有的和哈布斯土地)。1880 年,总理海尔·丁出售了昂菲达附近一处 10 万多公顷这样的地产。五年后,马赛信贷公司在昂菲达和西
48 迪塔比特所持有的土地,加上其他五个投资公司控制的 3 万公顷土地,占法国在保护领地所有地产的 88%,剩余的 12%分属其他 34 位所有人。[①] 突尼斯农民继续耕种着这片土地,有时是作为租户,但更多时候是佃户,因为投机商把土地价值抬高到了突尼斯人几乎买不起的程度。另外,公司也可以把小片土地转卖给个人买主,其中许多是意大利人。许多这样的土地非常适合种植小麦,但是俄国与北美在过去 20 年间对欧洲谷物出口的急剧增加逐渐压低了小麦的出口价格,从出口突尼斯小麦中获利就变得困难了,结果,投机商手中多达三分之一的土地被闲置着。

尽管十年间法国在保护领地的人口超过了 1 万,但新来者很少选择在农村地区定居。到 1892 年,约 40 万公顷的土地落到了法国人手里,但地产数仅增至 333 处,参与农业生产的法国人不超过 1 500 人。仅在 1897 年法国人拥有的地产多达 1 000 处,尽管据前一年的人口统计,这些地产中的法国人仅占在突尼斯的法国人总数的 22%(刚刚超过 2 000 人)。相比之下,约有 1 000 个意大利家庭(他们有些人的土地所有权要早于保护领地建立)早在 19 世纪 90 年代初就拥有并耕种着 27 350 公顷的土地,当时在突尼斯的意大利总人口比法国人口多 5 倍。[②] 法国人中有大量商业投机者但定居者少,而意大利人拥有的土地少却自己耕种,这种模式增加了突尼斯市和巴黎对保护领地人口不平衡的担忧,并促使他们努力吸引法国移殖民(定居者)。

1890 年,为了方便法国公民购买看中的农业地产,总督马西科特建立了一个农业理事会。次年,"官方的"或者国家推动的殖民地开拓

① Ali Mahjoubi, *L'Etablissement du protectorat français en Tunisie* (Tunis: Publications de l'Université de Tunis, 1977), p. 309.

② Macken, "The Indigenous Reaction," pp. 303, 330, and 332; Russell, "The Italian Community," p. 43.

开始了，理事会将突尼斯市附近数千公顷的国有土地上市出售，①但增加的苛刻条件，如现金付款、不转售保证以及只能在建好房屋并开始耕种三分之二的土地后才签署正式契约，使许多有意的购买者望而却步。直到 1896 年这些条件放宽了，土地面积也增加了一倍，地产出售才达到了希望的水平。一个更直接的成功措施是简化土地登记程序，把大部分所需费用从登记者转给政府，从而使这个过程不那么昂贵。在 1893 年，即制度修改的第一年，登记申请表填写的数量超过了前七年的总和，不过许多要求是来自突尼斯人。根据贝伊的法令，马瓦特 49
(mawat)或不毛之地要归还给政府，这就让法国人购买土地成为可能。

此外还有两个为了移殖民的利益而被开发的有利可图的巨大储藏地，就是部落集体掌握的土地和哈布斯土地。政府于 1901 年占有了前者。三年后，混合法庭裁定部落不是有组织的团体，因此不能作为集体拥有地产。严格来说，广阔土地是属于国家的，但在这些土地上部落享有的使用和放牧权，现在都成了转让的对象。甚至还在“官方的”拓殖开始之前，一个法律计策就使非穆斯林能够永久性地租用哈布斯土地。1898 年开始，政府要求哈布斯议会每年最少卖给法国购买者 2 000 公顷土地。由农业理事会选择土地，并在咨询议会后确定价格。从 1892 年至 1914 年，这些和其他“官方的”拓殖策略把 25 万多公顷的土地从突尼斯转到了法国控制下，到第一次世界大战前法国拥有的土地增加到了约 70 万公顷，占非突尼斯人手中所有土地的 84％。

在这 20 年中获取的土地上种植最多的是葡萄树和橄榄树，因为葡萄和橄榄及其副产品葡萄酒和橄榄油已经发展成了殖民农业中最赚钱的产品。从 19 世纪 60 年代开始，法国葡萄园由于葡萄根瘤蚜成灾而

---

① 以下对“官方”拓殖的描述采用了 Macken, “The Indigenous Reaction,” pp. 303－336. 关于这个话题，也可参看 Charles C. Harber, “Tunisian Land Tenure in the Early French Protectorate,” *Muslim World*, 63: 4 (1973), pp. 307－315; Carmel Sammut, “Régimes de terres collectives de tribus,” *Revue d'Histoire Maghrèbine*, 6 (1976), pp. 195－202; and Byron Cannon, “Le Marché de location des habous en Tunisie: Dialectique de développement agricole, 1875－1902,” in Byron Cannon (ed.), *Terroirs et sociétés au Maghreb et au Moyen Orient* (Lyon: Maison de l'Orient, 1988), pp. 79－108。

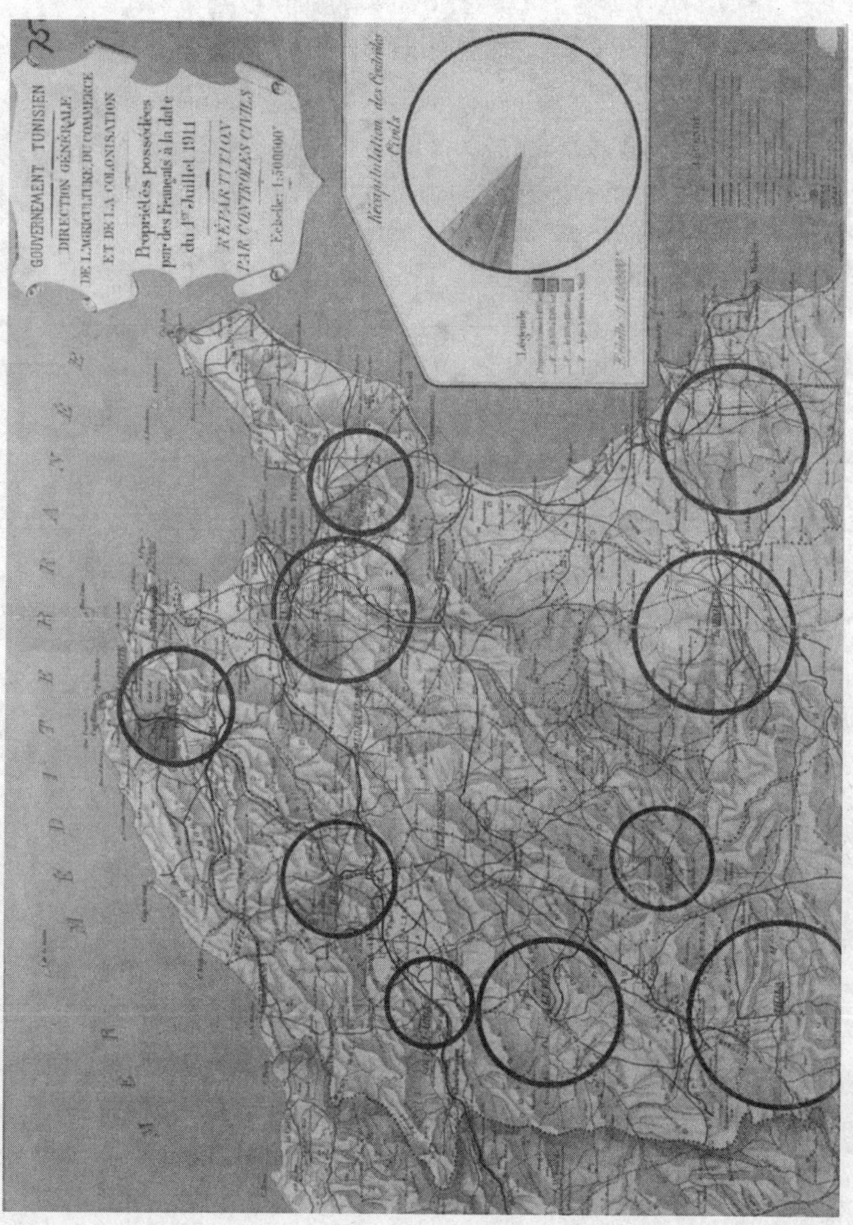
GOUVERNEMENT TUNISIEN
DIRECTION GÉNÉRALE
DE L'AGRICULTURE DU COMMERCE
ET DE LA COLONISATION
Propriétés possédées
par des Français à la date
du 1er Juillet 1911
RÉPARTITION
PAR CONTRÔLES CIVILS
Echelle: 1:500000
Récapitulation des Contrôles Civils
Légende
M E D I T E R R A N É E

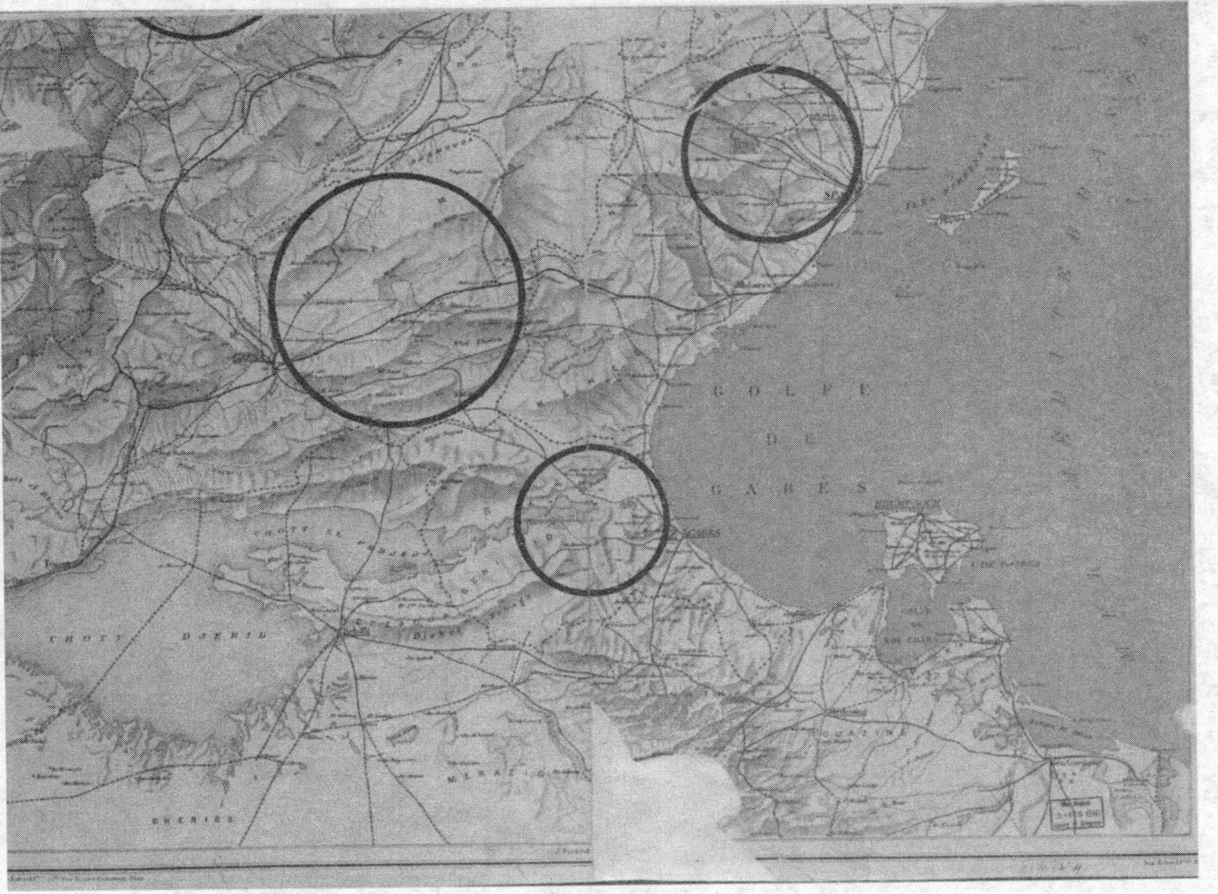

定居者手中的土地，约1911年。移殖民获得了整个突尼斯最肥沃、收益最高的农田，常常把当地农民和牧民赶到无法生存的贫瘠土地上。这幅官方地图上的饼状图标显示出欧洲人在各个地区控制土地的百分比。

49 荒芜,这促使阿尔及利亚和突尼斯扩大了葡萄栽培。到 19 世纪 80 年代,突尼斯的葡萄种植面积从 1 000 公顷增加了四倍,达到了 5 000 公顷。尽管法国的生产在 19 世纪 90 年代有所恢复,但对突尼斯葡萄酒的需求依然强势,用于葡萄栽培的土地在世纪之交已超过了 1.5 万公顷。[①] 少数法国定居者拥有位于突尼斯市和迈杰尔达河谷的大部分葡萄园,但他们常常雇佣意大利农业工人进行种植。由于突尼斯人对掌握葡萄酒生产技术不感兴趣,葡萄栽培的利润几乎尽归移殖民所有。

橄榄的情况完全不同。在萨赫勒,橄榄种植和橄榄油生产的中心,小型私人农场蓬勃发展,除非自愿出售否则不必担心农场被外国人获取。但是,1891—1895 年任农业主管的保罗·布尔德(Paul Bourde)看到,让移殖民在凯鲁万、加贝斯和加夫萨交界处的三角形大草原地区
52 种植橄榄有发展前景,他知道,历史和考古记录表明,游牧部落放牧牲畜并种植小片谷物的这片荒芜地区在古代是重要的橄榄生产地区。1892 年,他为了拓殖自己利用权力开垦的国有土地,以协议价格出售了斯法克斯以西的大片土地,这是 1871 年穆罕默德·萨迪克没收的当地一个姓西亚拉(Siala)的名人家族的土地。一年之内,理事会收到了 800 份购买其中部分土地的请求,大部分来自斯法克斯的突尼斯中产阶级,但法国定居者也要求获得这里超过三分之一的土地。在布尔德的坚持下,土地的新主人与突尼斯农民就传统农业合同穆加拉萨特(mugharasat,农地)进行了谈判。商定之后,土地所有人把土地租给农民种植并栽培橄榄树,他们可以种植谷物归自己使用直到果树结果,之后由土地所有人和租户平分土地上的收获。西亚拉的土地种植使斯法克斯地区及其腹地成为移殖民种植和加工橄榄的主要中心,但是这让游牧部落付出了代价。

---

① 需求增长即使不是那么急剧,但继续稳步上升,后来,法国酿酒师普遍使用浓烈的突尼斯葡萄酒来增加他们自己的葡萄酒的酒精含量。有关种植数据,参看 Martin, *La Tunisie*, p. 74。

许多巴黎和突尼斯市的法国官员认为，相对于保护领地与法国联合排挤其他欧洲国家的利益和让法国公民获取土地，紧密、互利的法-突商业关系具有同等的重要性。突尼斯的国际贸易包括农产品出口（其中以橄榄油最为重要）和制造品进口。然而，甚至在保护领地成立后，突尼斯的农作物更多是出口到了意大利而不是法国，原因是意大利的关税更低。为了获得这个贸易，法国在 1890 年取消了许多突尼斯进口产品的关税，对剩下的也只收取最低关税。对法国销售的激增导致了大量法郎（1888 年已成为保护领地的法定货币）迅速流入突尼斯，法郎的过量加上比索的短缺——突尼斯人为了反对新的货币制度而把它们储藏起来以至于比索开始从流通中消失——把法郎的价值降到了与比索差不多的水平。在新关税制度实行的几个月内，财政理事会命令突尼斯比索退出使用，由巴黎铸造的硬币取而代之，并命名为法郎和生丁。每枚硬币正面是法语，反面是阿拉伯语，上面有贝伊的名字、硬币的价值和伊斯兰教历（hijra）日期。[①]

然而，突尼斯与欧洲国家在保护领地成立之前谈判达成的几个商业协议中的最惠国条款继续阻碍着从法国进口的互惠安排。直到 1898 年，意大利和英国放弃了这个特许权，保护领地当局才得以取消
了对原产于法国的产品征税，让法国产品代替了其他国家的产品。结 53
果，法国供应了突尼斯约 60％的进口产品，并在世纪末成为突尼斯约 60％出口产品的目的地。[②] 突尼斯产品能容易地进入法国市场给所有的种植者都带来了好处，对移殖民尤其有利。尽管农业仍是突尼斯最重要的产业，但是少部分欧洲农民采用的现代方法使他们无论在数量还是在价值上都收获更多。确保定居者能够便宜地进口机器和其他设

---

① 对这个复杂过程的充分研究，参看 Carmel Sammut，“L’Installation du protectorat fançais et la reforme du système monétaire tunisien,” *Revue d’Histoire Maghrébine*, 4 (1975), pp. 184－194。作者认为“法郎不是引进突尼斯的，而是突尼斯的货币单位变成了法郎”。

② Macken, “The Indigenous Reaction,” p. 354; Mahjoubi, *L’Etablissement du protectorat*, p. 41.

备，并确保他们有机会向法国出口农作物并获得利润，是“官方”拓殖成功的极大保证。

这种成功使欧洲人遍布了整个突尼斯农村地区。在19世纪80年代中期，在所有欧洲人拥有的农村地产中，有四分之三呈弧形从比塞大延伸到纳布勒，离突尼斯市都不超过50英里。20年后，在迈杰尔达河谷、高山地区(High Tell)、内地大草原、甚至是撒哈拉北部边缘的绿洲都有欧洲人耕种土地。另外，欧洲店主、商人、银行家和政府官员定居在各地集镇和行政中心——贝贾、苏克阿尔巴(现在叫坚杜拜)、泰斯图尔、卡夫、马克塔尔、卡塞林、加夫萨、加贝斯和吉比利，他们的工作是以必要的产品和服务支持农业企业。定居者独特的欧式房屋改变了当地景观，比如道路、铁路、电报、电话以及随之而来的延伸全国的电线，只是在萨赫勒乡下，欧洲人还非常少，他们有许多人生活在沿海的中心城市，如苏塞、莫纳斯提尔和斯法克斯等。

然而，欧洲的杰出人士仍居住在突尼斯市及其郊区，这也不足为奇，1904年那里住着5.5万外国人(其中3.5万意大利人，1万法国公民，8 000马耳他人和2 000其他国家的人)，还有8万穆斯林和3.9万犹太人。[①] 迅速发展的欧洲人口让首都有了新面貌，而保护领地刚开始时的首都包括一个有部分围墙的梅迪纳和两个紧邻的地区。在19世纪80、90年代，按照欧洲规格在梅迪纳和突尼斯湖之间经过治理的沼泽地上建造的街区已初具规范，那里有宽阔的林荫大道、多层建筑物、宽敞的零售店、剧院和教堂。大多数穆斯林和犹太人继续住在原来的聚居地，而几乎所有曾经住在那里的欧洲人和一部分犹太人都撤往了新城，在现有的城市城墙外新建的居住区“制造”了一个可以让欧洲
54 人在熟悉的、舒适的和基本隔离的环境中生活和工作的地区。苏塞、斯法克斯、比塞大、凯鲁万和其他城市模仿突尼斯市的模式，其规划借鉴了阿尔及利亚的城市建设经验。由于欧式的突尼斯市坐落在不毛之地上，城市建设不必让许多人搬迁，但其他一些新城市的发展必然牵涉突

① Macken, “The Indigenous Reaction,” p. 387.

移殖民的谷仓。尽管突尼斯的欧洲定居者人数不及邻国阿尔及利亚的那么多，但他们享有很大的政治和经济权力。这张内战时期的明信片底部的说明文字写着："法国人在北非的殖民是 20 世纪法国的国务。"

尼斯人的搬迁并因此引发了愤怒和仇恨。

满足欧洲人在乡下定居的要求引出了更多麻烦。乡下不像城区，没有主人的耕地非常少，新农田和果园无法"制造"。而在保护领地的前几年，欧洲人对农村土地的获取几乎没有干扰在那里生活的突尼斯农民，他们继续耕种这些大片的土地，但这些土地他们自己从未拥有过，而是被转到了公司、个体投机商和私人经营者手里，这些人都需要农民的劳动让这片土地保持生产力。这种状况到 19 世纪 90 年代发生了改变。"官方"拓殖的目标是把小块的乡下地产从突尼斯人手中转到法国人手中，并增进法国公民从人身到物质对突尼斯土地的依附。因此，当法国定居者开始在曾经是国有土地、部落的集体土地和哈布斯土 55
地上建造农场时，在这里耕种和放牧的突尼斯人被强迫离开了。那些决定继续耕作或放牧的人只能待在殖民者不感兴趣的贫瘠土地上。一些被赶出土地的农民在法国人的农场找到了工作，但是他们因文化差异造成了工作习惯和耕种方法的不同，这使移殖民主人，尤其是那些采用机械化耕种的人，更愿意雇用法国和意大利劳工，尽管不得不付给他们更高的工资。其他一些流离失所的人成了流浪汉或以犯轻罪为生。还有些人流落到集镇和城市，但他们缺乏教育和技能，就算能找到工作，也只能去做最不合意的工作。

巴希尔·斯法尔(Bashir Sfar)是萨迪吉中学的早期毕业生，直到1898年他一直掌管着哈布斯议会，他因抗议强制出售哈布斯土地给定居者而辞职。像其他许多曾经因接触了西方文化而受益的萨迪吉校友一样，斯法尔起初相信法国人的到来，加上一个详细制定的农村拓殖计划，会提高所有突尼斯人的生活质量。然而，"官方"拓殖的十年让斯法尔感到沮丧、怨恨和愤怒。他在1903年写道："法国的富有足以给其公民提供安置资金，用不着迫使受保护人民挨饿或逃亡，或者把他们变成危险的无产者。"[①]疏远像斯法尔这样的人给保护领地带来了严重的麻烦。

在19世纪末和20世纪初，农村人口的迁移对集镇和城市的许多突尼斯人造成了不利的经济影响。例如，部落因丧失了许多好牧场而减少了家畜的规模和质量，并由此减少了城市市场上肉、黄油和其他动物产品的供应。这也使纺织工和皮革工失去了原料，并进一步拖垮了几十年来受欧洲竞争打击的工匠。对欧洲产品不断增加的喜爱使城市地区减少了对几乎所有当地产品的需求，相比之下，农村地区对进口产品却没有如此的兴趣，因此也就成了手工制品的重要销售市场。但农村的贫困使市场疲软，几乎对全国手工工匠造成了重创。

在法国移殖民的挤兑下，突尼斯农、牧民的生产力急剧下降，但对他们的税收却没有减少。根据一项估算，1896年的政府收入可以转换成人均10法郎的税赋，[②]这是一个沉重的负担，尤其对于农村穷困地

① 同前引，p. 328。

② Jacques Taieb, "La Tunisie des premiers temps coloniaux," *Revue de l'Institut des Belles Lettres Arabes*, 141 (1978), p. 68.

区来说。这个数字是按全国人口计算的平均数，它掩盖了所有突尼斯 56
农村男性每年支付的 20 法郎的人头税——马杰巴(majba)，但是一些城市居民和所有外国人是被免除缴税义务的。1913 年，伊斯提坦(Istitan)，一种对全体男性(包括外国人)征收的每年 10 法郎的人头税，代替了马杰巴，但对于交纳占财政收入 90％的税收的许多突尼斯人而言，人头税减半并没有减免多少税赋。比起住在城市的突尼斯人或外国人，其他形式的直接征税给农村的突尼斯人带来了更重的负担。耕地，无一例外，都要依照什一税(ʿushr)进行管理，这种核定方法不考虑产量而只取决于播种面积。1914 年，来此定居的农民控制着突尼斯 10％的耕地，但由于给使用机器和现代技术耕种土地的农民的税赋减免，他们只缴纳什一税的 1％多一点儿——这种做法几乎仅限于外国人。[1] 从移殖民手中 10％的土地质量和生产力来看，什一税分配的不公平显得更严重。突尼斯人占有的土地虽然更多，但是贫瘠；这样他们产出的少，但缴纳的多。同样，葡萄作为典型的欧洲农作物根本不用缴税，而在移殖民几乎没有进入的萨赫勒和沙漠绿洲，对当地经济至关重要的橄榄和海枣的收成却承担了额外的税赋。更为雪上加霜的是，税收中相当大一部分是用来为瓦解突尼斯农村社会结构的拓殖项目提供资金的。

在这种情况下，定居者与突尼斯人之间的冲突是不可避免的。游牧民族的牲畜闯入播种的农田使得冲突频发，且 19 世纪 90 年代的抢劫、偷窃、劫掠和突袭逐步升级，突尼斯人和欧洲人都成了这些犯罪的受害者，这些犯罪是由遍布农村的极度贫困引发的。勒内·米勒(René Millet)，作为自保护领地开始以来最开明的总督，毫不犹豫地把许多使农村形势恶化的责任归在移殖民身上。“拓殖，”他责备他们说，

> 使欧洲人成了当地人的竞争者，并且令人畏惧。欧洲人控制土地，提高地价以及必需品的价格，每年把更多的土地控制在手中，圈起来，守卫它，保护它不被放牧和擅自进入，他们引进新的种

① 这些统计数据见 Mahjoubi, *L'Etablissement du protectorat*, pp. 61－65。

植方法，打乱了穆斯林劳动者的耕种惯例。①

1896年，应移殖民的要求，米勒同意增派宪兵给每个有村级警察的民政检查处，但袭击欧洲人的地产在农村仍在发生，袭扰的频率高低
57 取决于当地部落是否遇到了坏天气、收成的好坏、不利的政府政策以及定居者的傲慢态度。

米勒知道移殖民强烈反对被认为是授权给突尼斯人的任何措施，他警告他们，不要用农村的骚乱作借口攻击保护领地政策，其中包括他与住在城市的受西方教育的突尼斯人（他们当中就有巴希尔·斯法尔）的合作。他们不能“公开要求150万阿拉伯人为我国2万国民做出牺牲”，但如果他们断定“阿拉伯人民和他们的首领决意与我们的行动和影响力的扩大为敌”，并让法国政界相信了这种说法，

> 那就别无选择了……只能在突尼斯开始实行一种减少并驱逐当地人民的政治制度，这种制度采用独特的措施，把所有预算资源只分配给法国人……这样的制度在阿尔及利亚还在使用，其结果是显而易见的，用不着提醒。②

米勒为限制定居者所做的斗争致使他于1900年被召回，这清楚地表明了当时移殖民所掌握的游说议员的权力，以及定居者的利益在保护领地政策议题中的重要程度。

公共工程理事会是由保护领地政府建立的第一批技术部门之一，该部门建设的运输和交通基础设施证明了移殖民比突尼斯人享有更多的特权。1884年，总部设在阿尔及利亚的波尼-格勒马(Bone-Guelma)铁路公司完成了早在1878年就获得了特许权的突尼斯市到阿尔及尔

---

① 引自 Moncef Dellagi, “Une Campagne sur l’insécurité des colons de Tunisie en 1898,”in *Revue d’Histoire Maghrébine*, 7－8 (1977), p. 101。

② 同前引, p. 104。

58

CARTE ROUTIÈRE
DE LA
TUNISIE
au 1er Janvier 1904
dressée par la
DIRECTION GÉNÉRALE
DES
TRAVAUX PUBLICS

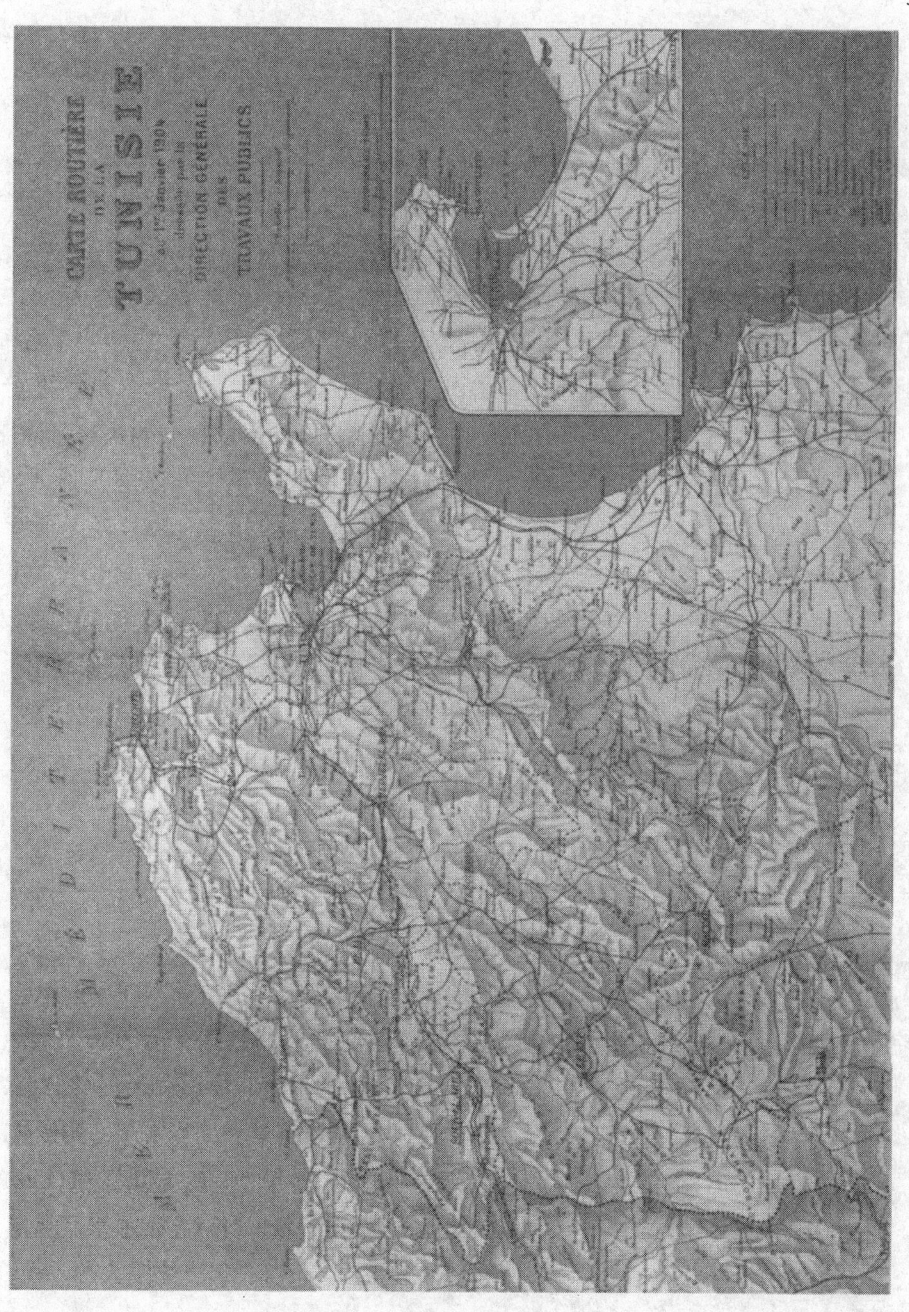

59

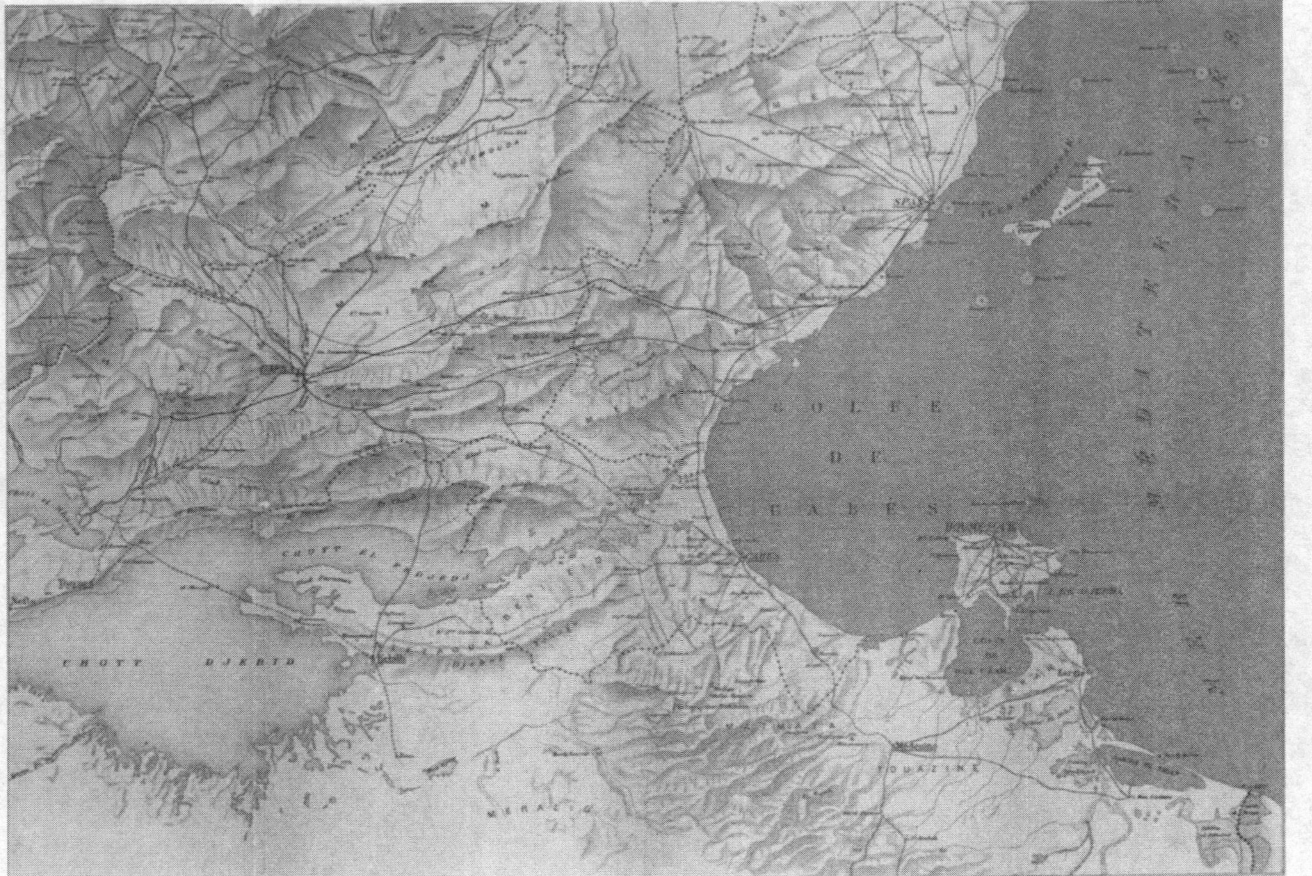

运输网，约1904年。保护领地成立后的铁路修建主要是为移殖民农场主和欧洲矿主的利益服务，到第一次世界大战开始前，一条铁路穿过迈杰尔达河谷的富有农场连接了突尼斯市和阿尔及利亚，而其他铁路线延伸到比塞大、苏塞、斯法克斯和凯鲁万。一条工业铁路把磷酸盐矿砂从加夫萨附近的产区运到斯法克斯港。

的铁路修建。这条铁路线穿过欧洲人已经获得了土地的迈杰尔达河谷 57
和高山地区，加快了农产品进入市场的速度，同时也解决了在新保护领地与阿尔及尔的法国政府之间建立军事和战略联系的问题。当 19 世纪 90 年代法国定居者在突尼斯农村的分布更加广泛时，他们要求修建新的铁路线，但公司拒绝在欧洲人稀少的地区承建工程。为了解决这

60

突尼斯市-古莱特-马尔萨铁路的客车。直到 1898 年，意大利企业家一直经营着这条修建于 19 世纪 70 年代、连接突尼斯市与其沿海郊区的铁路。此后，波尼-格勒马公司继续经营这条铁路直到 1905 年它被并入突尼斯市电车系统。

个问题，在保护领地的官员安排下，突尼斯政府承担了几乎所有把波尼-格勒马公司的主干线延伸到比塞大、苏塞、斯法克斯和凯鲁万所需的费用。这笔花费的大部分国家财政收入来自突尼斯纳税人，但移殖民从铁路中获得的利益却远远大于突尼斯人。当铁路建设的重点从 20 世纪初的支持农业发展转到为矿产开采提供方便时，其他欧洲企业也参与修建通往富矿地区的铁路支线，或者有时是整条新铁路线，并因此从国家给予公司的补贴中受益。1902—1912 年，突尼斯政

府借贷2亿多法郎为基础建设扩张提供资金,波尼-格勒马公司得到了其中的一多半。① 这种发展让该公司把重点从阿尔及利亚转移到了突尼斯,并使公司在阿尔及利亚政府1915年接管了那里的资产后得以继续生存。

在世纪之交,除了波尼-格勒马铁路系统,还有其他两条铁路线在运行。意大利公司拥有的突尼斯市-古莱特-马尔萨短线(TGM)把首都和东部郊区连在一起;加夫萨磷酸盐及铁路公司经营着一条把磷酸盐从西南矿区运到地中海的铁路线。1885年在加夫萨附近发现了较大的磷酸盐储量后,政府为其开发提供了特许权,但要求特许权所有人还要新建一座适合出口矿砂的港口,并用铁路将其与矿区连接。这些条款直到19世纪90年代中期才引起认真的响应,一个由投资者成立的联合企业开始筹集资金,并于1897年建立了加夫萨磷酸盐及铁路公
61 司。在此期间,政府考虑到在斯法克斯港正在进行的扩建和现代化建设项目,就放弃了建设出口码头的要求。特许权的最终条款授权这家公司经营矿山以及铁路长达90年。磷酸盐公司的参与者包括圣戈班化学公司(欧洲最大的磷酸盐用户)、穆克塔尔·哈迪德矿业公司(阿尔及利亚矿业发展的重要投资者)、迪帕希公司(负责改进斯法克斯港的公司,也是为此代表一位重要客户的新公司)、许多杰出的法国工业家以及数千小投资者。1899年第一船矿砂通过新建成的铁路运抵斯法克斯。②

---

① Carmel Sammut, *L'Lmpérialisme capitaliste français et le nationalisme tunisien* (1881－1914) (Paris: Publisud, 1983), pp. 125－130. 关于公司在突尼斯矿产开采中的作用,参看 Mohamed Lazhar Gharbi, "La Compagnie Bône-Guelma et son reseau minier tunisien (1900－1914)," *Revue de l'Institut des Belles Lettres Arabes*, 164 (1989), pp. 227－254。第一次世界大战后,公司把阿尔及利亚的城市从它的名称中去掉,变成了突尼斯铁路承租公司。

② 关于公司的组成,参看 Noureddine Dougui, "La Naissance d'une grande entreprise coloniale: la compagnie des phosphates et chemins de fer de Gafsa," *Cahiers de Tunisie*, 30: 119－120 (1982), pp. 123－164。在"La Construction et l'exploitation du reseau de chemin de fer Sfax-Gafsa (1897－1914)," *Cahiers de Tunisie*, 31: 123－124 (1983), pp. 13－46中,该作者同样论述了特许权中的铁路部分。

铁路公司以及保护领地唯一的最大雇主和最大纳税人之一的磷酸盐公司显示了法国资本投资的重要作用，这些投资通过专业化的大公司用于突尼斯的殖民经济建设中。甚至在"官方"拓殖开始后有针对小农场主的优惠政策，其中几个最早的公司对土地的投机也从来未见减少。然而，从19世纪90年代开始，其他经济领域，以采矿业(铁、铅、锌和磷酸盐)为首，开始引起投资者的认真关注。从保护领地开始到第一次世界大战结束的40年中，矿产资源的开发，运输系统的发展(以铁路为主)，(突尼斯市、苏塞和斯法克斯)港口设施的改善，大型海军基地(比塞大)的建设，以及对土地的集体获取占了全部资本投资的四分之三。[1] 富有的移殖民与宗主国的股东们共同获得了这些企业的利润，但没有几个突尼斯人有财力进行这样的投资，他们甚至不是参与这些项目的工人。铁路公司和发展港口的公司雇佣法国和意大利劳工，甚至在矿山，的黎波里塔尼亚、阿尔及利亚和摩洛哥的移民也比突尼斯人优先，欧洲监工认为突尼斯人靠不住并且没有能力。

突尼斯中产阶级的突尼斯：从满怀希望到痛苦幻灭

贝伊政府被法国政府有效取代，法国的利益优势遍布全国，以及普 62
通突尼斯人被驱逐(在有些情况下毫不夸张)到经济和社会的边缘不可避免地激起了深刻的仇恨。淳朴无知的乡下人经常用不成熟的突发性暴力行为表达敌对情绪，几个突尼斯市的乌莱玛在保护领地初期适度地表达了他们的不满，但最终却不了了之。然而，一小群受过教育的都市人正学着对保护领地表达不满，他们接受过欧洲语言培训，具有西方学识和科技意识，不像部落成员那样采用身体攻击的方式，他们使用的方式和词汇比起乌莱玛使用的那些更易于让欧洲对话者理解。

在保护领地建立之前，突尼斯人几乎没有机会接受这样的教育，这

---

① Noureddine Dougui, "Sociétés capitalistes et investissements coloniaux en Tunisie (1881－1920): Quelques éléments d'approche," *Cahiers de Tunisie*, 33: 131－132 (1985), p. 77.

种教育仅限于由基督教宗教阶层资助的为欧洲人的孩子们开办的学校,以及类似巴尔杜军事学校这样只招收精英的儿子们的特殊机构。突尼斯的穆斯林男性是在古兰经学校(kuttab)接受正式教育的,课程围绕着熟记《古兰经》,一批精挑细选的青年男子在突尼斯市著名的宰敦清真寺大学继续学习。直到1875年萨迪吉中学开办后,穆斯林年轻人才接受了超出传统伊斯兰教主题的教育,但能进入萨迪吉学习的人非常有限。大多数突尼斯犹太男孩的教育只是在类似于古兰经学校的学校进行初级的宗教学习。穆斯林女孩和犹太女孩按习俗都不接受教育,只是在家里学习家居技能。路易·马科勒(Louis Macheul)从1883至1908年任公共教育部主任,他明白直接干涉穆斯林和犹太人教育要冒的风险,因此,他选择从远处监督他们,从任职之初他就开始悄悄地推进一些有选择的改革,目的是把这些改革与世俗教育制度联系起来,这样的设计是为了鼓励突尼斯人接受法国观念。

这个制度基于招收突尼斯、法国和其他欧洲国家的男孩的法语小学。这些法国-阿拉伯学校采用一套经过适当修订的法语课程,并把阿拉伯语包括进去作为一门学习课程。从公共教育主管的角度看,这些学校使它充当了突尼斯阿拉伯传统的保护者——这符合保护领地政府的职责,同时也通过法语的传播促进同化。对于定居者,学校对他们的儿子进行了法语基础教育,而对阿拉伯语的学习尽管有些令人反感的弦外之音,但是为他们提供了为数极少的欧洲人所掌握的可能会很有
63 用的技能。有些突尼斯人高兴地把学校当作与欧洲人接触的地方,但政府官员和当地名人常常只有在强迫下或者为了讨好法国人才会让他们的孩子入学。更多的突尼斯人经常以宗教理由反对,而不是支持法国-阿拉伯学校。

尽管如此,在保护领地,尤其是在城市地区,生活中的现实情况使至少粗略地了解殖民者文化和语言几乎成为一种必要。从1908年开始,一些开明的突尼斯教育家组织了"改革的"古兰经学校,为那些抵制世俗法国-阿拉伯学校而宁可接受宗教教育的穆斯林学生提供这样的入门课程。在犹太人中,西化的格拉纳人被吸引到法语公共学校,这种

局面让多数来自突尼斯的犹太人感到不舒服，为法国犹太人联盟工作的教师让这个更受传统束缚的群体接触到了西方的入门教育。

在总督的妻子路易斯·米勒的热情支持下，第一所为穆斯林女孩开设现代课程的小学于1900年开办了。学校的目标是传播进步思想，认为这会“改善(突尼斯妇女)的命运，并提供一个直接让法国的影响力施加在她们身上的机会”。① 为了减轻家长送女儿来上学的不安，女校长——一位熟知突尼斯社会的保护领地法国官员的遗孀，遵守传统社会标准，甚至从宰敦清真寺大学雇佣了年逾中年的教师来教授课程中的伊斯兰教内容。哈布斯议会提供资金维持学校度过了低入学率的几年，而其道德支持在穆斯林群体中成为了极其宝贵的保证。1905年，学校招生人数达到100名，到1912年，学校因迁址而更名为帕夏路小学，此时有近500名年轻女孩在校就读。公共教育理事会直到1908年才为穆斯林女孩建立了公立小学。在学校中，穆斯林妇女协助法国教师教授把知识学习与职业和家政训练结合在一起的课程。

其他几个初级以上的公立学校既招收阿拉伯学生也招收欧洲学生。在马科勒的督促下(但表面上是由贝伊下令)，阿拉维中学于1884年正式成立，培养年轻男性去法国-阿拉伯学校教书。尽管在开始时打算主要招收突尼斯人，但学院也招收定居者和保护领地官员的儿子。到20世纪早期，约20%的学生是欧洲人。② 卡尔诺中学就是阿拉维中学的翻版。1875年法国传教士为年轻男子建立了名为圣路易中学的学校，但后来学校却成了财政负担，大主教拉维热里就在1889年把它移交 64

① Julia Clancy-Smith, “L'Ecole Rue du Pacha, Tunis: L'Education de la femme arabe et ‘La Plus Grande France’ (1900 － 1914),” In *Clio: Histoire, Fenmies, et Société*, 12 (December 2000), pp. 33 － 55. 招生数字，同时参看 Souad Bakalti, “L'Enseignement Féminin dans le primaire au temps de la Tunisie coloniale,” *Revue de l'Institut des Belles Lettres Arabes*, 166 (1990), p. 260。

② Patrick Cabanel, “L'Ecole laïque française en Tunisie (1881 － 1914): La Double utopie,” in Jacques Alexandropoulos and Patrick Cabanel (eds.), *La Tunisie mosaïque: Diasporas, cosmopolitanisme, archéologies de l'identité* (Toulouse: Presses Universitaires du Mirail, 2000), p. 266.

给了公共教育理事会。1894年为了纪念当年被暗杀的法国总统,圣路易中学更名为卡尔诺中学,在突尼斯它就是法国公立教育的顶峰。这样,它就有了一个主要的欧洲客户,但是它总能招收到少数几个从法国-阿拉伯学校毕业的最优秀的穆斯林和犹太学生。与此相应的还有一个女子机构,阿尔芒·法利埃中学,这是一个培训女性教师并且完全欧式的学校。

阿拉维中学和卡尔诺中学也吸引了那些有能力继续学业的萨迪吉中学的毕业生,但要使大部分学生成功进入初级之后的学校,萨迪吉课程还不足以使他们与在法国-阿拉伯学校学习的青年男子竞争。法国官员意识到了萨迪吉能为政府提供职员和翻译人员的价值,于是迅速采取行动把学校置于控制之下。1882年,甚至在《马尔萨条约》正式确定保护领地之前,总督康邦任命的一个监督学校的行政理事会削弱了学校主管的权力,此人是海尔·丁的被保护人,他并不欢迎法国人的到来。从此之后,公共教育理事会对改变学校的性质失去了兴趣,只想在学习过程中引入一些变化,更好地为法国的需要服务。

就这样,在保护领地的前15年中,数千突尼斯男子和较少的女子接受了教育,这让他们接触到了一系列新思想并使他们与法国人有了直接联系。对于大多数人来说,这种经历在初级阶段就结束了,但还有数百人走得更远。到19世纪90年代,那些完成了公立教育体系中最高水平学习的人在保护领地政府中担任职位。在那里他们和保护领地时期之前的萨迪吉中学毕业生一起工作,这些人曾在法国学习,然后回国开始在公共机构中任职。马科勒和其他官员在这些接受西方教育的突尼斯人身上,尤其是在萨迪吉毕业生的核心人物身上,看到了通向广阔的突尼斯社会的桥梁,因此,在让广大人民接受保护领地的活动中把他们视为宝贵的盟友。许多突尼斯人也有同样的想法并准备采取相应的行动。他们的想法与1789年的原则相一致,认为在突尼斯实现那些理想会让整个社会受益,他们的国家,就像法国一样,会变成一个现代国家;科技会以从未有的方式把国家相互连接起来;共和国的法规会代替专制的君主权力。

因此,这些人并没有与社会环境隔离开来,而是继续深切地关心阿

拉伯-伊斯兰教传统。对于他们大部分人而言，另一个知识观念——萨 65
拉费亚(Salafiyya，伊斯兰教原教旨主义)的吸引力至少与欧洲进步主义一样强大。倡导者宣扬重建他们祖先(al-salaf)的核心价值观，辩称这些价值观几个世纪以来被穆斯林抛弃或篡改，后来愚昧和疏忽削弱了穆斯林群体，使其最终在 19 世纪被邪恶所折磨，其中最主要的是欧洲的帝国主义。萨拉费亚的拥护者并不是非要摒弃所有的非伊斯兰教事物，许多人同意对能够改善穆斯林生活的西方文化特征加以改造。海尔·丁的思想体现了萨拉费亚的理想，自然在萨迪吉中学的课程中占有一席之地。1883 年，海尔·丁的追随者，穆罕默德·萨努西(Muhammad al-Sanusi)，在突尼斯市建立了一个当时最著名的萨拉费亚组织的地方分会。应萨努西的邀请，这个团体中有影响力的主要人物——穆罕默德·阿布杜赫(Muhammad ʿAbduh)，于 1885 年访问了突尼斯市并于 1903 年再次到访。阿布杜赫明白突尼斯人缺少打破法国控制其国家的能力。在这种情形下，他劝告他的支持者要在保护领地体制内进行体现穆斯林平等和公正原则的改革——这个建议参照了他自己在埃及与英国人斗争的经历。

三年后，一群萨拉费亚专家其中包括萨努西、阿里·布·舒沙(ʿAli Bu Shusha)、穆罕默德·卡尔维(Muhammad al-Qarwi)和巴希尔·斯法尔，创办了一份报纸《哈迪拉》(*al-Hadira*)，发表文章呼吁进行现代化建设和社会变革，且在其中要尊重突尼斯文化中阿拉伯人和伊斯兰教徒的中心地位。这些人都与海尔·丁的改革时期有关，他们或是前总理的合作者，或是保护领地时期之前萨迪吉中学的学生。《哈迪拉》尤其针对突尼斯社会讲阿拉伯语的最博学的两种人——巴迪亚和乌莱玛，其呼吁在巴迪亚和较为进步的乌莱玛中都收到了一些成效，对于他们，报刊观点重复了海尔·丁关于政府的论文《最可靠的途径》中的言辞，但比较保守的乌莱玛固执地抗拒革新。这份报纸历经 22 年，一个不小的原因是保护领地官员给予了补贴，他们认为这是一个使坚持某种信念的突尼斯人接受法国到来的有用工具。

1894 年对勒内·米勒(René Millet)的任命带来了一位同情伊斯

兰教改良主义人士的总督。米勒强调与《哈迪拉》有关的人士具有重要地位,认为他们是西方与阿拉伯-伊斯兰教文化之间最合适的对话者,他与这些人讨论了他们的期望,并在他到达时发表的一篇文章中做了总结。他表示总体上支持他们的目标,那些目标提到了城市中
66 受过教育的突尼斯人最关心的问题:保护领地当局尊重穆斯林的惯例和习俗,政府部门雇佣穆斯林,扩大公共教育,以及颁布保护国内手工艺人的关税制度。他进一步鼓励改革者寻找其他方法传播他们的思想。在1896年,斯法尔和穆罕默德·拉斯拉姆(Muhammad Lasram)领头建立了卡勒杜尼亚(Khalduniyya),这个教育学会为讲阿拉伯语的突尼斯人打开了朝向西方的窗户。“在穆斯林中增强对科学的喜爱……永远地消除他们的偏见并且……为他们在实践和商业范畴中打开许多完全未知的领域,”[①]以此为目标,其成员免费教授多种伊斯兰教学校不开设的科目。任何突尼斯人都可以在卡勒杜尼亚学习,但是这个团体特别积极地去吸引宰敦清真寺大学的学生,宰敦当时仍在开设非常传统的伊斯兰教课程。卡勒杜尼亚作为来自不同学校制度的年轻人进行交流的不多几个场所之一,其重点不是为突尼斯人和欧洲人搭建沟通的桥梁,而是让来自不同教育背景的突尼斯人相互熟悉。

米勒对准备在某些情况下与政府达成和解的突尼斯人态度明确,这使移殖民很苦恼,他们认为自己在保护领地与突尼斯人在政治和经济权力的竞争中打成了平手。到世纪之交时,接受了西方教育的突尼斯人对于定居者的霸权构成了威胁。尽管他们人数不多——从1885年至1900年间的任何一年中,占突尼斯人口不到0.5%的人上了开设西方课程的学校,而1900年进行过这样的课程学习的人也仅占整个突尼斯总人口约3%,但他们在许多定居者中引发了极端愤怒,这些人憎恨让殖民地人民受教育的想法。他们坚持认为突尼斯儿童不应该上法

① 巴希尔·斯法尔的话引自 Carmel Sammut, “La Genèse du nationalisme tunisien: le mouvement Jeunes-Tunisiens,” *Revue d'Histoire Maghrébine*, 2 (1974), p.158。

国-阿拉伯学校，他们拖延了欧洲学生的学习进度，他们应该只学习作为农业工人在移殖民土地上工作所需的技能。

从1892年直至20世纪50年代，维克多·德·卡尼埃尔(Victor de Canières)一直是代表定居者极端主义观点的新闻喉舌《法国的突尼斯》(*La Tunisie Française*)的发行人，他坚持限制突尼斯人，认为他们“毕竟，只是阿拉伯人”。那些被错误思想引导的法国官员认为“阿拉伯人和其他人一样，应该享有和法国人平等的权利”，因而不能理解“他们是这样一个种族，沉闷的宗教和长久以来祖传的懒惰和宿命论已经表
现出明显的低劣”。[①] 现代教育提高了突尼斯人的期望，甚至使他们在 67
经济阶梯下端的某些工作中与定居者的竞争升级。满足他们的期望肯定不能以让欧洲人受损为代价，但忽视这些期望又会招来突尼斯人的仇视。“……学术交往会破坏尊重”，卡尼埃尔大声谴责说，“没有尊重，数百身陷怀有敌意的人民中的移殖民是不会完全安全的。”[②]教育突尼斯人只会危及定居者从保护领地建立之初就独占的特权地位。阿拉维中学校长在评论中清楚地表明，这些观点与公共教育理事会的领导人物的想法有分歧。尽管他毫不怀疑自己文化的优越性，但还是惋惜他有这么多的同胞没有能力理解他们的生活。

> 在一种文明——但不是我们的文明中，事实如此；让我们赶紧加一句，不如我们的……但，总之，是一种文明。不要让呢斗篷和小圆帽产生任何幻想：在这里我们只和非常有教养的人讨论事情。[③]

---

① 卡尼埃尔的话引自 Pierre Soumille, “L'Idée de race chez les européens de Tunisie dans les années 1890－1910,” *Revue d'Histoire Maghrébine*, 5 (1976), p. 63, 以及 Charles-André Julien, “Colons français et Jeunes Tunisiens (1892 － 1912),” *Revue française d'histoire d'outre-Mer*, 54 (1967), p. 131。

② 引自 Macken, “The Indigenous Reaction,” p. 414。

③ 引自 Cabanel, “L'Ecole laïque” p. 278。Cabanel 用这句话支持他的论断，即法国教育家认为“突尼斯人的神话”(突尼斯人特别有教养并且非常愿意接受教育)与阿尔及利亚的“卡比尔人的神话”相似(柏柏尔人比阿拉伯人天生具有更强的感受性)。

在这个根本性的政策分歧中，移殖民占了上风，他们劝说外交部命令保护领地缩减对突尼斯人的教育。1898 年—1901 年间，公共教育理事会不情愿地关闭了 10 所只有少数几个法国学生的法国-阿拉伯学校。自从十多年前这个制度正式开始施行之后，突尼斯人的入学率第一次在同期呈逐步下降趋势。理事会应定居者另一方面的教育议程要求，在 1898 年开办了一所职业学校。然而，大部分学生是欧洲人，那些入学的突尼斯人被强迫接受传统手艺的培训，而没有机会学习更现代也是报酬更高的技能。

移殖民在这次斗争中的胜利显示了他们富有成效地表达了共同观念，并且凭着有说服力和坚持不懈的陈述迫使关键政府机构接受了他们观点。《法国的突尼斯》在这个过程中起到了重要作用，同样重要的是定居者参加了“协商会议”，这个机构成立于 1892 年，主要就预算事务为总督提出建议。“协商会议”最初由“定居者农业和商业会员团(chambers)”扩大形成的两个团体组成，并于 1896 年扩大并增加了另一个政府官员和自由职业人员的团体。尽管没有权力立法，也不能强迫总督接受它的建议，但“协商会议”为表达移殖民的观点和不满提供了一个论坛，突尼斯人没有类似的官方论坛，十多年来也没有人被指派
68 到“协商会议”任职。1907 年，增加的 16 个突尼斯人使“会议”的全体成员增至 52 名。即使突尼斯人代表明显处于劣势(占会议的 30%，而突尼斯人占总人口 90%以上)，但还是刺激了定居者代表，他们于 1910 年把“会议”的三个会员团变成了两个，一个是“当地人的”，另一个是优越的法国人的，由此成功地隔离了突尼斯人。

让改革者深感失望和沮丧的是，被他们视为对未来社会是必要条件的穆斯林的教育机会被削减了。他们遭遇的广泛的、公然的种族主义使他们不得不承认，无论他们在同化的道路上走多远，定居者绝不会接受他们是平等的，这只是因为他们是“他者”。他们对保护领地当局愿意并有能力坚持实行改善突尼斯人命运的政策的信心也消失了，巴黎政府受到了来自关注突尼斯定居者的殖民地活动家的强大压力，甚至像马科勒这样的专家也只好顺从了。西方教育使突尼斯人远离了他

们的社会主流并强化了他们作为少数派的身份，结果，他们险些两头落空，在突尼斯同胞和欧洲人那里都得不到信任。最后，当他们根据自己的议程反思这些失败时，他们发现类似的、甚至更悲惨的命运在 19 世纪 90 年代就已经降临到了他们的许多同胞身上。多年来，改革者的重点一直是表达城市受教育阶层的愿望，为了获得青睐，他们对政府的批评总是轻描淡写，但“官方”拓殖广泛的、毁灭性的结果和由此发生的一切不能再被熟视无睹了。

这些现实促使改革者们采取更激进、更具政治性以及更有远见的态度。从倡导社会改革到积极投身激进主义政治行动的转变过程中，曾在哈布斯土地出售中与法国人交过手的巴希尔·斯法尔当上了领路人。在 1906 年的一次演讲中，他呼吁关注突尼斯社会的贫困化，他还特别提到，几乎所有突尼斯人的生活质量在法国控制的 25 年中都下降了。为了扭转这种趋势，斯法尔要求政府采取措施保护农村土地不要被定居者占有，振兴手工业生产但同时也发展新兴工业，并为突尼斯人增加学术、职业和农业学校的数量。

同年晚期，斯法尔的卡勒杜尼亚同事穆罕默德·拉斯拉姆(Muhammad Lasram)着手从事三项工作中的第一项，当他在马赛的殖民地代表大会上发言时，他向更广大的听众宣传了改革者的观点。他呼吁法国人平等对待突尼斯人，而不是把他们当作下等人。他强调有必要建 69
立一项教育制度，培养突尼斯人在最大范围内的就业能力，而不只是作为“警察或政府中下级军官的翻译”。[1] 拉斯拉姆向他的听众保证，他和同伴并不是要求结束保护领地，而只是呼吁行政官员把他们的注意力重新放在最初实行有益改革的责任上。考虑到这一点，他倡议法国和突尼斯公民真诚合作，把双方的才华投入到国家的发展工作中，同时也承认双方人民在观念和利益上存在巨大差异。拉斯拉姆认为，批准突尼斯人在“协商会议”任职是让他们从事公务非常必要的第一步。

---

① Noureddine Sraieb, “Le Collège Sadiki de Tunis et les nouvelles élites,” *Revue de l'Occident Musulman et de la Méditerranée*, 72 (1994), p. 51.

改革者利用1908年在巴黎召开的北非代表大会又一次与法国及来自其属地的听众进行了沟通，在这次运动中至少有六位现在被普遍认为是“青年突尼斯人党”的重要人物向大会做了发言。他们埋头研究熟悉的主题并首次提出了新举措，其中一项是根据支付能力确定一种普遍采用的税收并用它来代替马杰巴。然而，这一次，卡尼埃尔和其他移殖民都出席了会议，他们对突尼斯人的公开嘲笑引发了口头争吵。对于定居者为“官方”拓殖的辩护，一位突尼斯人的气愤回应概括了笼罩着整个代表团的怨愤和无用之感。

> 毫无疑问，你们希望把我们赶回到几乎没有雨水的地区。你们自己去拓殖吧：你们有财政手段和技术知识去改进那里的水利状况。[①]

青年突尼斯人党把他们的思想呈现给新听众的第三个事例是从1907年开始发行《突尼斯人报》(*La Tunisien*)。然而，在报纸中，是一类新积极分子在表述他们的主要观点。报纸的编辑——31岁的阿里·巴什·哈姆巴(ᶜAli Bash Hamba)，接受的是完全西式的教育并最终获得了法国的法律学位，萨拉费亚的准则曾经影响了比他年长的同事，但他对此毫无兴趣，他的灵感来自泛伊斯兰教思想以及“青年土耳其人”(他们的知识背景与他自己的如此相似)的运动，这个运动为奥斯曼帝国(其垂死的状况与他的国家是如此相似)注入了新的生命。为了澄清对运动的误解、平息忧虑并甚至可能赢得同盟，巴什·哈姆巴想用他们自己的语言直接向法国的中间派和左派解释青年突尼斯人党的目标——右翼的移殖民对这份报纸不予理会，认为它是“武断的……在它
70 的掩盖下，反对法国人的战争正在准备当中”。[②] 这个策略取得的成果

① Charles-André Julien, “Colons français et Jeunes Tunisiens (1882 − 1912),” in *Revue Française d'Histoire d'Outre-Mer*, 54 (1967), p. 136. 有关代表大会议程的叙述，见pp. 134 − 141。

② Noureddine Sraieb, “L'Idéologie de l'école en Tunisie coloniale (1881 − 1945),” *Revue de l'Occident Musulman et de la Méditerranée*, 68 − 69 (1993), p. 248.

非常有限，但是《突尼斯人报》的确填补了一个重要的空白，它使用了比《哈迪拉》更世俗化和都市化的观点，给在突尼斯能使用两种语言、对这场运动抱以同情的人提供新闻和信息。为了让所有有文化的突尼斯人有同样的视角，巴什·哈姆巴于 1909 年增加了一份阿拉伯语版的《突尼斯人报》。编辑阿布德·阿齐兹·塔阿比(^{c}Abd al-^{c}Aziz Tha^{c}albi)不是一个典型的宰敦清真寺大学的毕业生，他的现代主义和具有争议的观点使他几次卷入了与乌莱玛组织的冲突。

巴什·哈姆巴与《哈迪拉》团体的观点分歧既反映了海尔·丁时代对第一代改革者的影响，也反映了保护领地时期的教育对第二代改革者的影响。1905 年，巴什·哈姆巴帮助萨迪吉中学创立的校友联合会的活动进一步显示了这种差异。萨迪吉中学校友联合会的一个主要目标是倡议把学校转变成一所真正的法国式的公立高中。五年后，他们的努力促使政府同意修订主要课程，以便更好地培养萨迪吉学生为将来从事自由的职业而继续接受高等教育。这个组织还赞助开设与卡勒杜尼亚相似的公共课程，但与前辈鼓励传统伊斯兰教教育与现代教育共存的原则相比，为了跟上学校不断发展的课程，校友联合会强调伊斯兰教教育应从属于现代教育。巴什·哈姆巴明确的立场意味着当政府于 1908 年任命巴希尔·斯法尔去苏塞任职时(主要是为了让他离开青年突尼斯人党在首都的中心)，《突尼斯人报》的编辑实际上取得了这场运动的领导权。

几乎所有的青年突尼斯党人都来自突尼斯市和其他地方城市的巴迪亚家庭。这种共同的社会背景突出了不同教育经历的重要性，这种不同使他们对实现目标过程中萨拉费亚原则的中心地位也有了不同的评价。青年突尼斯人党成员出身中产阶级，不可避免地使他们远离了广大人民。尽管 1906 年后他们在一定程度上开始缩小这个差距，但直到他们的活动结束时，直接请求广大人民或动员民众游行示威来支持他们的要求的想法对于他们始终很陌生，他们大多数人也不会赞成可能会有损于他们认同的那个阶层的措施。有一个恰当的例子是说，一 71
旦青年突尼斯人党意识到财政理事会提出的办法虽然会减轻大多数贫

困同胞的苦难,但会给比较富有的人带来昂贵的代价,他们对自己曾经寻求的税收改革的支持就消失了。

尽管巴什·哈姆巴接受了世俗教育并有着现代观点,但他从未忽视将青年突尼斯人党定位成穆斯林传统社会和文化价值观保卫者的重要性,这些价值观在他的大多数同胞的生活中一直处于核心地位。这个形象得到了突尼斯民众的认同,也有利于使非穆斯林保护领地当局或保守的乌莱玛难以批评这个运动。1911 年,巴什·哈姆巴把当代泛伊斯兰教政治语言和穆斯林本质的传统理念结合起来,借以筹集资金并收集物资,用以支持相邻的的黎波里塔尼亚人民抵抗意大利的入侵。在这次团结斗争激发的热情中,在突尼斯市杰拉兹(Jellaz)穆斯林墓地发生的事件似乎揭示出对伊斯兰教的威胁更加迫近了。

市议会原定于 1911 年秋天对墓地进行调查,但是当议会成员、青年突尼斯人党的阿拜德·贾里利·扎乌克(ᶜAbd al-Jalil Zaouche)警告说穆斯林憎恨这种介入,议会就放弃了这个计划。尽管即将调查的消息在城里流传,但取消的消息却没有传播,于是一群人在指定日期聚集在杰拉兹。在抗议者与警察发生了冲突之后,被调来增援的法国士兵向示威者开火,并把他们赶到了附近的意大利人居住区。在那里的房子里有人向外射击触发了骚乱,致使几十名欧洲人和突尼斯人死亡。[①] 法国官员强烈怀疑是青年突尼斯人党精心策划了这场城市暴民的暴力行动——这是此类事件第一次发生,对于移殖民和保护领地官员都是一次可怕的事件。巴什·哈姆巴在新闻中和言辞上对欧洲人侵犯伊斯兰教民感情一事加以利用,这无疑激励了一些抗议者,但他还没有决定是否从民众中招募党员来推进他的议程。虽然法国调查员固执地想把青年突尼斯人党和杰拉兹事件联系起来,但是被认定为参与骚乱罪的 35 人都没有在这次运动中担任领导职务。

---

① 对杰拉兹事件的详细叙述,参看 Taoufik Ayadi, "Insurrection et religion en Tunisie: l'exemple de Thala-Kasserine (1906) et du Jellaz (1911)," in *Direction des Archives de France*, *Révolte et Société* (Paris: Histoire au Présent, 1989), pp. 170－173。

突尼斯对意大利人的反感由于双方的就业竞争本就已经很强烈了，在杰拉兹事件后更是逐步升级，而几个月后当一辆意大利电车司机撞倒了一个突尼斯儿童后又变得愈加强烈了。巴什·哈姆巴利用民众的强烈愤慨，终于通过组织抵制城市公交系统开始了广泛的政 72
治动员。停止抵制的两个条件——电车工作仅限于法国和突尼斯员工以及采取同工同酬原则，直接关注的是系统职工，但是还有一个条件，即要求选举而不是任命“协商会议”中的突尼斯成员，具有更广泛的政治推动力。曾经支持过早期萨拉费亚改革者以及后来的青年突尼斯人党的保护领地官员认为这场罢工是一次背叛。更麻烦的是，巴什·哈姆巴成功地激励了从前迟钝的民众，这其中蕴含着全面反抗的萌芽，因此政府下令立即停止抵制。青年突尼斯人党直到他们的要求得到了满足才同意让步，但是在反抗当局一个月后，为准备和维持抵制活动出了力的巴什·哈姆巴、塔阿比和哈桑·吉拉提(Hassan Guellaty)都遭到了逮捕并被驱逐出国。其他几个主要组织者被流放到国内的南部小镇梅德宁。

在扩大基础的迟缓努力尚未造就一个足够强大的实体来接受这样一个损失之前，青年突尼斯人党的运动就被斩了首，从此再也未能从这次打击中恢复过来。紧张的政府实行的紧急状态一直延续到 1920 年，阻止了任何新领导集团的出现。法国官员想通过受过现代教育的精英的调和让突尼斯人顺从保护领地的努力受到了挫折，他们在杰拉兹事件和电车公司罢工后，态度彻底改变了。尽管他们讨厌守旧的乌莱玛而且认为他们是倒退的，但还是迅速开始培养他们，唯恐民众对青年突尼斯人党的同情会将这些宗教领袖推向保护领地的对立面。正如乌莱玛很高兴看到改革者对手表面上的失败，他们自然也很欢迎这种关注。当第一次世界大战开始奥斯曼苏丹要求进行一场圣战来抵抗协约国时，突尼斯的乌莱玛对法国表示的忠诚使远方伊斯坦布尔的请求落了空。虽然法国派了许多部队上前线，但是留下的军队还是镇压了战争中唯一一次严重的抵抗事件，即南方的部落叛乱。青年突尼斯人党曾经威胁要将突尼斯市变成战场，但突尼斯市仍然保持平静，但这是暴风雨之前的平静。到战争结束时，斯法尔和巴什·哈姆巴已经去世，塔阿比、吉拉提和他们被流放的同志们又重新聚集在突尼斯市，重新激励那些原有的同情者并等待合适的时机重返政坛。

第三章　严阵以待(1912－1940)

第一次世界大战

青年突尼斯人党的泛伊斯兰教情绪及其与青年土耳其党的紧密关 73
系使伊斯坦布尔理所当然地成了许多党员流亡的避难地,然而他们只把奥斯曼帝国的首都当作一个临时避难所,为了继续推动保护领地的改革,一有机会他们就急于尽早返回突尼斯。那些在第一次世界大战爆发时仍然住在伊斯坦布尔的人常常写一些反法宣传文章,为奥斯曼帝国和德国战争出力。他们希望轴心国的胜利会消除法国对北非的控制,使突尼斯重新获得从前的政治身份,成为奥斯曼帝国的一个自治地区。另一伙突尼斯人,跟随阿里的兄弟—穆罕默德·巴什·哈姆巴(Muhammad Bash Hamba),在瑞士度过了战争时期,并于1916—1918年发行了政治刊物《马格里布评论》(*La Revue du Maghreb*)。巴什·哈姆巴警告说,法国已通过1912年镇压青年突尼斯人党运动摧毁了穆斯林和欧洲人之间进行有益联系的一切希望。没有这种合作,未来的稳定将取决于颁布一部明确确定保护领地权力和突尼斯公民权利的宪法。当同盟国胜利的可能性不断增加时,《马格里布评论》以伍德罗·威尔逊(Woodrow Wilson)的"十四点计划"(Fourteen Points)中包括的自决观念为基础,呼吁战后通过公民投票决定突尼斯的政治前途,同时,文章还鼓励青年突尼斯人党利用即将召开的和平会议作为申诉不满的论坛。

突尼斯人曾把命运寄托于轴心国,或试图利用战争把政治议程从改革保护领地转变为终结保护领地,但随着德国战败及奥斯曼帝国的
74 衰亡,他们不但失去了财政支持也没有了政治选择。当流亡者向和平专员两次提出请求都受到漠视之后,他们的活动于 1919 年初戛然而止。实际上,他们的战时努力对突尼斯几乎没有影响,因为保护领地当局在紧急状态下使用特权阻止了《马格里布评论》和他们认为有煽动性的其他出版物的入境,然而或许更主要的原因是,在战争年代一股繁荣的浪潮席卷了整个突尼斯,这严重妨害了反殖民言论的吸引力。

法国公民因入伍服役离开突尼斯,这使全国各地区和各经济领域的突尼斯人都得到了好处。由于政府在战争期间几乎没有获取任何可供"官方"拓殖的地产,自 19 世纪 90 年代以来农民和部落对失去土地的恐惧减轻了。此外,因为应征入伍的土地所有人无法耕种或交纳抵押款,移殖民现有的约 8 万公顷农田被减价出售。在法国竞争者被征兵后,突尼斯人(其中许多是中产阶级城市商人)的企业兴旺发达起来,他们几乎获得了这片土地的四分之三,他们将生意中增加的利润投资于农场机械化,而且使用了其他提高生产力的现代技术。意大利人购买了其他 1.5 万公顷被没收的土地,其中大部分用于种植葡萄树,加强了他们在葡萄栽培方面的优势。[①] 欧洲粮食短缺造成农产品价格昂贵,加上战争年代接连不断的大好收成,使保护领地的农民获得的巨大利润足以抵消了增长的生活成本。

在城市,律师和其他职业人士,其中许多人曾是青年突尼斯人党的积极分子,趁他们的法国对手上前线时扩大了业务。他们在战争期间享有的空前的个人成功转移了他们对政治事件的关注,并使他们的反保护领地情绪的表达有所减弱。欧洲进口产品的中断对手工艺人是一

---

① Ali Mahjoubi, *Les Origines du mouvement national en Tunisie* (*1904 — 1934*) (Tunis: Université de Tunis, 1982), pp. 151 — 152.

个非常需要的鼓舞,而他们所依赖的农村增长的财富对供应商和顾客也起到了同样的作用。突尼斯缺乏技术或半熟练的劳动力填补了工人阶级定居者应征入伍后留下的空位,并从事了生产从前进口的商品的新兴产业中的其他工作,长期困扰他们的失业问题结束了,劳动力的缺乏保证他们得到了比从前更高的工资。

与留在家里并在战争中发达起来的同胞不同,有8万突尼斯人在法国军队中服役。除了由于教育程度和家庭地位造成的例外,突尼斯的年轻人都要服从征兵,他们占到了突尼斯军队的85%以上。他们大 75
多数人去了西部前线,在那里伤亡达2万人,被派往摩洛哥和叙利亚的突尼斯军队中也有5 000人阵亡。除了那些在战斗部队和支援单位中的人,在法国农场、矿山和工厂还有1.5万名应征人员和数目相当的志愿者代替了在军队服役的法国工人。[①] 1917年,总理乔治·克里孟梭(Georges Clemenceau)承诺,法国在赢得战争后会记住并回报附属地人民做出的牺牲,突尼斯人对此表示欢迎。

鉴于这个誓言,1919年和1920年经济的急剧恶化使许多突尼斯人感到愤怒。法国企业积极寻求恢复他们在战前的市场而使进口产品迅速增长,这让当地制造商和商人大受损失。进口产品的再次冲击(由于通货膨胀变得愈加严重)延长了消费价格的上涨趋势,这在战时繁荣期并没有多大影响,但在经济动摇时却造成了巨大困境。为支持一项基础设施发展的宏伟计划,包括修建水库、道路和新的铁路线,一系列的新税赋也造成了同样的负担。这些税收对各个行业的突尼斯人来说负担沉重,但是从这些项目中获取了大部分利益的却是为其提供资金的定居者。但是,税收收入最可恨的用途是用于支付“殖民第三方”的报酬,1919年法国官员的工资首先得到了增加,即使当保护领地的法国雇员与突尼斯雇员之间已经巨大的薪酬差距被再次加大时,保护领地政府还是通过吸引更多的法国人前来就业减少了留给突尼斯人的岗位数量。

就在每个群体都不能承受这样一个打击时,移殖民的复员归来又使

① 同前引,pp. 150及185。

突尼斯商人失去了他们在商业中的特权地位,也使突尼斯工人丢掉了工作。突尼斯老兵回到家乡发现眼前的情况尤其可恨。他们的不满致使他们的家庭、邻居和工友开始关心政治,他们都认为保护领地的战后局势就是他们的同胞为法国遭受了苦难所得到的可怜报偿。1919 年和 1920 年在突尼斯市和几个地方城市几次爆发罢工和民众示威游行,然而使国家灾难更加深重的是,那两年糟糕的收成带来的饥荒和随之而来的疾病。

作为保护领地最有价值的资源,农田在战后的困难日子里仍然是
76 争斗的根源。法国由于本国的许多农田被荒废,就希望阿尔及利亚、突尼斯和摩洛哥(1912 年成为保护领地)提供比从前更多的所需食物。1920 年,总督埃蒂安·弗朗丹(Etienne Flandin)(1912－1920)就在自己准备离任时发布了一项命令,号召人们耕种所有没有开垦的耕地。突尼斯人全然不想对法国宽厚仁慈,他们断定弗朗丹的提议只不过是一个想控制那些仍未被保护领地获取的哈布斯土地的策略,是打算进一步恢复"官方"拓殖。1920 年政府从签约借贷的 2.55 亿法郎中分出约 10%购买土地,[①]而其余大部分钱被拨出来增加农村基础设施,这更加强了他们的判断。

宪政党

正当经济状况引起了普遍反感之时,受到一些事件的鼓舞,青年突尼斯人党就重新组织起来了,他们认为这些事件为殖民地人民预示了新时代的到来——巴黎和平会议和"十四点计划",埃及人民从英国争取独立的斗争,以及意大利保证在的黎波里塔尼亚和塞内尼加设置自由的代议制政治制度(事实上并未实行)。总督加布里埃尔·阿拉珀蒂特(Gabriel Alapetite)(1906－1918)甚至在战争开始前就允许阿布德·阿齐兹·塔阿比重返突尼斯。其他与轴心国保持距离的流亡者被批准于 1918 年末和 1919 年初回国;那些在突尼斯国内的人也同时获得了自由。1919 年 3 月,曾经为《突尼斯人报》工作的哈依哈拉赫·

---

① 同前引,p.174。

本·穆斯塔法(Khairallah ben Mustafa)召集了一个会议,考虑改变战前的激进主义来适应战后情况。受到几十人到场的鼓舞,他与塔阿比、哈桑·吉拉提和艾哈迈德·萨费(Ahmad al-Safi)成立了突尼斯党。该党不但吸引了迫切想要获取地位来决定突尼斯未来的年轻人——他们认为自己接受的西方教育给了他们这个资格,而且还吸引了那些害怕自己接受的传统教育(曾经是社会名流的标记)会使他们难以在同一过程中出人头地的人。塔阿比想起《马格里布评论》中阐述的一个要求,他发表了一个在两伙人中都得到响应的见解并把政党的重心放在了关键目标上:颁布宪法。人们普遍相信,法国亏欠了服兵役的突尼斯人,因此在战后经济崩溃中表现出了极大的不公正,同时人们又缺乏其他抗议的手段,这都使该党的潜在支持者远远扩大到了参与成立它的突尼斯市资产阶级之外。

当他们拜会和平专员的要求没有得到答复时,该党领导人选择法 77
国左派作为另一个陈述抗议的渠道。在他们的要求下,一名熟悉左翼分子圈子的律师艾哈迈德·萨卡(Ahmad Sakka)于 4 月前往巴黎。与他在夏天会合前,塔阿比仔细查阅了青年突尼斯人党从 1908 年北非代表大会时开始的文件,他断定从 1912 年以来的事件说明他们以前温和的态度毫无用处,并要求他的同伴为了他和萨卡要完成的任务采取更强硬的态度。在这样的支持下,这两名突尼斯人在夏天努力争取巴黎的自由观点,虽然得到了同情但却没有取得什么政治进展。他们居留期间的主要成就是于 1919 年底匿名发表了《蒙难的突尼斯》(*La Tunisie Martyre*),这篇长篇抨击文章主要依靠在突尼斯市收集的材料,但却不太属实。塔阿比后来称他是这部作品的唯一作者,忽视了他的合作者们在突尼斯市所做的宝贵工作以及萨卡的重要贡献,萨卡远比在宰敦接受教育的塔阿比更了解法国人。[①]

---

① 关于该书作者身份争议的讨论,参看 Adnan Zmerli, "*La Tunisie Martyre*, *ses revendications:* Oeuvre collective ou oeuvre individuelle?," *Revue de l'Institut des Belles Lettres Arabe*, 187(2001), pp. 25－38。塔阿比宣称他的说法是要保护其他人免受迫害,但是,无论如何,他曾在《蒙难的突尼斯》出版前大量地修改了以前的材料。

78

阿布德·阿齐兹·塔阿比。作为宪政党领导人，他拒绝接受于1934年脱离该党并建立了新宪政党的年轻人的一切领导，这使他几十年来受到咒骂。1999年为他发行的这枚纪念邮票表示他已恢复名誉。

《蒙难的突尼斯》毫不留情地对保护领地政府提出了控诉。通过对 77
比保护领地正式建立之前和之后的一系列具体的社会、经济和政治状况,这本书旨在揭示由阿赫德·阿曼(ᶜAhd al-Aman)和1861年宪法带来的一个正处于"黄金时代"的繁荣进步的社会受到了蓄意破坏。要结束保护领地带来的弊端就需要恢复始于19世纪的根本法。这本书结束时没有提出终结保护领地这个不可能实现的政治要求,但它的确谴责了与保护领地政府合作的叛国行为,由此明确抛弃了战前的合作哲学。即使抨击非常猛烈,但《蒙难的突尼斯》既没有攻击法国也没有攻击法国人民,对于它所描述的罪恶,只是谨慎地把指责的矛头对准了保护领地的定居者和官员们。在所有那些了解殖民前时期现实的人们的眼里,以及对于那些受益于法国人到来的方方面面(尤其是教育机会)的突尼斯人,这本书对过去高度理想化的解释使它缺乏可信度。尽管塔阿比是突尼斯党的一位创始人,但哈桑·吉拉提仍然称他的文章是"不公正的和拙劣的",①他和其他党内稳健派还认为拒绝与法国的合作是个严重的错误。

尽管受到官方查禁,几百册《蒙难的突尼斯》还是被偷运进保护领地,并很快被认为是对国人怨愤表达的典范。但在法国读者(这本书的
主要对象)中,它只在左派中产生了积极反响。这部分人的支持本来就 79
价值有限,在1919年的议会选举中由于他们明显的右倾又进一步缩减。在法国缺少有力的盟友,或者就像和平大会闭幕时不提北非所显示的那样,在世界范围的其他任何地方也缺乏盟友,因此加强国内活动就至关重要了。在1920年2月,突尼斯自由党(Parti Libéral Tunisien)取代了仅资助过萨卡和塔阿比的任务的突尼斯党。当新政党建立的消息传到在巴黎的塔阿比时,他极力主张在名字中再加一个字,变成突尼斯自由立宪党(Parti Libéral Constitutionnel Tunisien)(阿拉伯语为 al-Hizb al-Dusturi al-Hurr al-Tunisi),或者简称为宪政党(Dustur)。

---

① 引自 Mustapha Kraiem, "Le Parti réformiste tunisien (1920－1926)," *Revue de l'Histoire Maghrébine*, 4 (1975), p. 152。

然而新旧党派的差别不仅仅是名字。秘书长艾哈迈德·萨费(Ahmad al-Safi)领导着执行委员会,其中主要包括政府职员、手工艺人、进步的乌莱玛、商人和地主(在战后常常所指相同)。尽管有些委员会成员接受过一些法国学校教育,少数人还持有法国大学的学位,但是在宪政党领导干部中,这些对于青年突尼斯人党运动如此重要的受过西方教育的人士并不那么引人瞩目。然而,贯穿许多委员会代表职业模式的一条共同主线是:这些职业在传统上很受尊重,但却受到了保护领地政策特别沉重的打击,从业者经受了权力、收入和声誉的严重损失。自然而然地,他们对青年突尼斯人党具有同样的权势感到气愤,他们轻蔑地称他们为向上爬的暴发户或法国人的走狗。通过宪政党,他们想让一些政治措施得到通过,避免自己的地位进一步丧失。在执行委员会中占主导的是首都居民,但是宪政党通过在突尼斯市外进行招募开辟了重要的新领地,1922 年塔阿比宣称有 10 万党员无疑是在夸大政党的力量,但其地盘的扩张显然使当局很惊慌。

早在 1921 年,保护领地秘书长加布里埃尔·皮奥(Gabriel Puaux)承认他“害怕国内的民族主义者在过去一年中取得的进展”,还预言说是时候“停止这种宣传了”。① 皮奥所指的“宣传”包括宪政党官员从《蒙难的突尼斯》发展而来的极受欢迎的民族主义计划(他是承认这一点的第一批法国官员之一),这个计划以“从奴役的枷锁中解放突尼斯人的国家”②为目标,其核心要求包括:颁布一部宪法,成立一个由
80 突尼斯代表和法国代表共同组成的议会,议会通过普选产生,以及一个对议会负责的政府。政党纲领还倡议政府职位对有资格的突尼斯人完全开放,同工同酬,市议会进行民选,新闻和协会自由,突尼斯人购买国家所售土地的权利,以及在初等义务教育机构用阿拉伯语授课,在高级阶段用法语授课。

---

① 关于 1922—1925 年宪政党人数的估计,参看 Mahjoubi, *Les Origines*, p. 260。皮奥的担心引自 p. 261。

② Robert Raymond, *La Nationalisme tunisienne* (Paris: Comité Algérie-Tunsie-Maroc, 1925), p. 21.

为了证明大多数突尼斯人欢迎这些提议,宪政党投入了大量精力收集请求将其制定成法令的请愿书上的签名。宪政党领导人希望向贝伊和驻突尼斯市的总督以及政府官员、政治家和法国人民正式递交这些请求和宪政党的议题。1920 年 6 月,萨费率代表团前往巴黎,但这次访问以极为令人不悦的照会告终,因为塔阿比被捕了,他被移交给突尼斯并被投入了监狱。无论如何,萨费和同事们想努力转变宪法不适合保护领地这一广泛而坚定的信念,但却毫无进展。甚至当另一位突尼斯代表在次年整理了足够的证据,并说服两位著名巴黎大学的法学家发表了公开声明,称宪法和保护领地并不存在内在矛盾,外交部仍然不理睬他们的结论,但这却使一些法国社会主义者和其他自由主义者改变了观点。

宪政党温和派人士——塔哈尔·本·阿马尔(Tahar ben ʿAmmar),率领另一个代表团于 1920 年 12 月终于与包括前不久任命的特派代表吕西安·塞恩特(Lucien Saint)(1920－1929)在内的外交部官员进行了一次会议。这次会议本身似乎是一次巨大成功,尤其是考虑到移殖民不断要求压制宪政党,他们固执地将其与国际共产主义混为一谈。然而,仅仅几个星期之后,塞恩特明确表示拒绝批准成立议会,但他保证采取其他方法改善与民族主义者的关系。不久之后,从 1912 年起实行的紧急状态结束了,塔阿比也被从监狱中释放了。无论宪政党多么欢迎这些行动,他们并没有提出党的主要要求。

宪政党讨好贝伊的努力比他们给法国人的提案成功得多。1920 年 6 月在与纳赛尔(Nasir)贝伊(1906－1922)的正式会见中,宪政党领袖扼要地说明了他们的立场并保证了对他的忠诚。纳赛尔估计,君主在宪政党构想的政治制度中会起到比他现在无能为力的地位更大的作用,于是他鼓励了与他谈话的人。保护领地官员隐约看到了民族主义者和贝伊之间的联系,忧心忡忡的皮奥鼓励塞恩特要严厉对待纳赛尔。 81
然而,只要贝伊没有过高估计他的实力,塞恩特宁愿把重点放在削弱宪政党的力量上。

因此,他很欢迎哈桑·吉拉提决定与宪政党主流分道扬镳并于

1921年早期建立了改良主义党。吉拉提对塔阿比心怀愤恨,由于他具有煽动性的论辩,造成了法国人与像他一样执著于战前联合与合作观念的温和的突尼斯人之间的分裂。在这个关于政治手段的分歧背后,高度西方化的吉拉提傲慢地自认为比塔阿比这样的人更优越,塔阿比更为普通的社会背景和更为传统的教育背景(据他看)使他不了解现代世界的复杂性。宪法和议会能从根本上改变保护领地的政治环境,有利于使一小群西方化的精英逐步获得与殖民者平等的权利,而吉拉提对于放弃这些追求并没有觉得不安。宪政党刻薄地将改良主义党成员斥为叛徒,但从未视他们为非常严重的威胁,因为该党的阿谀奉承在日益激进的民众中几乎得不到支持。尽管塞恩特对吉拉提挑战宪政党的政治专制感到满意,但他“对(该党的)价值不再抱有幻想”。[①] 在需要的时候,他就以改良主义党作为突尼斯接受保护领地政策的证据,但他并未表现出与吉拉提一起用本可能会扩大其信誉的方式工作的兴趣。

法国总统亚历山大·米勒兰(Alexandre Millerand)于1922年春的访问给总督提供了一个理想的时机向他展示改良主义党,尤其是他已经怀疑宪政党领袖正在鼓励纳赛尔贝伊利用与米尔朗的会面找机会告诉他该党的计划。为了使纳赛尔难以维护宪政党的利益,塞恩特安排了一位在米尔朗到来之前曾采访过贝伊的法国记者,让他将贝伊描绘成民族主义者的批评者。纳赛尔不会讲法语,在采访的内容发表之前也没有表示同意,当他得知所发生的事情时就威胁要退位。宪政党齐心协力支持贝伊,在突尼斯市和马尔萨的贝伊王宫前组织了示威游行。在臣民们表现出的这种支持的鼓舞下,纳赛尔准备勇敢地面对总督。

当他们见面时,贝伊提出如果塞恩特答应一系列根据宪政党宣布
82 的立场提出的要求(但甚至是更广泛的要求),他就继续在位。他进而坚持要求解雇皮奥这位好寻衅的秘书长以及几位突尼斯官员,他们最近的表现表明他们对法国政府比对贝伊更忠诚。塞恩特对纳赛尔提出

① 引自 Kraiem, “Le Parti réformiste,” p. 157。

的最后通牒表示气愤,但同意认真考虑他的建议和不满。在塞恩特回访马尔萨时,他同意纳赛尔提出的那些解雇要求,但拒绝满足他的其他条件。他暗示说这些条件或许会被提交讨论,但他命令纳赛尔撤销退位的威胁。在王宫庭院部署一支法国军队的小分队清楚地表明塞恩特不愿意容忍否定答复。当纳赛尔与宪政党一起要手腕时,米尔朗的旅行却进行得很顺利,在那之后,塞恩特没有再尝试重新考虑贝伊的要求。这个事件使宪政党士气低落,几个月后纳赛尔的死使其丧失了一位重要盟友和一个表明法国人口是心非的象征。他的侄子,继任者穆罕默德·哈比卜(Muhammad al-Habib)(1922－1929),表面上极其真诚地向法国人保证,他对宪政党毫无用处,也不反对保护领地官员采取任何他们认为适当的措施对付该党。

当退位危机平息后,一批直言不讳的宪政党人被逮捕,这等于发出了一个警告,即总督对于用大棒处理与贝伊的关系没有感到不妥,他也会毫不犹豫地这样对待民族主义者,尤其是在吉拉提脱党之后,宪政党的成员只剩下了对保护领地最坚决的反对者。即使是这样,塞恩特还是看到了胡萝卜的好处,1922 年 7 月,他宣布为缺少市委员会的齐亚达和设有民政检查处的行政区的突尼斯人建立选举议会。这些机构可以就预算和其他经济活动提出不具有法律效力的建议,但不能在任何领域行使立法权。他们还选举了突尼斯代表赴大议会,大议会取代了协商会议,但与协商会议一样,由独立的法国议院和突尼斯议院组成。精心设计的选举人资格要求将议会选举权主要赋予当地要人以及与政府有关的其他人士。大议会的法国代表,与“本国议员团”成员不同,是直接选举产生的。他们有 44 人代表保护领地 5.4 万名法国公民(约每 1 200 名定居者中一名);18 名突尼斯人代表 186.5 万名穆斯林和 5 万名犹太人(约每 10.63 万人中一名)。两个议员团对眼前事件的一致意见可以迫使政府接受他们的建议,但法国外交部长根据总督的建议对议会的决定有绝对否决权。这样一来在更有可能出现意见不一的情况 83
下,解决分歧的机制就保证了法国人的观点能够胜利。

尽管保护领地当局大张旗鼓地推行改革,但他们只是表面上遵守代表制的要求，而实际上建立的无能议会无力危及法国的控制。对于这些改革，改良主义党表示接受，但宪政党反对，他们强烈要求符合资格的突尼斯人抵制选举。即使宪政党领袖不同意而且议会明显存在缺陷，这些人的就职还是给怯懦的宪政党人提供了分道扬镳的借口，因为他们担心如果法国人失去耐心(看上去越来越有可能)，会产生什么样的后果。其他人因为热切希望议会提供一个论坛而支持选举。为了引诱宪政党重要成员脱党，保护领地当局向他们许以大议会席位。无论是出于害怕、贪婪、野心还是信念，这些弃党行为都使宪政党一片混乱，甚至当时几个为数不多的法国朋友都在重新考虑他们的支持，认为纳赛尔贝伊在宪政党的挑唆下走得太远了。除了最热切的宪政党人外，其他人都是死气沉沉。1923 年，哈比卜贝伊和总督塞恩特都明确通知塔阿比，如果他还打算坚持主张抵制改革，那么最好离开突尼斯。塔阿比害怕再受到 1912 年那样的镇压，就去了中东。塞恩特曾正确地认定塔阿比是宪政党的核心人物，但是正如他的出现没能在退位危机后鼓舞全党，他的离开也同样缺乏作用。萨费与副秘书长萨拉赫·费尔哈特(Salah Farhat)维持着宪政党在国内的生存并试图重新获得法国的支持。

《莫里诺法》(*The Morinaud Law*, 1923)和一个突尼斯的工会—突尼斯总工会(1924)，为宪政党反对保护领地提供了新的力量，而在巴黎，一个左翼联合政府的成立(1924)也为他们在法国获得同情带来了希望。《莫里诺法》并没有明确说明是针对保护领地的意大利人，其人口在 20 世纪 20 年代是法国人口的两倍，因此这项法律为突尼斯的非法国居民入籍提供了方便。1921 年之后在突尼斯出生的父母为非法裔的欧洲人的孩子自动获得法国公民身份，此外这项法律还能使任何居住三年以上的外国人申请获得法国公民身份。它还放宽了对突尼斯人入籍的限制并降低了教育要求，但突尼斯穆斯林没几个人想这样做，即使这能让他们摆脱伊斯兰教法的管辖。在 20 世纪 20 年代，约有 1 万名意大利人(占突尼斯意大利人的 10%)和 5 000 名突尼斯犹太人
84 (相当于该群体的 10%)选择了法国公民身份，而仅有 1 000 名突尼斯

穆斯林(不到其总数的0.5%)做出了相同的选择。[①] 入籍的大多数人是那些急于在“殖民第三方”(Colonial Third)增加收入或者是想获得只提供给法国公民的职位的政府雇员。尽管《莫里诺法》对突尼斯人的影响最小,但岌岌可危的宪政党抓住这一点,谴责它意在将保护领地并入法国,通过把法国人享有的特权赋予外国人而非突尼斯人从而进一步使突尼斯人边缘化以及削弱穆斯林的势力。

党员人数下降以及1922年抵制改革之后政府颁布了禁止筹集资金的法令,使这次运动的资金发生了困难。但领导人认为这次运动对于宪政党的振兴至关重要,于是采取了新的筹资措施并同时广泛发布消息。大多数突尼斯演员和剧作家在战前五、六年就已经开始了他们的事业,当时青年突尼斯人党的运动还只是在几个被戏剧所吸引的突尼斯人中间进行。哈桑·吉拉提和阿布德·阿齐兹·塔阿比在“阿拉伯文化”(al-Adab al-ᶜArabiyya)的董事会任职,这是当时很活跃的一个剧团。两人都不仅是把戏剧看成是娱乐的工具,而是表达政治观点和启发民众的手段,因此他们都一直参与舞台事业直到开始专职从事政治活动。“阿拉伯文化”的战后剧目中最成功的一部戏是《什么样的一年!》(*Huwa Am!*),它让观众想起了战争对突尼斯造成的苦难。1922年这个剧团与另一个久负盛名的突尼斯公司“阿拉伯的骄傲”(al-Shahama al-ᶜArabiyya)合并成立了“阿拉伯剧院”(al-Tamthil al-ᶜArabi),“阿拉伯的骄傲”的欧洲董事们之前已经辞职,他们不同意含有政治意味的项目。1923年,宪政党执行委员会请求这些剧团中宪政党的拥护者和忠实追随者以及其他小剧团为该党进行义演,尤其是强调突尼斯的阿拉伯-伊斯兰身份和历史的剧作——这是想用避免与政府发生冲突的间接方式反映宪政党的宗旨并突出对加入法籍的批评。

就在宪政党高层领导利用戏剧这一鲜明的资产阶级媒体时,一些

① Juliette Bessis, “A propos de la question des naturalisations dans la Tunisie des années trente,” in Moncef Chenoufi (ed.), *Les Mouvements politiques et sociales dans la Tunisie des années trente* (Tunis: Le Ministère de l'Education, de l'Enseignement et de la Recherche Scientifique, 1985), pp. 602－603.

党员正与突尼斯工人阶级建立着联系,例如积极分子穆罕默德·阿里在1924年花了许多时间组织了一些消费合作社作为与贫困作斗争并
85 赢得下层人民对宪政党支持的工具,大多数宪政党人对此都不能理解,他们很少与工人交往,也不懂他们的问题。同年夏天,尽管同属于法国总工会(CGT),但欧洲码头工人拒绝支持他们的突尼斯工友对同等工资的要求,这个例子证明甚至是在社会主义工会中突尼斯工人也面临歧视。《莫里诺法》加重了这个局面,通过为意大利和马耳他工人提供入籍便利,并由此使他们获得与其他法国公民相当的工资和工作条件,从而使突尼斯劳工因丧失了工人队伍中的潜在同盟而成了双层体制中唯一的受害者。

由于宪政党以及之前的青年突尼斯人党,主张同工同酬,被孤立的码头工人就转向宪政党寻求帮助,穆罕默德·阿里把他们的请求看作是一个机会,正好加强他已经开始在工人和民族主义运动之间建立起来的联系。宪政党领导人不只是出于事业上的团结需要,更多的是看到大批工人在给保护领地施压中的作用,他们支持穆罕默德·阿里的决定,使罢工的码头工人成为了一个新的突尼斯工会,即突尼斯总工会(CGTT)的核心。除了穆罕默德·阿里,还有一伙宪政党激进分子以及突尼斯共产党(PCT)中的几位重要的突尼斯人在新工会的组建中起到了重要作用,这个工会迅速从法国总工会中吸引走了几乎所有的突尼斯工人。从1924年末至1925年初,突尼斯总工会在突尼斯市、比塞大和斯法克斯策划了一连串罢工,但在2月,当局决心通过镇压联合会来平息动荡,突尼斯总工会领导人被捕,早期的工人运动失败了。

宪政党没有尽力支持突尼斯总工会,出于种种原因早在工会遭镇压之前就与其疏远了。宪政党领导人认为,采取派遣代表团和递交请愿书那种他们常用的温顺并谨慎的方式才是最恰当的政治活动形式,他们认为工会的对抗战术既低劣又具有危险的煽动性,闹哄哄的上街游行和罢工最终常常导致与警察的暴力冲突。对于突尼斯总工会的积极分子来说,监禁判决是荣誉徽章,但对于大多数宪政党成员来说,被监禁的可能让他们胆怯,这种经历只会让他们感到羞愧和耻辱,是应该

尽力避免的。因为与突尼斯共产党一道发展突尼斯总工会,穆罕默德·阿里为宪政党的批评者提供了攻击的理由,自从宪政党创立以来,他们一直试图通过揭露贝伊与共产主义运动的联系而使其丢脸。1924 86
年之前,宪政党一直与突尼斯共产党保持着距离,而共产主义者也同样瞧不起宪政党领导人,认为他们缺乏能力、傲慢并且不了解普通突尼斯人的真实看法。在总督塞恩特的掌控下,宪政党在突尼斯总工会出现时与突尼斯共产党合作的证据即使不是致命的,也很可能会极具破坏性。

除了这些强烈的担忧,宪政党希望在法国结交盟友的想法也使它远离了工会。1924 年法国议会选举中左派联盟获胜,上台的政治家的信念和价值观使他们有可能会听取并赞同宪政党的计划。但宪政党在突尼斯的敌人故意破坏了其开通交通线的努力。哈比卜贝伊,塞恩特和其他保护领地官员,以及定居者的发言人都急忙警告巴黎的新政府,宪政党温和的主张以及最近接受了 1922 年改革都只是达到他们目标的第一步,都是掩盖宪政党坚决反对保护领地的烟幕。面对如此共同一致的诋毁行动,宪政党表明其接受对话与合作的一种方式是切断与共产主义者这样的极端分子和突尼斯总工会的联系,对于共产主义者宪政党态度明确,而对于突尼斯总工会只是不予理睬但并没有直接宣布终止联系。既然宪政党必须采取一个立场来确保自己不会在工会被摧毁的过程中受到波及,抛弃工会正好为它带来了好处——在法国的潜在支持者面前把自己塑造成了一个回避激进主义的组织。宪政党克制的另一个表现是它联合住在突尼斯的法国社会主义者,以及改良主义党和大议会中的突尼斯议员(二者曾被宪政党斥为叛徒)组成一个温和的政治集团,支持保护领地的机构改革。然而,这种权宜之计最终毫无结果。

法国总理爱德华·埃里奥(Edouard Herriot)召集了一个"突尼斯改革研究咨询委员会",但任命总督塞恩特为一个重要小组委员会的主席,这就保证了该委员会的工作不会带来任何重大变化。当 1925 年委员会公布其建议时,宪政党、改良主义党和社会党人都拒绝接受,认为相对于保护领地最紧迫的政治问题,这些建议显得既肤浅又离题太远。希望破灭的宪政党人意识到他们把能够大大加强宪政党力量的突尼斯总工会弃于困境,换来的却是巴黎的掌掴。宪政党领导人在愤怒与难
87 堪之下做出的反应可想而知,但是穆罕默德·阿里本人,他(对突尼斯总工会)的创立以及他的拥护者(工人阶级)对宪政党产生了影响,这种影响给随后一轮的抗议活动带来了比之前更浓的火药味。

在1925年春天与夏天,民族主义者成群结队地走上突尼斯市街头,效仿突尼斯总工会的交锋战术。秋天,对工会组织者的判决以及纪念红衣主教拉维热里(Cardinal Lavigerie)——其传教活动受到了突尼斯人的公开蔑视——百年诞辰的塑像揭幕制造了喧嚣的场景。考虑到因《莫里诺法》产生的骚动(当这个法案的赞助人于年初访问突尼斯市并鼓励犹太人接受法国公民身份时,骚动又重新开始了),对一个被派来让穆斯林皈依基督教的殖民人物表示敬意无疑触犯了民意。迟钝的宪政党领导人开始意识到这些游行队伍中不断增加的下层突尼斯人的重要性,但是在与他们交往时仍感到不自在。结果,即使宪政党人参加的次数、人数和仇恨日益增加,他们对抗议活动的控制却越来越少。

宪政党在其他方面的策略也在1925年发生了变化。它不再注重让法国人相信他们的活动是有价值的,反而猛烈抨击敌人,决心让他们为拒绝满足宪政党的要求付出代价。在演讲和报刊文章中,宪政党领导人表示支持阿拉伯世界中其他地方的反法运动,其中最著名的是摩洛哥的阿卜杜勒·克里姆(ʿAbd al-Krim)和叙利亚的民族主义者发起的运动。这让法国当局非常恼怒。宪政党执行委员、杰出的知识分子艾哈迈德·塔菲克·马达尼(Ahmad Tawfiq al-Madani),安排他所供职的"幸福"(al-Sa'ada)戏剧公司排演了一部戏剧,讲述17世纪阿拉伯征服北非时的英雄塔里克·依本·齐亚德(Tariq ibn Ziyad)的事迹,这实际上暗含着对阿卜杜勒·克里姆的推崇,法国当局关闭了剧院、禁止戏剧上演并逮捕了马达尼。宪政党对所有类型的反殖民主义者公开表示的热情使它失去了社会党人和改良主义党的支持,他们对海外领地的话题都持有更加微妙的观点。对于宪政党的激进化,法国进行了

一次镇压,逮捕了宪政党领导人和游行示威的参与者,并关闭了宪政党借以传播其观点的阿拉伯语报纸。1925 年只有突尼斯共产党支持宪政党,但这种团结只是证实了两个组织之间有联系的这种观点,法国政府坚持这样认为但宪政党却坚决否认。

正当民族主义者处于整个混乱的边缘时,塞恩特对他们采取了果 88
断行动。1926 年 1 月,他发布了一系列严格限制基本自由的法令。法令禁止在公开或私人场合批评法国或突尼斯政府官员;宣布现用刑法典认为合法的广泛的政治活动是违法的;无论被告的国籍,所有被认为涉及保护领地安全的审讯要移交给法国法庭;以前法语报刊未曾受到强加给阿拉伯语报纸的那种限制,而现在也要接受严格的政府审查。总督没有排除未来改革的可能性,但坚持在恢复平静之前不予考虑。大多数移殖民欢迎塞恩特的行动,但他们中的少数自由派谴责“卑鄙的法令”对他们的自由的影响不亚于对突尼斯人的影响。在法令颁布之前的镇压下已经摇摇欲坠的宪政党几乎无法对此做出反应。塞恩特迫使宪政党中止了行动,尽管宪政党在不断招募新的拥护者,但在他的任期内只能保持低调行事。

除了总督的敌视,宪政党领导人从 1926 年之后还面临来自党内的新问题。宰敦清真寺大学教授、著名的宪政党积极分子塔哈尔·哈达德(Tahar Haddad)在 1927 年写了《突尼斯工人及工会运动的出现》(al-'^{c}Ummal al-tunisiyyun wa zuhur al-harakat al-niqabiyya)。这篇内容广泛的文章抨击了对欧洲商品不断增长的喜爱,认为这对突尼斯工匠造成了不利,而且责备宪政党无法接纳突尼斯总工会以及对工人阶级缺乏兴趣。次年,哈达德又为一家突尼斯市的刊物写了一系列文章,后来以《伊斯兰法律和社会中的女性》(Imra'tuna fi'l-shari^{c}a wa'l-mujtama^{c})为题发表。根据对《古兰经》教义大胆创新的解释,他主张突尼斯妇女拥有更大的权利并鼓励他们在公共事务中起到更积极的作用,他含蓄地批评宪政党在各种事情上坚持传统惯例只是为了他们自己。哈达德的文章激怒了宪政党领导人,但他们的愤怒与宰敦官员的怒火比起来就逊色多了,他们给哈达德贴上异教徒的标签并将他赶出教师队伍。尽管如此，这位年轻的社会批评家（他在写这些作品时还不到 30 岁）的思想触动了更年轻的宪政党人的心弦，他们在塞恩特的镇压后对宪政党的温顺感到苦恼。

89 许多接受了现代教育并获得法国大学学位的地方青年在 20 世纪 20 年代加入了宪政党，因为这是积极参与政治的唯一切实可行的途径。然而宪政党的失利让他们很烦恼，他们将 1926 年后的经费削减视为投降，他们非常讨厌参与其中。这些年轻人的个人和职业成就源于他们对西方文化的熟悉与适应，以及在一个像他们本国这样的环境中有效工作的能力。尽管宪政党领导渴望恢复理想化的过去，憎恨西方在突尼斯造成的改变，但年轻一代的成员中并没有这样的敌意，尽管他们对许多法国政策提出异议，但毕竟是与西方的联系造就了他们。按照他们对当代政治进程和意识形态的理解（常常来自他们在法国的个人经验），他们认为宪政党最终的胜利取决于更为积极有力的行动以及运动的扩大，把突尼斯形形色色的人全都包括进去。

宪政党的分裂和新政党的出现

全国的人口趋势进一步增加了年轻一代的这些观念：1930 年约四分之一的突尼斯人口年龄低于 25 岁（自第二次世界大战结束后这个人群的数量增加了 50%）。[①] 在这个迅速增长的人群对存在于政界和（实际上是）日常生活的各个方面的旧规范的广泛质疑中，关于宪政党领导的原则和策略的保留意见是其中的一部分。老宪政党人的刻板以及他们对宪政党队伍中越来越多的年轻成员的想法的抗拒，鼓励年轻人把自己和自己的思想推到前台，20 世纪 30 年代的经济下滑和法国的几个不明智的决定让他们沾了光。

在法国和突尼斯政府的支持下，天主教会决定于 1930 年 5 月在迦

---

① Hassine-Raouf Hamza, "Eléments pour une réflexion sur l'histoire du mouvement national pendant l'entre-deux-guerres: la scission du Destour de mars 1934," in Chenoufi, *Les Mouvements politiques et sociales*, pp. 51 – 78.

太基召开国际圣体大会，这个决定给了宪政党中持不同政见者一个维护自己权利的机会。一些像1927年从法国学习归来的27岁的律师哈比卜·布尔吉巴(Habib Bourguiba)这样的人在党报《突尼斯人之声》(*La Voix du Tunisien*)上发表文章，谴责在突尼斯的土地上进行他们 90
和同胞们认为与十字军和殖民主义相联系的宗教庆典是对突尼斯穆斯林的侮辱。天主教青年打扮成十字军战士的样子进行游行，散发鼓动改变宗教信仰的阿拉伯语宣传册，罗马教皇使节把伊斯兰时期的北非特点归结为"14个世纪的荒凉与死亡"[①]的不实之词，这些都揭示了大会组织者对突尼斯人身份的核心内容的无知和漠视，这就给民族主义者提供了太多的攻击材料。为了保卫国家也为了保卫伊斯兰教，激进的宪政党人，其中大多数是非宗教人士，提出了一个具有广泛动员作用的观点。就在大会的参加者到达突尼斯市时，码头工人发动了突然罢工，由宰敦清真寺大学和名牌世俗学校的学生组织了一次抗议集会(这是第一个这样的学生政治联盟)，让政府的反对者们在1925年之后第一次走上了街头。

《突尼斯人之声》还着重提到了大会提出的经济和政治问题。虽然穆斯林明显很反感，但突尼斯政府提供的200万法郎资金仍然主要出自他们的税收。这表明保护领地政府在预算问题上轻而易举地就可以避开大议会，这加强了民族主义者有关制定宪法和成立控制政府支出的选举议会的要求。该报还敦促艾哈迈德二世贝伊(1929－1942)辞去大会名誉会长的职务，而其他曾经支持过大会的突尼斯官员则应该远离它。民族主义运动的领导人声称，那些包括贝伊在内无视这个号召的人表明了他们对法国的臣服，他们把突尼斯利益保卫者的职责推卸给了宪政党人。

就在关于圣体大会的骚动消退之时，1931年举行的法国进驻50周年纪念庆典给了宪政党积极分子一个新的理由，使他们能够保持在前一年获得的动力。突尼斯政府又一次判断错误，把巨额资金拨给了

---

① 引自Mahjoubi, *Les Origines*, p.469。

一项突尼斯人几乎无法赞同的事情,而且一位高官,这次是法国总统加斯东·杜梅格(Gaston Doumergue),在描述突尼斯的一个历史时期时使用了必然会触怒突尼斯人的言辞,他评论说保护领地体现了人道主义的最高原则。《突尼斯人之声》再次充当了表达民族主义者愤怒情绪的工具,但法国人逮捕了几个言辞最犀利的投稿人,想以此来避免这一轮的抗议。面对民众的示威游行,对他们的审判被终止了,这似乎证明
91 了这一策略的成效,这受到了年轻的激进分子的欢迎但却让年长者感到不舒服。事实上,谨慎的宪政党领导人责备积极分子不该让运动有危险。布尔吉巴和几个同事对这些老护卫感到失望,也担心他们是否有能力谴责当局,他们于 1932 年创办了自己的报纸——《突尼斯行动报》(*L'Action Tunisienne*)。

《行动报》集团急于明确可借以团结突尼斯民众的争论焦点,他们在《莫里诺法》的某些结果中发现了能用来对保护领地政府造成不利的问题。一小部分选择了法国公民身份的突尼斯穆斯林被视为贱民,理由是他们发誓放弃伊斯兰教法就相当于背教。因此按惯例他们不能入葬穆斯林公墓。1932 年在比塞大有人试图违反这个惯例引发了一场阻止葬礼的自发抗议,而另一场类似的葬礼在警察的干涉下才得以进行。为了防止事态扩大,总督约瑟夫·芒斯龙(Joseph Manceron)(1929－1933)指示首都最主要的穆斯林法律专家,即马利基和哈纳菲法学家,就此事做出裁决,但所有人都不满意他们使问题合理化的精心构想。

布尔吉巴与同事们在《行动报》专版上攻击保护领地官员和通敌的乌莱玛,描述法国人如何再次干涉伊斯兰教,号召突尼斯人保卫构成他们身份核心的信仰。其他文章和社论也用类似的语气恳请读者不要理会法国人鼓励他们放弃传统的衣着,包括女性的面纱,并认为这种穿着是突尼斯的阿拉伯和伊斯兰文化遗产的一个方面,应该受到保护免受殖民破坏。因此,世俗的、接受了现代教育的青年宪政党激进分子把自己定位成了宗教和传统的保卫者,这包括一些他们大多数人认为是落后的,但知道无论从什么角度都经得起攻击的传统风俗,比如戴面纱。

而更加传统、但又胆怯的宪政党领导人害怕大胆的民众立场可能带来的后果,他们只是在幕后徒劳地徘徊。《行动报》集团在安葬这个有争议的问题上表明了立场,更忠实地反映了民众的而不是他们自己的情绪,为此被循规蹈矩的宗教领袖疏远了。另一方面,许多进步的宰敦师生看到著名但狭隘的校领导受到指责并没有丝毫的不高兴,他们支持宪政党中持不同意见的人,并让他们进入了清真寺大学。

《行动报》的言论在宪政党当时几乎已经遍布全国的组织中传 92
播,[①]受其言辞的煽动,1933 年开始于突尼斯市的抗议活动蔓延开来,每当入籍成为法国公民的人试图要安葬在穆斯林公墓都会重新点燃火焰。芒斯龙发现他无法靠法学家的裁决强行解决问题,尤其是宪政党的行动得到了埃及和巴勒斯坦的穆斯林领袖的支持,这是民族主义者第一次得到来自阿拉伯世界其他地方的支持。总督注意到激进分子正在把宪政党推向危险的方向,他想在应对运动的全面激进化之前先缓和眼前的危急局面。为此,他下令在穆斯林公墓中给加入法国籍的人留出一块飞地,《行动报》接受了这种妥协。尽管这个建议让法国穆斯林联盟不满意,但芒斯龙拒绝再谈此事。这些事件之后,许多所谓的"法国穆斯林"感到被抛弃并缺乏安全感,于是宣布放弃法国公民身份,并开始请求重新回归穆斯林社会,然而他们的身份在整个保护领地时期一直存有争议。

芒斯龙的忧虑有充分的根据。1933 年 5 月布尔吉巴和三个《行动报》的同事,巴赫里・吉加(Bahri Guiga)、穆罕默德・马塔里(Mahmud Matari)和阿里・布哈吉卜(ʿAli Bouhajib),当选为宪政党执行委员。激进分子对于煽动反对入籍的成功非常激动,他们要将稍加修改过的宪政党政治纲领具体化,其核心要求仍是制定宪法并组建一个对选举议会负责的政府,但有了一些新变化:强调宪法保护民族特色的作用

---

① Mustapha Kraiem, "Le Néo-Destour: cadres, militants et implantations pendant les années trente," in Chenoufi, *Les Mouvements politiques et sociales*, pp. 24－25, 称宪政党在 1926 年后并没有停滞不前,事实上是扩大了党员人数,尤其是在萨赫勒——布尔吉巴和他最亲密的盟友的家乡。1933 年,宪政党成员中 59%来自萨赫勒。

(这个观念曾经很好地被用作了动员手段),并坚持成立只属于突尼斯的议会,所有官员,包括总督,都要对其负责。最后两条表明宪政党拒绝接受基于突尼斯人与法国人平等(这必然意味着保护领地的延长)的政治安排,而支持只表达突尼斯人权利的要求。更重要的是,由《行动报》集团详细说明的计划提出了独立的要求。

明确提出结束保护领地的言论激起了芒斯龙的强烈反应,作为总督的最后行动之一,他批准法令,授权贝伊拘禁那些被指控参与了被认为是对法国或保护领地不利的政治行动的突尼斯人。这种表面上授权贝伊的做法避免了首都议会中的雄辩家对这些“极其卑鄙的”法令的干
93 预。法令还限制了法语报刊的自由发行,导致《行动报》最终也被停刊。最后,芒斯龙下令宪政党解散。宪政党领导人的反应与1926年对付塞恩特的镇压措施时一样:蹲下等待暴风雨过去。为了坚持努力不使自己招来注意,他们因为布尔吉巴在8月率领一个抗议者代表团从他的家乡莫纳斯提尔来到突尼斯市拜会贝伊而严厉地批评了他,迫使他辞去了执委会的职务。总督马塞尔·佩鲁东(Marcel Peyrouton)(1933—1936)试图继续扩大党内分裂,他暗示说,如果宪政党能对激进分子加以约束就可以恢复其资格。当吉加提醒同事们注意执委会打算新增委员时,《行动报》集团剩下的成员就都离开了宪政党。

宪政党激进分子有本领确定那些易于激起突尼斯人民本能反应的事件,他们愿意反抗法国政府,并有效地掌控着信息媒体《行动报》,这些都有助于他们提出了自己的议题并开始建立一个独立于占主导地位的宪政党的基地。这个身份可辨的团体的出现正值凸显突尼斯经济结构弱点的经济危机的爆发,保护领地政府不关心突尼斯问题,而宪政党领袖则显示不出有效领导的能力,所有的问题都是由《行动报》在进行热烈讨论,这无疑有助于把许多心怀不满的同胞吸引到了他们的阵营。1930—1931年,蝗虫的侵扰和严重的干旱,间或是具有同样危害性的洪水,对农牧业(尤其是在突尼斯中部和南部)造成了严重破坏。正当这种可怕的情况稍有缓解时,大萧条的影响又席卷了突尼斯,把生产不足的危机变成了生产过剩的危机。甚至在越来越多的法国产品涌入保

护领地时，法国和其他欧洲国家关闭了突尼斯农产品出口的大门，这干扰了地方手工业的生产。另一个经济支柱——采矿业，也经历了严重的挫折。在全国的矿场，包括加夫萨周围赚钱的磷酸盐产地，生产水平、利润和工人数量在 20 世纪 30 年代初都急剧下降。

突尼斯和欧洲的小农场主受到的打击尤为沉重，许多人失去了财产，还有些人不得不去规模更大、较好地度过了暴风雨的移殖民的农场找工作。突尼斯农民成群结队地离开了荒芜的乡村。他们在城市里找不到住所和工作——据估计，20 世纪 30 年代中期突尼斯市的失业人数达 3 万，而全国共有 10 万[①]——他们与贫穷的城市居民一起住在简 94
陋的棚屋和帐篷里，这些贫民窟是在空地、墓地和垃圾场上自然形成的。这里几乎完全没有卫生设施、医疗服务以及任何形式的社会援助，这些地区是身体疾病和社会隐患的发源地，孕育出了流行病和革命这一对孪生幽灵。无论是强制规定禁止农村人口离开他们的地区，还是采取行动把贫民窟的居民赶回乡下，或是为无家可归者和失业者建立政府收容所，都无法彻底解决这个危急的问题。

政府在农业领域的救济工作着重于稳定小麦价格，批准突尼斯葡萄酒进入法国，以及对酿酒商用果树代替葡萄树给予奖励，所有的措施都是有利于以出口农作物为核心的农村殖民经济。与此相反，直接或间接养活突尼斯三分之一人口的橄榄种植者却没有得到任何同等的帮助。这种以救助欧洲农民为重点的做法使突尼斯人尤为恼怒，因为是他们在支付比例过高的农业税，而税率的计算是按照耕种面积而不是产量。为了债务合并和贷款而设立的农业信贷处也是给移殖民的好处更多，因为银行要求贷款接受者提供对土地的所有权证明，但并不是所有的突尼斯人都能提供。

尽管农民缺乏对保护领地政府的影响力，但几个受到经济恶化沉重打击的突尼斯人却处在可以施加压力的位置，其中一个就是富有的商人和地主穆罕默德·谢尼克(M’hammed Chenik)。在 20 世纪 20 年

---

① Mahjoubi, *Les Origines*, p. 563.

代，谢尼克与法国人风雨同舟，在他们的支持下于1922年创办了唯一一家真正的突尼斯银行，突尼斯信贷合作社。他还不顾宪政党抵制大议会的号召，升任了突尼斯人议员团的主席。谢尼克于1931年和1932年派代表团赴法国，提醒首都的官员们注意局势的严重性，并呼吁保护领地政府予以更多的有效回应，这使芒斯龙对他怀恨在心，芒斯龙策划了一系列有预谋的诽谤活动，指控这位实业巨头参和与银行有关的不法金融行为。

哈比卜·布尔吉巴与穆罕默德·谢尼克毫无共同之处，但对宪政党领导层和总督的蔑视足以让他们形成一个有利的联盟。布尔吉巴讨好谢尼克，因为没有他的巨额捐助就不可能有《行动报》的诞生。《行动报》不但为谢尼克辩护，更重要的是，还以他为例子证明“与政府真诚、
95 忠实的合作是不可能的”。[1] 1933年，大议会的突尼斯人议员团投票决定不与政府合作。在大萧条的严峻考验下，在保护领地和殖民体制下，成功的少数突尼斯人之间的关系正在被重新定义。种族胜过了阶级。

到1933年底，宪政党已是步履维艰。其正式领导人与更为激进的《行动报》集团相互指责，在政治和经济方面采取的策略及长期目标上，他们之间存在巨大分歧，缩小差距或者出现合作政策的前景非常渺茫。1934年初，布尔吉巴与塔哈尔·斯法尔(Tahar Sfar)，一位特别善于表达的盟友，奔波于萨赫勒，在宪政党的当地组织中解释他们的观点，要求召开党代会，由代表们制定未来行动的路线。这个地区橄榄种植者众多，其中许多人都受到了大萧条的打击，出生在当地的布尔吉巴很受拥戴，穆罕默德·谢尼克在这里也有许多生意伙伴，因此他们得到了广泛的支持。宪政党执行委员会断然拒绝同意召开这样一次会议，唯恐这次会议会使其对手合法化，但结果是执行委员会并不能将党的纪律贯彻下去。当激进分子于1934年3月2日在克萨赫拉尔小镇(Ksar Hellal)召开代表大会时，来自宪政党的49个组织的代表(大多数来自

---

[1] 引自 Lisa Anderson, *The State and Social Transformation in Tunisia and Libya, 1830 – 1980* (Princeton: Princeton University Press, 1986), p. 171。

萨赫勒和突尼斯市地区)响应了他们的号召,而其他 11 个组织发来了鼓励的电报。他们投票解散了执行委员会并成立一个新的叫做政治局的机构,由布尔吉巴、他的兄弟穆罕默德、吉加、斯法尔(都是受过西方教育的律师)和担任会长的医生穆罕默德·马塔里组成。当萨费、费尔哈特和他们的同事们在被免职后拒绝合作时,宪政党彻底分裂了,一个新宪政党与原先的宪政党并列存在。

为了吸引心怀不满的宪政党成员和民众中那些被老宪政党忽视的人员,政治局指示参加代表大会的人在包括工人阶级居住区在内的城市和地方乡镇建立新宪政党的小组。当小商人、手工艺人、现代商人和地主脱离宪政党投奔到他们认为更有可能增加自己利益的运动时,原来的宪政党缩减到只剩下中上层城市居民和宰敦的乌莱玛,而许多清

96

新宪政党的政治局领导人。自 1934 年创立到第二次世界大战前夕被镇压,新宪政党背后最重要的四个推动力,从左至右:哈比卜·布尔吉巴、穆罕默德·马塔里、巴赫里·吉加和塔哈尔·斯法尔。

真寺大学的年轻教职员工和学生都受到了新宪政党的吸引。新宪政党还迅速在宪政党曾经忽视的农村地区组建了小组，这些地区深受大萧条影响，在反法运动中把他们包括进去的时机已经成熟。小组结构便于党内交流，能够迅速发动群众，新宪政党的领导人把这些人视为最有力的武器。每个小组是一个独立的单位，与其他小组和党的领导集体有着具体但有限的联系。这样，就算政府采取镇压措施对付它——这种情况事实上会变得不可避免，因为新宪政党打算用攻击性战术恢复突尼斯的完整主权，新宪政党被击垮的可能性也会减小。

第一步，新宪政党领导人带领普通党员走上街头进行抗议，号召突尼斯人通过抵制法国产品并拒绝交税来反抗保护领地。一个夏天的示威游行之后，佩鲁东在 9 月初突然行动，逮捕了布尔吉巴和其他新宪政党领导人以及突尼斯共产党的重要人物，突尼斯共产党针对经济萧条
97 也加强了行动。虽然新宪政党躲过一劫，领导层没有全军覆没，但后来每一次它想发动一次公开活动时，随之而来的就是更多的逮捕。在其存在的最初 20 个月中，政治局被重建了四次，因为一批批领导人，总共 46 人，被关进了监狱。佩鲁东总督几乎掌握着独裁的权力，因此他要求新宪政党彻底投降以换取释放囚犯，但这些囚犯在他于 1936 年 3 月前往摩洛哥任总督时仍在关押当中。

三个月之后他们被释放了，此前在法国议会选举中左翼人民阵线联盟获胜。外交部官员至少是愿意听听殖民地人民的怨言，于是授权总督阿尔芒·吉荣(Armand Guillon)(1936－1938)释放新宪政党人并邀请布尔吉巴去巴黎进行会谈。布尔吉巴曾在巴黎求学，对法国左派非常熟悉，与他们在一起也很自在，他在莱昂·布吕姆(Léon Blum)的政府中看到真的有机会来改善保护领地的政治和经济形势。在摆明新宪政党立场时，他详细陈述说，首要问题是终止有利于在突尼斯的法国公民的安排，比如“官方”拓殖和“殖民第三方”，以及设立立宪政体。同时，他故意不提独立的要求，并说他支持渐进的政治演变的观念，保障法国的合法利益。宪政党指责退党的激进分子为了获得自由而背叛信仰。这个指控再加上经济的持续滑坡，把新宪政党推向了更为强硬

的立场,他们原本还不至于如此。人民阵线与新宪政党进行磋商时遇到了来自移殖民利益集团和法国军队的强硬抵制,他们担心在欧洲战争逼近时放松对北非的殖民控制只会产生负面的结果。当 1937 年初进一步的会谈结束时,民族主义者与法国政府仍然分歧很大;年底之前,人民阵线垮台了。

人民阵线 15 个月的执政给新宪政党带来的巨大好处是,在吉荣取消了从 1933 年开始实行的限制后,新宪政党有了招募党员的能力,以及可以公开行动而不用害怕镇压的能力。《行动报》重新发行,450 多个小组中的党员人数激增到约 7 万人。1936—1937 年,通过扩张到突尼斯的其他地区,以及有意识地与青年组织、文化团体、体育俱乐部和其他重要利益团体建立联系,领导人把新宪政党的形象树立为“全民族的政党以及弘扬民族愿望和意志的政党”[1]。明星童子军和新宪政自由青年团长期参加党的集会,童子军担任准军事单位 98
的职责,维持群众纪律并陪同领导人在突尼斯市外活动。新宪政党的影响力毫不费力地就进入了培养该党领导人的现代学校,这些机构,与卡勒杜尼亚和萨迪吉中学校友组织一起,为该党输送了许多年轻人,还有一些女性。

尽管公共领域给女性提供的机会非常有限,但还是有一些女性参加了新宪政党的活动。谢德丽亚·布兹加鲁(Chedlia Bouzgarou)的家乡莫纳斯提尔是该党在萨赫勒活动的温床,1935 年,她与加入其他抗议者队伍的一群女性一起,代表被关押的新宪政党人请求贝伊向总督求情,并在新宪政党后来的示威游行中做了类似的工作。另一位女性先锋人物布齐拉·本·穆拉德(B'chira ben M'rad)于 1936 年创立了突尼斯穆斯林妇女联合会(the Association des Femmes Tunisiennes Musulmanes)。同年,新宪政党赞助发行了(尽管是在法国)一个女性

① 关于萨拉赫·本·优素福,引自 Kraiem,“Le Néo-Destour,” p. 37。因为为了有利于新宪政党有所吹嘘,为了对保护领地政府有利又进行了删减,所以对于新宪政党人数的记载差别很大。7 万这个数字来自 Mahmoud Matatri,见第 46 页,根据 Kraiem 的判断还算准确。

杂志《蕾拉》(*Leila*),尝试协调传统与现代有关性别问题的观点。① 大多数新宪政党男性领导人不反对让女性加入政党,也不反对提供论坛讨论尤其与女性相关的问题,但他们更愿意在争取民族解放的战斗胜利之后再打破社会现状。

新宪政党还努力改善穆斯林和犹太人之间在 20 世纪 30 年代恶化了的关系。犹太复活运动的发展,尤其是其激进的重建派的示威活动,让熟悉其思想意识的少数突尼斯穆斯林非常苦恼。但对于大多数穆斯林来说,犹太人的贸易和金融交易让许多穆斯林欠了他们的债,这是眼下令他们更为烦恼的事,当经济危机加剧时就更是如此。1932 年夏天穆斯林和犹太人在斯法克斯发生了暴力冲突后,此类骚乱又在萨赫勒的几个乡镇和突尼斯市郊区爆发。《行动报》集团与宪政党领导人对犹太复活运动进行了同样有力的谴责,但更精明的年轻人则将犹太教和犹太复活运动的政治观念区分开来,前者在突尼斯民族中有一席之地,但后者没有。1934 年,为了强调两个团体共有的突尼斯身份以及对法国人都有的不满,萨拉赫·本·优素福(Salah ben Yusuf),这个注定要在新宪政党内扮演重要角色的年轻激进分子,率领一群示威者高唱"犹太人是我们的兄弟。"②1936 年新宪政党恢复时,正巧巴勒斯坦爆发骚乱,党的领导人做出了明确的回应,对突尼斯反犹太主义和突尼斯犹太复活运动都进行了谴责。

99 尽管突尼斯文艺团体数量不多,但他们用戏剧、文学、音乐和视觉等表现形式帮助宣扬新宪政党的目标,突出国家的阿拉伯-伊斯兰身

---

① 有关早期突尼斯妇女参与政治的这些例子,参看 Ilhem Marzouki, "La voile des colonisées: Tunis, 1924 — 1936," *Revue de l'Institut des Belles Lettres Arabes*, 161 (1988), pp. 59 — 89, 以及 Lilia Labidi 的两篇文章,"Circulation des femmes musulmanes dans l'espace public et politique formel: le cas de la Tunisie en période coloniale," 和"L'Emergence du sentiment politique chez les féminists dans la première moitié du Xxème siècle: le cas de la Tunisie," both in Lilia Labidi (ed.), *participation des femmes à la vie politique* (Tunis: Centre de Recherche et de Formation Pédagogique, 1990), pp. 19 — 43 and 44 — 62。

② Ahmad Kassab, "La communauté israélite de Tunis entre la francisation et le sionisme (1930 — 1940)," in Chenoufi, *Les Mouvements politiques et sociales*, p. 546.

份,及其可追溯到殖民政策之前并独立于殖民主义的文化遗产。20 世纪 30 年代前半期,塔姆希尔·阿拉比(al-Tamthil al-^{c}Arabi),一个从一开始就反对欧洲控制突尼斯戏剧节目的剧团,上演了一些根据阿拉伯历史事件改编的,或者探讨外国影响力造成的冲击及其带来的文化冲突的戏剧。"剧院"(Al-Masrah)是一家成立于 1934 年的公司,专门推动突尼斯戏剧的发展,为突尼斯人的著作或译作提供奖励和表演机会。从 1931 年到 1936 年间,最具有公开政治倾向的公司萨阿达(al-Sa^{c}ada)的经理,穆罕默德·拉赫比卜(Muhammad Lahbib),从阿拉伯历史主题中选材写了六部戏,其中两部围绕着古典时期的突尼斯人物。在突尼斯市市长、艺术的保护人穆斯塔法·斯法尔(Mustafa Sfar)的建议下,几个剧团于 1936 年合并并组建了"戏剧联合会"(al-Ittihad al-Masrahi),除了鼓励突尼斯剧作家外,还设立了一个部门专门创作和上演关注社会问题的作品。

和这些剧作家在一起的还有两位宰敦培养的作家,塔哈尔·哈达德(Tahar Haddad)和阿卜勒·卡西姆·沙比(Abu'l Qasim al-Shabbi),他们的散文和诗歌主题表现出对民族主义事业的支持并被纳入了新宪政党思想。哈达德富于创新精神的随笔此前已经非常出名;沙比的诗强调了普通人的尊严和传统的价值。具有讽刺意味的是,这两人都死于新宪政党壮大之前,哈达德死于 1935 年,时年 36 岁,沙比在前一年去世,年仅 25 岁。那些在保护领地现代教育制度下培养出来的作家在两次战争之间无人成名,但是其中一些后来在文学界为自己开辟了一片天地。最著名的有穆罕默德·马斯阿迪(Mahmud al-Mas'adi,他最著名的是 1955 年写的存在主义戏剧——苏德[al-Sudd])和阿里·杜阿吉(^{c}Ali al-Du^{c}aji,他的短篇小说在他 1949 年去世后才被收入选集),他们属于一个叫做"城墙下"的团体(Jama^{c}a Taht al-Sur),这个放荡不羁的小集团的名字来自他们经常光顾的一家咖啡馆。参加者还包括歌手兼女演员法特希雅·哈依里(Tarnan Khumais),她参加了许多演出公司的演出并与拉希迪亚协会(Rashidiyya Institute)的乐队合作进行演唱。在市长斯法尔和欧洲最重要的阿拉伯古典音乐专家鲁多夫·厄兰格(Rudolphe d'Erlanger)男爵的鼓动下，才华横溢的音乐家和作曲家胡迈斯·塔南(Khumais Tarnan)于1934年成立了这个协会，致力于保护并推广突尼斯的阿拉伯-安达卢

100

阿卜勒·卡西姆·沙比和胡迈斯·塔南。保护突尼斯文化传统是在两次战争之间重点考虑的一件事情。沙比的诗歌和塔南的音乐都为这次运动做出了贡献。

西亚音乐遗产(ma'luf)。塔南原创的音乐作品、录音和协会乐队的音 101
乐会保证了其风格不会因越来越多的阿拉伯和欧洲的当代流行音乐而完全黯然失色。欧洲画家很早以前就开始蜂拥到他们的国家,但突尼斯很少有人研究这种主要来自国外的艺术形式。第一个崭露头角的艺术家是雅赫亚·土尔基(Yahya Turki),他的作品始见于20世纪20年代后期,对欧洲流行趋势他显得不感兴趣,他的大部分画作描绘的是日常景象。如同拉赫比卜的剧作、沙比的诗和塔南的乐谱,土尔基的油画激发了人们对新宪政党所捍卫的那些突尼斯遗产的尊重和欣赏。这个共同的目标保证了民族主义政治家与艺术团体之间总体上的友好关系。

阿布德·阿齐兹·塔阿比于1937年7月结束流亡归来,认为他的声望足以恢复民族主义运动的团结。随着不和关系的修补,宪政党在他的带领下坚持他的政治纲领(现在包括突尼斯独立),将以新的气势继续与保护领地斗争。但是在塔阿比不在期间,政治文化的变化如此剧烈,因此他的设想已经不可能实现了。新宪政党领导人欢迎他,但并不打算把自己的权力让给他,事实上,他们利用自己与对手在人数上八比一的优势在塔阿比于8月在全国巡回时扰乱他的集会,迫使他很尴尬地在自己演讲时要求警察到场。

当人民阵线于次月下台后,布尔吉巴断定,新宪政党就算采取更激进的立场来挫败塔阿比想胜出的努力也不会有任何损失。他断言,既然没能从人民阵线得到任何让步,那么从一个更狭隘的、而且只会关注欧洲事务的巴黎政府那里就更加会一无所获。

在1937年秋天的党代会上,他提醒大家,最近在摩洛哥和阿尔及利亚对民族主义活动的镇压很可能延伸到突尼斯,并强烈要求他的追随者要准备与法国人进行正面冲突。布尔吉巴对形势的判断占了上风,只是代价巨大,新宪政党的几位高层成员,其中包括马塔里、斯法尔和吉加,反对行动步骤,认为行动既危险又会适得其反,因而辞去了职务。尽管如此,他们宁愿退出政坛,至少是暂时退出,也不愿重新加入宪政党。

即使在新宪政党开始采取更积极的进攻性策略时,一些领导人仍
然继续希望在局势发展到完全失控之前法国会让步。当欧洲走向战争
102 时,政治局的一位成员苏莱曼·本·苏莱曼(Slimane ben Slimane)借
1938 年 3 月德国并吞奥地利之机向保护领地官员保证,尽管突尼斯人
的不满合乎情理,但如果法国给予他们基本的权利,他们仍然会效忠法
国。他抱怨说,新宪政党被疏远既伤害了法国也伤害了新宪政党。鉴
于意大利对宪政党和新宪政党做出的众所周知的提议,这样一个宣言
是具有真正价值的,但却没有得到任何回应,示威游行和人民的反抗行
动仍在继续,对激进分子和党的领导人的逮捕也在继续。4 月 9 日,1
万多名新宪政党人参加了突尼斯市的一次示威活动,要求释放囚犯。
当群众获悉前一天晚上进行过激昂演讲的一位萨迪吉中学教师被捕,
紧接着就发生了极具破坏性的暴乱。

自从人民阵线结束,新宪政党在几个月中采取的行动步骤已经为这样一次爆发做好了准备。布尔吉巴也未必感到后悔。尽管新宪政党指责警察故意激怒群众,但穆罕默德·马塔里(尽管与布尔吉巴在战术上有分歧,但仍然关系亲密)在他的回忆录中写道,就在骚乱前,布尔吉巴对他说,为了实现新宪政党的目标,"流血是必要的。"示威人群中新宪政党的激进分子显然在寻找可以用来让政治形势沸腾的场面。① 除了大量的伤亡(对此突尼斯人和法国人给出的估计数字出入很大),暴

① Tahar Chikhaoui, "Les Journées d'avril 38 à travers les mémoires de Mahmoud Materi. Mouvance et Obliquité," *Cahiers de Tunisie*, 47 — 48: 145 — 148 (1988 — 1989), pp. 214 — 215. 马塔里在回顾中还认为,如果不是因为 1938 年的事件,法国与突尼斯的和解本来会在第二次世界大战前出现。马塔里的回忆不是没有为自己服务的意思。布尔吉巴后来指责他在关键时刻背弃了新宪政党,马塔里当时为自己做了辩护。但其他人认为 1938 年 4 月的事件的责任在布尔吉巴。例子参看,Georges Adda, "Quelques souvenirs et réflexions à propos des événements du 9 avril 1938," in 同上,pp. 201 — 210。纪念 1938 年暴乱 50 周年的这次大会是在布尔吉巴被免除总统职务几个月后召开的,这两篇文章也是为这次大会准备的,这无疑使其所陈述的观点能够与经典的民族主义神话不相符。对于这次暴乱责任比较中肯的评价,参看 Hassine-Raouf Hamza, "Les émeutes du 9 avril 1938 à Tunis: Machination policière, complot nationaliste ou mouvement spontané," in Direction des Archives de France, *Révolte te Société*, II (Paris: Publications de la Sorbonne, 1988), pp. 185 — 191。

纪念1938年4月民族主义抗议活动的海报。两次战争之间最激烈的反法示威游行以警察向人群开枪(这里描绘的)以及新宪政党的所有领导人被捕而告终。这张海报纪念该事件50周年。

102 乱代价惨重：新宪政党被解散，700多名党员被监禁，其中包括党的所有核心人物，戒严使突尼斯人的政治活动几乎已不可能。在政府阵营中，总督吉荣也是暴乱的受害者，那些有影响力的商人——曾因在有利可图的市政工程特许项目中贪污及经营不善受到抨击而疏远他——适时地参加进来，异口同声地指责他没有处理好新宪政党造成的危险。年底之前，埃里克·拉博纳(Erik Labonne)(1938－1940)代替了他，新总督得到命令，要让保护领地做好准备平安度过欧洲战争的暴风雨。

拉博纳一方面对新宪政党的普通成员从宽处理，另一方面对那些对这次暴乱负有责任的人采取强硬的立场，他解除了戒严令并释放了许多囚犯。然而对新宪政党的禁令仍在继续，对其高层的拘禁也未取消，并计划在法国对他们进行审讯，希望以此避免突尼斯发生新的示威活动。在掌管政治局的一个较次要的党内坚定分子哈比卜·塞缪尔
104 (Habib Thameur)的领导下，虚弱的新宪政党能做的只是为释放仍然在押的囚犯而斗争。当欧洲战事逼近时，塞缪尔和他的一些同事对轴心国所表示的支持反映了在同胞们中间的广泛意见。然而，布尔吉巴和该党其他几个官员表示反对，他们警告说，只图方便与德国和意大利建立的联盟会使突尼斯摆脱法国人，但从长远看这将是灾难性的。

当新宪政党朝不保夕时，宪政党不露痕迹，希望有机会得益于对手的失利。从1934年至1938年间，双方都不能将对方彻底赶出政坛。从1938年到第二次世界大战开始，双方也都不能组织起针对法国统治的有效反抗。随着两党的衰落，很可能就此一蹶不振，他们改革保护领地的希望显得非常渺茫，更不用说要结束它了。在民族主义活动进行了20年之后，这种可怕的现实期待着在某个意想不到的方面会有新举动。

第四章　重新界定关系(1940－1956)

战争年代

大多数突尼斯人对于1940年6月德国战胜法国感到非常高兴,但 105
是民族主义党派并没有从这个殖民强国的耻辱中得到什么实际利益。随着法德停战,菲利普·贝当(Philippe Pétain)元帅的政府将海军上将让·埃斯特瓦(Jean Esteva)(1940－1943)派往突尼斯担任总督,这位将军并不打算同意恢复突尼斯的政治活动。哈比卜·塞缪尔(Habib Thameur)和塔伊布·斯利姆(Taieb Slim)是新宪政党政治局的主要人物并拥护与德国的合作,对他们的逮捕削弱了该党的力量。如同新宪政党的秘密运营已成惯例,继任者也是提前指定,但是现有的干部主要是年轻的激进分子,他们缺乏经验而且几乎不可能长期躲避政府追捕。1941年一个名为"黑手"的神秘地下组织发起了一些零星的破坏和恐怖活动,这表明民族主义者已经绝望了。

激发反对保护领地的活动重新开始的是一个不大可能的地方:王宫,蒙塞弗(Moncef)贝伊6月份在这里继承了王位。61岁的蒙塞弗在总督塞恩特与他的父亲纳赛尔贝伊1922年的冲突中初涉政事,他身上也有其父蔑视法国政府的性格。蒙塞弗拒绝当一个傀儡领袖,他警告埃斯特瓦,希望自己的臣民和法国公民享有平等的待遇。于是,他下令扩大

“殖民地的第三方”,把突尼斯政府官员包括在内。1942年,蒙塞弗巡游全国,他免去了外交礼仪,以前任国王从未有过的方式与他的人民亲近。这位新的统治者深知在他继位之前维希政府的反犹宣传已经在突尼斯穆斯林和犹太人之间引发了冲突,他认为很有必要表达他对犹太臣民福利的
106 关心。仅仅几个月,蒙塞弗就大步踏入衰弱无力的政党腾出的政治空间,取代他们一跃成为国家凝聚力,承担了他们的领袖向法国人表达不满的使命。在名望和成功的鼓舞下,10月蒙塞弗要求解除埃斯特瓦的职务。如果不是此后不久发生的那场直接影响突尼斯的战争使政局转为对贝伊有利(至少开始是如此),如此直截了当的挑战本可能导致他的垮台。

英美军队于11月在摩洛哥和阿尔及利亚登陆,开始了一场北非战役,他们的最终目标是攻占突尼斯并以此为跳板进攻西西里岛。当维希政府的指挥官进行停火谈判时,德国趁机占领了维希政府管辖的法国和突尼斯地区。德国军队大量涌入保护领地,阻止同盟国沿着穿过中心地区的战线前进。同盟国和轴心国都力图争取突尼斯的支持,但是蒙塞弗明智地拒绝站在任何一边。不过埃斯特瓦还是截获了贝伊发给美、英政府的信件,他在信中保证持中立态度。对于德国人,蒙塞弗与他们保持着一种谨慎而又恰当的关系,他既不赞同他们的战争目的,也不给他们提供罢免自己的理由。

占领法国南部后不久,德国将关押在那里的布尔吉巴和其他新宪政党人交还给意大利同伙,意大利人希望这些突尼斯人能够以法西斯国家“客人”的身份进行反法宣传。埃斯特瓦相信德国人也会释放保护领地的政治犯,好让他们反对法国,12月他亲自下令释放了他们。他们其中有许多人曾经主张与德国结盟,并把德国的占领看作是法国统治瓦解的前奏。尽管遭到了布尔吉巴等人的谴责,恢复了1938—1941年政治局主席职务的亲德人士哈比卜·塞缪尔已经准备好与第三帝国的官员合作。然而,随着军事行动持续到1943年春天,普通突尼斯人越来越反感德国的粮食征购和人力动员,而降临在突尼斯犹太人头上的额外财政税和其他歧视行为却没有遭到什么异议,但是贝伊不想隐藏他的不快。

新宪政党恢复了过去的部分势力,但蒙塞弗仍然在政界保持着毫

无争议的影响力。虽然他并不情愿与德国人同进退,但还是利用德国占领带来的机会采取了大胆的政治措施。德国人宁愿蒙塞弗是一个有保留条件的朋友而不是一个活跃的敌人,为了不引起这位统治者的反 107
感,德国人迫使蒙塞弗的宿敌埃斯特瓦接受了他原本绝不可能接受的政治措施。利用这种杠杆作用,蒙塞弗任命了自保护领地开始以来的第一个真正的突尼斯人政府。他从广泛的政治范围内挑选政府成员,其中最突出的人物有总理穆罕默德·谢尼克(来自新宪政党的亲同盟国派成员),穆罕默德·马塔里(无党派人士,但被普遍认为与新宪政党结盟)和萨拉赫·费尔哈特(Salah Farhat)(宪政党人)。

还在蒙塞弗迈出这大胆的一步之前,阿尔及利亚的定居者和官员就已经开始同声怒斥他与德国人的勾结,此时自由法国已经在阿尔及利亚登陆并取代了维希政府。春天,随着同盟国强大的攻势预示着轴心国在突尼斯的失败,移殖民和政府官员们也发出了同样的指责。5月初,英国、美国和自由法国的军队在邦角半岛封锁了约25万德国和意大利士兵。数千人乘船逃离,但是大部分人投降了,北非战役就此结束。在担负起对保护领地的责任后,自由法国迅速行动,将蒙塞弗流放到阿尔及利亚并逼迫他退位,由他的表兄弟阿明(Amin)(1943－1957)取而代之。解放后,在突尼斯的军事指挥官阿方斯·朱安(Alphonse Juin)将军对贝伊本人向轴心国妥协表示怀疑,因此试图阻止对他的废黜。但是法国社会的要求虽不合理但却合法,朱安害怕如果伺机报复的定居者不能如愿废黜蒙塞弗,将会引发一场彻底废除君主制的运动。指控他勾结德国只是一个借口,贝伊对法国人的蔑视才是他丢掉王位的真正原因。总督夏尔·马斯特(Charles Mast)(1943－1947)坚决拒绝批准任何关于让"即使不是领袖,至少也是民族主义者的旗手的君主"①返回突尼斯的讨论。然而,即使在流放中,即使其他力量积极表现,但是这位前贝伊仍然继续影响着突尼斯政治。

---

① 引自 Abdelhamid Hassen, "Moncef Bey et le mouvement moncefiste (1942－1948)," *Revue d'Histoire Maghrébine*, 49－50 (1988), p. 25。

布尔吉巴旅居意大利期间，由于他坚持以承诺突尼斯独立作为他合作的条件，结果让他的东道主认为他毫无价值。无论如何，轴心国在北非即将到来的失败结束了意大利在那里的野心，于是布尔吉巴于 1943 年 4 月被遣返回国。由于新宪政党的重新出现恰巧是在德军占领期间并且由塞缪尔和斯利姆领导；由于谢尼克，作为著名的新宪政党人（虽然因支持同盟国而出名），曾参加了蒙塞弗的突尼斯人政府；由于法国政府减轻了布尔吉巴的通敌罪责，因此当这位前任领袖试图再次证明他能掌控这个依然非法的组织时，马斯特对新宪政党表现出了怀疑态度。

108

夏尔·戴高乐将军、阿明贝伊和总督夏尔·马斯特，1943 年。在废黜蒙塞弗贝伊之后，阿明被安排正式就职，在位期间，他穿梭于法国政府和民族主义者之间。当 1957 年突尼斯宣布成立共和国时，阿明退位，结束了侯赛因王朝长达两个半世纪的统治。

朱安轻蔑地称布尔吉巴是轴心国的工具,但是那些在他还是维希政府囚犯时就开始(通过他的妻子和儿子)结交的美国外交官为他的忠诚提供了证据,从而保护他免受于法国的报复。然而,其他党派高层的激进分子都在解放前后逃离了突尼斯,有些是因为他们曾与德国人合作过,还有些是因为他们怀疑法国在报复中是否会区分民族主义运动中的不同派别。马斯特想要恢复战前状态的愿望证实了他们的担忧,从 5 月至 12 月,有 4 000 名突尼斯人被逮捕入狱。[①]

这次扫荡主要针对的是新宪政党人,但是由前贝伊的兄弟侯赛因 109
(Hassine)和其他在蒙塞弗下台后不久留在他身边的人所创建的"蒙塞弗主义委员会"的核心成员也遭到了围捕。为了蒙塞弗的复位,委员会争取从宪政党和改良主义者党(势头已尽,他们的命运只能通过与这位受欢迎的统治者联合而得到改善),以及宰敦清真寺大学师生中的积极分子和突尼斯共产党那里得到支持,但是这并不包括新宪政党。布尔吉巴认为帮助这样一个落难的突尼斯政治人物没有什么好处,因为他可能阻碍新宪政党的自我复兴或者使党的主张从属于他的个人目的。虽然总督的镇压策略限制了蒙塞弗集团的直接影响,但是它的存在仍然使法国官员感到忧虑,同时他们还密切注意着布尔吉巴和他的主要副手、党的秘书长萨拉赫·本·优素福(Salah ben Yusuf)。

当这两个人在 1943 年和 1944 年着手重建瓦解的新宪政党时,他们这样认为:战争将使法国成为二等力量,依赖于英美并且不能像从前那样扼杀民族主义要求,尤其是像布尔吉巴这样与同盟国建立了联系的领导人制定的要求。他们建议新宪政党保持低姿态,避免激怒保护领地当局,等到法国的弱点暴露出来后,他们就可加以利用并谋取政治资本。他们希望在一个以新宪政党人为主的突尼斯政府的领导下实行自治,这种远见与法国临时政府首脑夏尔·戴高乐(Charles de

---

① Mokhtar Ayachi, "Le Mouvement zeitounien dans le contexte de la seconde guerre mondiale," in *La Tunisie de 1959 à 1945* (Tunis: Ministère de l'Education, de l'Enseignement Supérieur et de la Recherche Scientifique et Technique, 1989), p. 291.

Gaulle)1943 年 12 月的讲话内容一致:“我们应该把突尼斯的管理交给突尼斯人……直接管理已经过时了。”[1]同样,这个构想在大议会的突尼斯部门成员中也得到了响应,其中包括宪政党的创始人之一,塔希尔·本·阿马尔(Tahar ben ᶜAmmar),他从 19 世纪 20 年代后期就开始追求独立的政治路线。新宪政党开始缓慢但有序地挽回损失,到 1944 年末,据总督的估计,其人数已达到十万。[2]

尽管这个数字相当可观,新宪政党仍然根基不稳。它依然遭到排斥,其成员承担义务的程度不等且未经考验,它还得对付身居政治高位的蒙塞弗的效忠者。虽然他们通过将新宪政党归入支持前贝伊的联盟而不让党的财富任其竞争对手摆布,但是只要蒙塞弗还是突尼斯人的反法偶像,布尔吉巴和本·优素福还是会甘冒风险批评这场运动,更别
110 说试图将其挤到一边。他们公开表现出对被废黜的统治者的尊重,却又尽力避免承认他的权力。在此情况下,他们和新宪政党的其他高层很高兴能有机会与一群观点不同的反法杰出人士在 1945 年 2 月合作制订了一份“突尼斯阵线宣言”。

新宪政党的重生

宣言中建立自治政府的核心要求与马斯特在同月提出的安慰性改革计划相差甚远,注定了这个在将近十年内为民族主义者提出的第一个提案的失败。只有突尼斯共产党赞同这个计划,认为法国和其附属国只有团结一致才能在战后世界保护双方不受英美控制,这种看法与新宪政党人的效忠观念截然不同。将民族主义运动置于东西方竞争的背景下,造成了共产主义者和新宪政党人之间的裂痕,这个裂痕在殖民时代结束后很久依然存在。布尔吉巴利用他当政治记者时的手段,谴责共产主义者引进的思想意识不符合突尼斯的传统价值观,试图削弱

---

① Annie Rey-Goldzeiguer, “L’Opinion publique tunisienne, 1940 - 1944,”同前引, p. 155。

② Hassine-Raouf Hamza, “Le Néo-Destour, dès lendemains d’avril 1938 à la veille de l’indépendance: hégémonie et institutionalisation,”同前引, p. 212。

突尼斯共产党的影响力。

用无关紧要的让步来安抚民族主义者的尝试,这使布尔吉巴确信,只有将突尼斯的反对与法国的国际压力相结合,才能形成有利于结束法国统治的政治气候。1945 年 3 月他动身赴埃及去寻求新近成立的阿拉伯国家联盟的帮助。在开罗,他与塞缪尔、斯利姆以及其他政治避难者组建了新宪政党情报局。1947 年,突尼斯人与阿尔及利亚和摩洛哥的民族主义者联合建立了阿拉伯马格里布办事处并加入了北非解放委员会,该委员会于 1948 年创建,由刚刚从法国羁押中脱逃的摩洛哥抵抗组织领导人阿布德·克里姆(ʿAbd al-Krim)任主席。然而,尽管有这些组织的努力,阿拉伯国家联盟的成员们却没有提供什么帮助,埃及和伊拉克等有影响力的国家与英国交恶,他们认为最好不要同时招惹法国。然而,更为重要的是,与中东密切相关的问题,特别是巴勒斯坦问题,使北非问题降到了次要位置。于是,布尔吉巴将他的公关活动从阿拉伯世界转移到了欧洲和北美地区。

在突尼斯,法国不愿意推行有意义的改革引起了愤怒和敌意。除了 111
保护领地日益加剧的紧张局势之外,阿尔及利亚民族主义者与塞蒂夫省移殖民在第二次世界大战欧洲胜利日发生的恶意冲突也冲击到了所有法属北非地区。几个月后,为了打击民族主义者的热情,法国政府将蒙塞弗转移到法国,同时短暂拘留了已经从布尔吉巴手中接任新宪政党领导权的本·优素福。拉开蒙塞弗和他的党徒之间的距离不但没有消除他的影响,反而强化了他作为一个殉道者的形象。反对法国的各派代表于 1946 年 8 月召开会议,明确反对突尼斯加入新成立的法兰西联邦,并且宣布支持被流放的贝伊立即复位并承认完全不受限制的独立。本·优素福不仅表示新宪政党支持这个计划,同时他代表该党发表了有力的讲话。新总督的任命显示出总书记与蒙塞弗主义对手的联合只是一个策略性行动而不是真心团结,总督的社会主义背景暗示法国放松了控制。

让·蒙斯(Jean Mons)(1947－1950)上任后不久就会见了来自民族主义各个派系的杰出人物,了解他们对"共同主权"政体的看法:实行突尼斯总理(在秘书长的长期监督下)主持下由突尼斯和法国部长共同组成的混合内阁,其中突尼斯部长的人数要超过从前。与总督的商讨暴露了不同党派之间的重大差异。1944 年在塔阿比死后再次领导宪政党的萨拉赫·费尔哈特(Salah Farhat)拒绝了蒙斯的计划,认为它与上个夏天发表的要求相去甚远。但另一方面,本·优素福表示对此更有兴趣,尽管也是为独立而努力,但他还是希望分阶段进行而且不同意蒙塞弗复位。

尽管根据这个提议,法国的控制肯定会继续,但是 13 万法国定居者、商人和官员中仍有许多人指责该提议会危及他们的利益。由于突尼斯法国联盟(Rassemblement Français de Tunisie)右翼在 1946 年建立法兰西第四共和国的宪法全民公决中赢得了 60%的选票,并在大议会 54 个席位中获得了 35 席,因此蒙斯不能无视其坚持法国人(不到突尼斯人口的 4%)绝不会服从突尼斯大多数人的主张。突尼斯法国联盟创始人——安托万·科洛纳(Antoine Colonna),用尖刻的语言指出
112 法国人对北非的感情与穆斯林对伊比利亚半岛的依恋何其相似,他提出要像格林纳达最后一任穆斯林国王阿布·阿卜杜拉(Abu ^{c}Abdallah)结束统治一样结束自己的任期,就像一个妇人为她不能像男人一样抵抗而哭泣,[①]并以此表达了对总督的蔑视。

对与法国合作持开放态度的律师穆斯塔法·卡克(Mustafa Kaak)被任命为总理,宪政党和新宪政党都被排除在内阁之外,这样的改革很不得人心。在民族主义者看来,这还远远不够;而对于占优势的一方来说,许诺让突尼斯人在保护领地的管理中有发言权虽然基本毫无意义,但足以为日后成立自治政府打开方便之门。当新近成立的突尼斯工人总联盟(UGTT) 在 1947 年 8 月发起全国总罢工,而斯法克斯的警察向参加罢工的工人们开火,致使 29 人死亡、150 人受伤后,卡克原本微弱的支持进一步丧失。

① Selwa Zangar, "La Tunisie et l'Union Française: Position nationaliste et positions coloniales, 1946 – 1951," *Revue d'Histoire Maghrébine*, 67 – 68 (1992), pp. 313 – 314.

1925 年,由于突尼斯工人总联合会的突然消亡以及 1936 年复兴努力的失败,突尼斯劳工组织落入了法国劳工总联合会(CGT)及其在突尼斯的附属机构——突尼斯省工会联盟(UDST)之手。出于对控制了这两个联盟的共产主义者的厌恶,在斯法克斯的突尼斯省工会联盟的资深活动家费尔哈特・哈奇德(Farhat Hached)于 1946 年成立了突尼斯工人总联盟。他和 1.2 万名追随他加入了新联盟的大部分工人被称为民族主义者。的确,一些有权势的劳工领袖,比如接任哈奇德成为斯法克斯地方领导人的哈比卜・阿舒尔(Habib ᶜAchour),已经在新宪政党内享有了一定的地位。尽管如此,突尼斯工人总联盟基于自己的信仰,即突尼斯工人的社会和经济解放有赖于突尼斯政府从殖民主义统治下获得解放,逐步形成了独特的身份。联盟赞同本・优素福重建新宪政党的努力,并鼓励其成员入党,这是其首次为新宪政党提供了一批重要的劳工支持者。但是因为新宪政党仍然前途未明,再加上民族主义运动严重受挫,1947 年大无畏的总罢工把突尼斯工人总联盟推到了反对法国统治的先驱地位。

然而,突尼斯工人总联盟并没有垄断突尼斯劳工组织。在它成立几个月后,突尼斯省工会联盟脱离法国劳工总联合会,成立了突尼斯工人工会联盟(USTT),作为突尼斯工人总联盟的替代,以阶级斗争为核心的意识形态,为工人提供了一个共产主义的法国-突尼斯联盟。两个联盟在争取突尼斯工人的忠诚时产生了类似于突尼斯共产党与新宪政党之间的敌对。哈奇德与他在突尼斯工人工会联盟的竞争对手们也在 113
全球劳工运动中争夺合法地位。世界劳工联合会(WFTU),一个有影响力的联盟组织,拒绝了突尼斯工人总联盟要求加入的申请,认为它只允许突尼斯人加入是种族主义行为——这个评价反映出世界劳工组织对突尼斯的殖民主义环境缺乏认识,哈奇德对此予以强烈驳斥。然而另一方面,突尼斯工人工会联盟刚成立几周就获准加入了该组织。哈奇德虽然对世界劳工联合会的共产主义倾向有所顾虑,但也只能先放在一边,因为他相信国际承认以及通过加入联合会建立的关系对突尼斯工人总联盟至关重要。

劳工领袖费尔哈特·哈奇德和穆罕默德·阿里。20 世纪 20 年代由穆罕默德·阿里建立的短暂的突尼斯工人总联合会的政治议程为哈奇德组织突尼斯工人总联盟提供了范例，第二次世界大战后他将这个联盟与新宪政党紧密联系起来。

由于世界劳工联合会对共产主义组织的偏爱，它提议要么突尼斯工人总联盟附属于突尼斯工人工会联盟，要么通过合并与后者融为一体。哈奇德和他的同事们把这种结果看成是“共同主权”主题的变体，
114 无论在劳工阵线还是政治战线上他们都不会支持。斯法克斯惨案后，突尼斯工人工会联盟谴责突尼斯工人总联盟的决策者将全体工人置于政府手中。同年晚些时候，哈奇德与突尼斯工人工会联盟断绝了联系，直到世界劳工联合会同意突尼斯工人总联盟加入。这件事发生在 1949 年，但即使在那时哈奇德也拒绝尝试把两个组织联合起来。他们之间思想意识差距太大，突尼斯工人总联盟根本无法按照突尼斯工人工会联盟的意愿接受任何国家的成员入会，因为这样会导致法国人在组织中占多数。不管怎样，突尼斯工人总联盟相对于对手的人数优势否定了其妥协的需要，突尼斯工人总联盟更急于培养民族意识而非阶级意识，通过增加代表带薪工人、教师、官员以及其他第三产业部门雇

员的协会扩大了队伍。十年之后,突尼斯工人总联盟的人数已经增加到将近5万人,而突尼斯工人工会联盟的人数仍然维持原状。1950年,突尼斯工人总联盟退出世界劳工联合会转而加入了新成立的国际自由工会联合会(ICFTU),它的反共产主义特点以及盎格鲁-萨克森式的领导作风更符合哈奇德的心意。

总督蒙斯也想瓦解突尼斯工人总联盟。针对1947年的总罢工,他清除了国家各委员会中的工会代表,从而极大地削弱了突尼斯工人总联盟对涉及其成员福利的决定的影响力。阿明贝伊断然拒绝了蒙斯解散这个联盟的要求,与之相反,他表达了对受害者的慰问并且捐助巨款为他们提供资金支持。他还正式接见了突尼斯工人总联盟的代表团,普通突尼斯人的困苦给他留下了深刻的印象,他们经历了战后的通货膨胀,由于严重的干旱造成全国食品短缺,有些重灾区甚至出现了饥荒,法国(和突尼斯)法郎的贬值大大削弱了他们的购买力。① 虽然有段时间本·优素福和其他一些与王室有联系的新宪政党人试图把阿明拉入他们的阵营,但贝伊并没有表现出任何反对保护领地当局的意思。受斯法克斯暴乱的影响,他对这些人的愤怒以及对臣民的同情似乎是真诚地表达了他的信念,而不是为了改善他在那些认为他的登基是篡位的突尼斯人心目中的形象而精心策划的行为。

即使在战后的政治和社会动荡中,艺术仍然通过提高突尼斯的身份继续支持着民族主义事业。在战争期间,舞台曾一度黯淡,直到1945年在突尼斯市议会对突尼斯戏剧国防委员会的重新赞助下才重焕光彩。
它的宏伟计划包括资助把以突尼斯为背景的外国戏剧翻译成阿拉伯语, 115

---

① Mustapha Kraiem, "Les Evénements du 5 août 1947 à Sfax," *Revue d'Histoire Maghrébine*, 9 (1977), p.319, 引用政府数据,根据1940年商品零售价格指数为100,从1945年的512增长到了1947年的1 280。Lazhar Gharbi, "La Politique financière de la France en Tunisie au lendemain de la Deuxième Guerre: contraintes mondiales et exigences nationalistes" in *La Tunisie de l'après-guerre (1945－1950)* (Tunis: Faculté des Sciences Humaines et Sociales, 1991), pp. 29－31, 讨论了1945年12月法郎贬值30%所造成的影响。次年,保护领地官员驳回了大议会把突尼斯法郎与法国货币分离的尝试,认为这纯粹是政治意图。

改编关于突尼斯在阿拉伯时期的欧洲小说,上演根据突尼斯历史创作的戏剧以及建立一所戏剧艺术学院(该学院于1951年开始招生)。无线电广播为传播戏剧作品以及其他形式的娱乐节目和新闻提供了一种新的媒介。私营电台开始于20世纪30年代中期,政府开办的突尼斯广播电台于1939年开始广播,但是在战争期间全都关闭了。当突尼斯广播电台在1948年获得广播垄断权时,45%的节目都是用阿拉伯语播出。

战后新一代突尼斯画家效仿已经成名的艺术家,强调突尼斯的传统生活和价值观。尽管有时候在他们的风格和技巧之间存在明显的差异,但是他们想要培养真正的突尼斯艺术特色(尊重国家象征符号并用现代方式表现它们)的愿望将他们聚集在一起,并于1948年成立了"突尼斯画派"。几乎所有的追随者当时都是20来岁,在未来的几十年里他们将对突尼斯艺术产生巨大的影响。

1948年9月蒙塞弗贝伊的去世改变了保护领地的政治均势。由于失去了存在的理由,蒙塞弗主义联盟瓦解了。本·优素福一直在努力安排新宪政党以利用这个时机,因此一旦时机出现,没有一个竞争对手可以阻止它恢复对民族主义运动的控制。他给阿明的建议逐渐发展为国王与新宪政党之间的和谐关系,这提高了该党的地位。在另一社会经济领域的目标上,新宪政党与突尼斯工人总联盟不断发展的关系给了它接触突尼斯平民的机会,但是该党长期以来的非法性使大型公共集会仍然无法实行。尤其在向蒙斯表示愿意参与政府改革之后,党的领导人也避免给法国政府找麻烦。在1948年有可能会不稳定的两个场合——1938年4月9日的十周年纪念日以及蒙塞弗的去世——本·优素福和他的副手们劝阻了追随者向治安部队挑衅。

从加入新宪政党开始,本·优素福就坚决主张它应该代表全体突尼斯人。在他的指导下,党的扩张深入到萨赫勒及突尼斯传统根据地以外的全国其他地方,到1950年成员增加到了21万人,共260个小组。[①] 在布尔吉巴离开以后,总书记欢迎许多公务员和中产阶级资本

① Hamza, "Le Néo-Destour," p. 212.

家加入新宪政党，这些人看出如果与近期遭受了打击的法国保持距离，116
如果能考虑在他们的威信和权力将会下降的保护领地寻求改变，这将对他们大为有利。当该党在1948年摆脱被动沉寂后，它新吸纳了大量的政府雇员——从职员、学校教师到卡伊德和哈利法——以及企业家，这是两个曾经为它的领导人所不屑的群体。有些新成员甚至是大议会议员，在战前大议会代表几乎很少与新宪政党意见一致。这些新成员的教育和财政资源帮助他们在党内获得了有影响力的职位，在20世纪40年代晚期，42%的(各级)领导还在担任政府工作，而在战前只有6%。[①]

萨拉赫·本·优素福是杰尔巴岛本地人，那里的人习惯上会迁往市中心从事零售贸易，本·优素福与新获得新宪政党重要地位的商人们也是交往自如。1948年，他让新宪政党与突尼斯工人总联盟一起参与创建了一个商业联合会——突尼斯手工业者与商人联合会(UTAC)。这个联合会反映了新宪政党的支持来源在实业界的转变。许多长期在党的商人反对用“商业”(commerce)即“交易”这个词，而更倾向于采用对他们大多数人来说更准确的词“小商人”(petits commerçants)即“零售商”。正如他们所担心的那样，更富有更有权势的企业家控制了突尼斯手工业与商业联盟，他们在新宪政党重新站起来时给予的财政支持削弱了小商人在党内的影响。

战前，新宪政党鼓励宰敦清真寺大学努力更新课程——这在20世纪30年代的大部分时间里是一个经常被提出却多半劳而无功的问题——的做法得到了许多学生和进步教师的赞同。本·优素福曾是宰敦熟知的人物，他促进了学校的政治化，加强了新宪政党与学生组织的联系，其中一些学生组织还参加过1938年4月的游行示威活动。[②] 但是随着后来新宪政党的衰落，宰敦的积极分子就只能依靠自己。当清

① Hamza, “Le Néo-Destour,” p. 213.

② 对20世纪30年代宰敦的政治活动的记述，请见“Le Mouvement zeitounien,” pp. 272－284和 Mokhtar Ayachi, “Le Néo-Destour et les étudiants zeytouniens: de l'alliance à l'affrontement,” in *La Tunisie de l'après-guerre*, pp. 232－236。

真寺大学的政治活动在解放后重新恢复时,教区事务再次与国家问题混在一起,1944 年的一次教师代表大会就将改革的要求和蒙塞弗贝伊复位的要求合并在一起。

本·优素福认为恢复该党与宰敦的联合很重要,但是布尔吉巴倾向于把重点更多地放在党的世俗事务上。虽然新宪政党年轻的激进分子艾哈迈德·本·萨拉赫(Ahmad ben Salah)为游说清真寺大学的改良而在 1944 年创办了宰敦-萨迪吉学生联合委员会,但是蒙塞
117 弗主义仍然主导着战后的宰敦激进主义。同时,就像吸引其他蒙塞弗主义者一样,泛阿拉伯主义和泛伊斯兰主义也吸引了清真寺大学的许多师生。阿拉伯国家联盟的成立、巴勒斯坦的危机以及巴基斯坦建立伊斯兰国家都以一种强烈的阿拉伯和伊斯兰认同感对突尼斯人产生了影响。尽管如此,蒙塞弗去世后不久两件事情就变得清晰起来:巴勒斯坦成了阿拉伯国家联盟关注的焦点,尽管联盟在开罗也处理有关移民的工作,但它从未认真解决北非的殖民主义问题;新宪政党是保护领地唯一可望成功的突尼斯政治组织。宰敦的活跃分子积极响应本·优素福发出的与新宪政党重建联系的呼吁,不久他们就在党内成立了以阿拉伯和伊斯兰为主导的派别,与占大多数且或多或少西方化的世俗民族主义者(多少有些西化)共存,但有时关系并不融洽。

作为重建新宪政党以及与重要的社会经济力量建立(或重建)联系的总设计师、总书记本·优素福把新宪政党建设成保护领地与法国唯一有效的对话者。在这个过程中,他赢得了显著的个人威望和影响力,领导这个党走向他选定的方向。在蒙斯执政之初,他愿意采用渐进主义的方式来确定突尼斯的政治文化,如果说这就是服务政府的代价的话,那也是当时的环境催生的一种策略,因为他一贯喜欢直接且不受限制的独立,且在蒙塞弗去世后也是有力地贯彻了这种做法。本·优素福警告法国人剩下的时间不多了,保护国必须用行动表明其负有结束保护领地的义务,充满活力且不可战胜的新宪政党不会再容忍不真诚的声明、无关紧要的妥协以及其他拖延的伎俩。

落下帷幕

但是,在某种意义上,时间对于本·优素福来说也所剩无几。哈比卜·布尔吉巴从未放弃新宪政党主席的职位。从开罗到稍后发生在突尼斯的事件,并非所有事情都是符合他的意愿。他质疑本·优素福的一些决定,怀疑他的这个副手把自己支持的一些团体拉进新宪政党是否明智。布尔吉巴还担心总书记会引发与法国摊牌,而这很可能会失控。在更加个人的层面,他本人的长期缺席使他脱离了党内事务的日常管理,他被本·优素福日益增长的声望所激怒。保护领地当局得知了布尔吉巴的担忧,为了挑起党内纷争,蒙斯向布尔吉巴保证没什么能 118
阻止他返回突尼斯。

意识到他获取国际支持的尝试陷入了僵局,至少暂时如此时,布尔吉巴于 1949 年 9 月离开了埃及。他和本·优素福都明白总督的用意,因此尽量避免让他得益。布尔吉巴巡游全国,有时是在本·优素福的陪同下,所到之处保证都能吸引大量的民众。作为如此精明的政治家,他对保护领地的局势迅速做出了判断。他认可本·优素福在他离开期间招募的中产阶级分子给党内带来的资产,同时也含蓄地承认总书记在这件事上的先见之明。但是从个人层面,从战术上,以及从他们日渐分歧的总体定位(本·优素福趋向于阿拉伯和伊斯兰世界,布尔吉巴趋向于西方)上来看,两人的关系的确紧张,且相互提防。

1947 年改革的失败、次年蒙塞弗贝伊的去世以及在此之后新宪政党作为不可忽视的力量的出现,所有这些合在一起造成了保护领地不安定的政治气氛。如果突尼斯人已经充分表达的民族主义愿望仍得不到实现,1949 年联合国准予利比亚独立的决定一年后将很有可能成为导火索。就在年底之前,法国外交部长罗伯特·舒曼(Robert Schuman)承认急需制定一项符合突尼斯和法国双方需要的政策。他的声明促使阿明贝伊更加公开地与新宪政党合作。国王无疑希望像他的前任那样通过反对保护领地来获得声望,摩洛哥苏丹穆罕默德五世(Muhammad V)也是因为蔑视法国人而广受欢迎,阿明还试图不让自己受到民族主义领袖的排挤，这些人必定会率先参与任何谈判。1950 年 5 月，贝伊对自己的观点发表了最清晰的声明，而布尔吉巴在一个月前已设计了一个新宪政党的详细建议，这是尝试重新确定今后五年法突关系的一系列建议中的第一个。

这项计划强调让突尼斯人掌握有实际意义的权力——由贝伊任命突尼斯人的政府，废除民政检查员，举行市政选举，建立国民大会并授权它制定宪法并决定既尊重突尼斯主权又维护法国利益的法突关系的发展方针。布尔吉巴呼吁双方合作并强调新宪政党希望避免争端。突尼斯

> 119 因军事上太弱小而战略上太重要而不能没有大国的帮助，只要承认我们的需求的合法性，我们希望这个大国是法国，我们已经充分准备好在两国人民平等的基础上与之合作。[①]

但是他警告拒绝突尼斯人的合理期待可能会使冲突无法避免。这第一份自布尔吉巴重新执掌政党大权后关于新宪政党政策的正式声明清晰地表明，协商的目标是赢得独立。至于这个目标是立即实现还是逐步完成，以及如果是后者，需要多长时间，中间如何安排等仍然是在党内有争议的问题。

法国接受突尼斯人的建议为进一步讨论的基础，但是突尼斯法国联盟却立即予以了拒绝，他们坚持共同主权没有商量的余地，必须保持移殖民在国家治理中的影响力。既然从民族主义者的角度共同主权同样不可谈判，结果就是直接的对立。无论如何，突尼斯人只把法国政府当作合法的谈判对象，没有包括定居者——这种观点虽然合理，但是必然会使任何对话复杂化。由于没能领导改革走向成功，6 月蒙斯辞去了职务。舒曼（Schuman）对蒙斯的继任者路易·佩里埃（Louis

---

① Noureddine Sraieb, "Le Problème franco-tunisien est un problème de souveraineté. Traduction et présentation de la lettre de Bourguiba à la beyya," *Revue de l'Occident Musulman et de la Méditerranée*, 1 (1966), p. 206.

Périllier)(1951－1952)的任务做了清晰无误的说明:“领导突尼斯走向独立”。但是新总督刚到达突尼斯就变卦了,他宣布希望领导突尼斯“通过逐步修改制度走向内部自治”。①

面对来自右翼的压力——无论是保护领地的移殖民,还是法国国会议员和其他政治家,总督的含糊其辞使人对法国政府是否愿意坚持自己的方针产生了怀疑。新宪政党的领导人焦急地等待着佩里埃的第一步行动。令他们满意的是,穆罕默德·谢尼克当上了内阁总理,内阁中法国人和突尼斯人人数相当,包括萨拉赫·本·优素福(司法部长)和几个同情新宪政党的无党派人士。尽管突尼斯法国联盟怒声相斥,大议会中几乎全体法国成员辞职,还有一些民族主义团体指责他们相互勾结,内阁仍然在 1951 年 2 月公布了一项提案,70 年来首次构想了一个完全突尼斯化的内阁和 68 年来首次摆脱总书记控制的总理。新宪政党拒绝了此项计划,认为它提供的东西太少,而定居者则因提供得太多也不接受。

宪政党领导人指出,这个僵局证明,为了进入政府,情急之下,新宪 120
政党人要么是被法国人欺骗了,要么就是与他们串通阻挠了谈判。这些来自已经解散的前对手的批评对于新宪政党来说无关紧要,它更重视的是那些党内提出的批评。虽然一个左翼小团体抨击该党日益明显的中产阶级倾向及其与阿明贝伊的友好关系,但正是党内成员和同情者提出了潜在的最大问题,他们谴责与保护领地当局的合作是(与布尔吉巴的返回相联系的)背叛行为。布尔吉巴的支持者们通过散发一份名为《哈比卜·布尔吉巴:战斗的篇章》的阿谀奉承的小册子来迎接这种挑战,这个出版物将凡是质疑过他的领导者(无论他们过去有多重要)的全部资料,除了负面的,统统删去,只把布尔吉巴描述为新宪政党

① Charles-Robert Ageron, “La parti colonial face à la question tunisienne (1945－1951),” in *La Tunisie de l'après-guerre*, p. 199, 引用了舒曼对总督的命令以及佩里埃对自己的使命不太全面的描述。Charles-André Julien, *Et la Tunisie devint indépendante ... (1951－1957)* (Paris: Les Editions Jeune Afrique, 1985), p. 27, 指出舒曼说话未假思考,没有“考虑到它的影响”。

唯一合适的领袖、发言人及政策制定者。[①]

对这种粗制滥造的宣传无动于衷的诽谤者们用更有力的方法采取一致行动，其中有宰敦的学生，他们从谢尼克内阁一上台就发起抗议活动，常常出现数以千计的示威者。同过去一样，政治和教育问题总是混合在一起。1950 年，“宰敦学生之声”(Sawt al-Talib al-Zaituni)，一个从三年前成立时就得到新宪政党赞助的委员会，出版了一份《十六点章程》，旨在提高清真寺大学在保护领地的低等地位，并且用符合阿拉伯-伊斯兰精神的制度取代现存的学校体制，根据新制度将会聘用宰敦的毕业生。谢尼克政府原则上接受了这份章程，暂时平息了学生们的敌意，但由于它无力满足这些要求，学生们对于政府和新宪政党的挑衅仍在继续。

11 月，以宰敦学生为先锋的政府批评者认为谢尼克及其内阁，延伸出去还包括新宪政党人，要为昂菲达维尔镇(Enfidaville)发生的一起警察袭击抗议者的事件负责，该事件造成七人死亡，数十人受伤。“宰敦学生之声”要求新宪政党召开大会，清除那些在他们看来背叛了突尼斯人民的领导人。布尔吉巴和控制政治局的有西方思想倾向的现代主义者们鼓动党内青年团体在街道冲突中与“宰敦学生之声”的成员对阵，这一通常不会做出的轻率反应必然会火上浇油。新宪政党官员
121 鼓励学生们拒绝承认“宰敦学生之声”，成立一个独立组织，并立即将其置于监控之下。在接下来的三年中，新宪政党排斥清真寺大学里的反对派，同时将其支持者合并到宰敦全国学生委员会中。宰敦学生团体的分裂反映了党内以布尔吉巴为首的现代主义亲法阵营与更趋传统的成员之间的分歧。曾在政党重建中讨好后者的本·优素福在整个过程

---

① Khaled Ben Fredj Abid, “Le Conflit Bourguiba-Thameur en Egypte et ses incidences: vers une vision ‘jugurthienne’ de l’histoire bourguibienne, 1947－1950,” *Revue d’Histoire Maghrébine*, 102－103 (2001), pp. 247－248. 这本小册子把布尔吉巴与对外国统治坚持不懈的抵抗紧密联系起来，赞扬他是新一代的朱古达。朱古达是公元前 2 世纪领导柏柏尔人反抗罗马的领袖，同伴对他的背叛导致他在战争中失败——新的朱古达将绝不会容忍背信弃义。

中保持了低姿态,但这让他非常难堪。制服宰敦对手满足了新宪政党的眼前需要,但是对学生们造成影响的种种恶意必然在将来产生问题。

谢尼克政府在困难中继续前行,于 1951 年 10 月提出了一个改革修正案。与以往一样,这个提案的核心内容是成立一个对选举产生的议会负责的突尼斯人政府,但是让法国控制突尼斯国防和外交关系,并承认许多法国特殊利益的合法性。相比对待第一个政府提案的态度,新宪政党这次的反应更为谨慎,在某种程度上是为了不破坏在此期间它所获得的合法化,同时也是为了避免在国外树立一种不合作和怀疑主义的形象,因为它的领袖们又开始在国外寻求支持了。费尔哈特·哈奇德与世界劳工组织的决裂曾使其在非共产主义工会运动中大受欢迎。1951 年他应美国劳工联合会之邀访问美国,布尔吉巴陪同前往。美国劳工联合会为他们提供了一个平台,让美国公众熟悉殖民社会中工会主义与民族主义的关系。两人均强调了他们领导的运动的温和性、他们的反共产主义思想及与法国谈判的意愿。

突尼斯法国联盟痛斥谢尼克提出这个计划,同时也责备佩里埃允许他这么做。移殖民拒绝服从总督权威,他们直接求助于法国政府中的同情者,坚持无条件地拒绝任何不包括共同主权观念的安排。他们的态度是保护领地 70 年殖民主义的结果,而布尔吉巴和哈奇德突访美国的时机加剧了移殖民的反感并帮助了他们在巴黎的目标。自从第二次世界大战结束,美国商人就发现了突尼斯,美国公司在勘探保护领地石油的北非石油公司持有多数股权,美国外交官对农业、灌溉工程、小工厂和旅游业的投资收益率大加称颂。法国的定居者,还有他们在地中海对岸的许多同胞,都怀疑美国在北非的商业意图,并且瞧不起促进 122
两国关系的突尼斯人。

法国政府 12 月对谢尼克的提案做出了反应,这反映了突尼斯法国联盟活动的成效。它确认定居者参与完成保护领地的任务,尤其是参与发展经济,很难想象他们被排除在突尼斯政治制度之外。用这一原则作为未来讨论的基础,巴黎抛弃了内部自治的观念,更不用说独立了——召回明显是为领导突尼斯独立而派去的总督强化了这一倒退。代替佩里埃的是外交部官员让·德·欧特克罗格(Jean de Hautecloque)(1952—1953),此人以其与法国政界保守派的联系而非外交技巧著称。[①] 怒火席卷了突尼斯,宪政党、突尼斯工人工会联盟、新宪政党和突尼斯工人总联盟很少表现出如此一致的愤怒,他们一起进行了为期三天的总罢工。布尔吉巴和谢尼克都断定进一步谈判已是徒劳,新年伊始,他们都改变了自己的路线。布尔吉巴重复他在1937年坚定新宪政党的态度时所讲的话,要求他的追随者准备"大规模的战斗,起义将要发生,鲜血将会流淌"。[②] 他警告说,法国将有可能失去一切。谢尼克采取布尔吉巴曾一直向他大力推荐的策略表达了他的失望,他派两名部长,萨拉赫·本·优素福和穆罕默德·巴德拉(Muhammed Badra),前往巴黎向联合国控诉法国违反了与突尼斯的条约。

欧特克罗格不失时机地做了他该做的事情,但是在这个过程中他使保护领地陷入了混乱。大多数新宪政党领导人的被捕激起了骚乱,数十名参与者、警察和士兵丧生。为了镇压邦角地区异常激烈的抵抗活动(许多当地居民都持有十年前德国军队撤退时遗弃的武器),外籍军团的士兵进行了全面的搜索和残酷的摧毁行动来铲除民族主义者。他们杀死并俘获了一些激进分子,但也造成了许多无辜者的伤亡和大量房屋、土地和其他财产的毁坏。这次扫荡坚定了全国反对法国人的决心。

自从欧特克罗格上台,他一直向贝伊施压,要求罢免谢尼克。73岁的阿明一直是敢于坚持立场的,但是谢尼克和内阁中除一名突尼斯人外的全体成员,以及数千名新宪政党人和突尼斯工人总联盟成员的

① 欧特克罗格是加布里埃尔·皮奥的被保护人,他在叙利亚委任统治地当秘书长的时候曾为其效劳,当时皮奥是高级专员。20世纪20年代皮奥被任命为突尼斯保护领地的秘书长赴大马士革走马上任,在此期间他鼓励总督塞恩特对纳赛尔贝伊和宪政党采取强硬路线。战后,皮奥在法国右翼团体中享有相当大的影响。1951年,他的儿子弗朗索瓦主管外交部监管所有保护领地的办公室。在政府高层,"殖民党"由紧密联系的一群"圈内人"组成。

② Julien, *Et la Tunisie*, p. 47.

123

苏斯,烈士广场。这尊雕塑是为了纪念1952年1月在抗议法国拒绝给予突尼斯自治权的游行中被杀害的9名示威者。

被捕让他感到恐惧,而近来摩洛哥总督虐待苏丹穆罕默德五世的消息也让他感到害怕。没有理由认为欧特克罗格不会这么做,再加上与潜在支持者的隔离,贝伊屈服了,3月他任命了另一位古稀老人,前伊斯兰教法官萨拉赫丁·巴库什(Salaheddin Baccouche)为总理,相信他会听从欧特克罗格的命令。对自己、家人和王朝的担心使这位年老的统治者别无选择,但是他的崩溃激怒了新宪政党的一些领袖。具有讽刺意味的是,为了努力增加政府的信誉,巴库什任命了新宪政党政治局成员赫迪·努伊阿(Hedi Nouira)(令人惊讶的是,他仍有自由)进入内阁,努伊阿拒绝接受部长职务,他也被送进了监狱。

当新宪政党的重要领导人物或被拘禁或逃往国外(本·优素福和巴德拉先法国警方一步离开巴黎逃往开罗),中层干部们只能依靠经过证明的生存方法管理党务,然而1952年大逮捕之后费尔哈特·哈奇德成了民族主义运动的实际领导人。在法国镇压的严峻考验下,党和工会之间原本已经众多的联系(反映在支持者的大量重叠上)逐渐发展成两者几乎完全趋同,成为一个社会和经济议程服从于政治行动的联盟。 124

突尼斯工人总联盟组织者的人际关系和手段使他们轻易就动员了5.6万名成员参加反法游行示威，这使得新宪政党的声音继续响彻大街小巷。尽管他的追随者们蔑视法国人，但哈奇德鲜明的国际立场使他免受了官方惩罚。他在阿明贝伊召集的具有广泛代表性的委员会中强烈主张，从民族主义的立场出发评价欧特克罗格的政府改革。然而，委员会对这个计划的坚决拒绝并没有阻止总督威逼贝伊批准某些条款，其中包括根据突尼斯和法国代表各占50%的席位划分进行市议会选举，这是新宪政党人所痛恨的方案，该党对投票的成功抵制使这一举措变得毫无意义。

当委员会在9月解散时，哈奇德对政局做出了严峻的判断，认为"当所有的谈判变得不可能时，人们就只能拿起武器。"[①]之后不到两个月，他就被一个名为"红手"的移殖民的恐怖组织暗杀了，这个组织并没有把他的国际联系看作是他的护身符，相反倒激发了对他的伤害。无论欧特克罗格在这场谋杀中获得了多少满足感（突尼斯工人总联盟、新宪政党甚至总督的一些同事都认为他是同谋），当许多突尼斯人依照哈奇德对形势的估计采取行动时，他的快意迅速消失了。经常由失业工人组成的穆斯林游击队（字面意思为强盗）在突尼斯工人总联盟有经验者的带领下开始出没于突尼斯南部和西部。他们袭击法国农场和警察局，破坏交通线，这不仅是出于政治信仰，也是受贫穷和挫折的驱使，但是他们这支力量太有价值而不会在民族主义范围外停留太久。他们在法国移民中播撒的恐惧加剧了局势的紧张，从而引来了军队、警察和"红手"组织的报复。欧特克罗格的手段不仅显示出镇压的作用有限，而且也有遭受国际责难的风险。联合国亚非国家集团提议由联合国来推进法国与突尼斯的谈判，但是法国坚决反对将其一再坚持的内部事务国际化，但其铁腕政策能够经受外界多久的监督还有待观察。

---

① Abdesslem Ben Hamida, "Le Rôle du syndicalisme tunisien dans le mouvement de libération nationale (1946－1956)," *Cahiers de Tunisie*, 29: 117－118 (1981), p. 242.

在突尼斯人的嘲讽和定居者的惊恐中,欧特克罗格于 1953 年秋天离任了。他强制命令的明显失败迫使法国重开谈判,但是欧特克罗格的继任者皮埃尔·瓦扎尔(Pierre Voizard)(1953－1954)却想把新宪 125
政党排除在这个进程之外。瓦扎尔通过向贝伊表示欧特克罗格从未给予过的尊重获得了他的信任,贝伊向总督推荐穆罕默德·萨拉赫·姆扎利(Muhammad Salah Mzali)来帮助他“解决整个事情”[①]。姆扎利是一名律师,也是几届政府(包括谢尼克政府)中的资深人士,他与宫廷集团关系密切却与民众鲜有交流。姆扎利与瓦扎尔起草了一份改革计划,阿明表示同意并在 1954 年 3 月任命姆扎利为总理。尽管这个计划加强了总理的权力,它还是包括了一个让法国在预算审议中有平等代表权的国民大会,并支持定居者参加市议会。它对共同主权的保留必然招致突尼斯人的反对,当瓦扎尔把布尔吉巴送入法国监狱,像他早先远离政界一样使他远离这个国家后,这种反对愈演愈烈。最终,这个计划被证明不但太少,而且太迟,最重要的是,与民族主义者的要求太不同步。

仅仅当政三个月,姆扎利就辞职了,改革夭折,国家也陷入了混乱。为了证明法国不会使手段让他们不受惩罚,新宪政党和突尼斯工人总联盟通过加强与穆斯林游击队的联系来回应瓦扎尔的排斥策略。党和工会的人通常是在利比亚帮助他们训练,他们在那里获得了现代武器。到 1954 年中期,他们已有几千人,并且从乡下土匪发展成了本领高强的游击队,号称是民族主义者领导下争取解放的爱国军队,而事实上他们极少被民族主义者真正控制。穆斯林游击队的行动牵制了好几万法国军队,他们威胁将突尼斯变成另一个印度支那。由于确信僵局的持续必然导致无法承受的风险,法国总理皮埃尔·孟戴斯-弗朗斯(Pierre Mendès-France)决定采取之前无法接受的步骤作为突破。一位最近会见过新宪政党领导人的心腹让孟戴斯-弗朗斯确信“政策可以针对布尔吉巴……也可以与布尔吉巴一起制定……但没有布尔吉巴是

① Julien, *Et la Tunisie*, p. 124.

不可思议的，”[1]于是他悄悄地与布尔吉巴开始会谈。

孟戴斯-弗朗斯和他选择的总督，皮埃尔·布瓦耶·德拉图尔(Pierre Boyer de la Tour)(1954－1955)，在7月与阿明的会见中大张旗鼓地告知，法国现在承认突尼斯的内部自治。他们鼓励这位统治者任命一个能反映突尼斯一系列政治观点的政府来实行过渡，并希望——无论实现的可能性有多小，把新宪政党之外的人包括进来会最大限度减少定居者的敌对反应。总理塔希尔·本·阿马尔(Tahar ben ^{c}Ammar)近一半的内阁成员都是新宪政党人，他挑选出来推敲新安排
126 的具体条款的三个代表中有两人也是新宪政党人。然而，作为开始进程的必要条件，法国要求遏制穆斯林游击队。通过“秘密渠道”与布尔吉巴的联络促进了一种空前的合作，表现在新宪政党、突尼斯政府以及法国民政和军事当局共同制定了一个解除游击队武装并赦免他们的计划。新宪政党和突尼斯工人总联盟动用了他们的全部影响力，说服穆斯林游击队员在12月初几乎无一例外地按照规定程序交出了武器。

官方磋商进展很慢，而且不无反对之声。当移殖民确切地认识到谈判的成功落幕将意味着他们生活方式的终结，他们继续不断攻击所有支持谈判的人，无论是突尼斯人还是法国人。更糟糕的是，并不是所有的新宪政党领导人都赞成此次对话，这使布尔吉巴和本·优素福之间即将爆发的宿怨成了关注的焦点。本·优素福经常攻击布尔吉巴和他在政治局的拥护者想要商讨一份并不能提供完全独立的协议，但是两人不同的世界观所造成的紧张关系远远超出了战术上的分歧。本·优素福越来越被吸引到泛阿拉伯阵营，而此时他的对手正在为维持突尼斯和法国之间强大的(如果真能改变)关系奠定基础。当谈判即将陷入困境，法国新总理埃德加·富尔(Edgar Faure)恳请布尔吉巴积极参与时，布尔吉巴在谈判中的作用从幕后转到了台前。

1955年4月下旬就内部自治协定的条款达成了协议。根据相关

---

① Jean-François Martin, *La Tunisie de Ferry à Bourguiba* (Paris: Editions L'Harmattan, 1993), p. 163.

条款,法国保留对突尼斯外交和国防的控制权(依照《巴尔杜条约》),但是废除了《马尔萨条约》中被历任总督解释为授权他们统治整个突尼斯的条款。协议允许在突尼斯的法国人保留他们的宗主国公民身份,保证他们的财产权以及从事文化、宗教、经济、职业和社会活动的权利,同时在5年之内他们可以得到他们自己的法院的必要帮助。另一方面,除了在市级议会,他们丧失了其他的政治权利,市级法国代表权的人口统计方式确保他们能在拥有大量移殖民的城市获得多达七分之三的席位。协定的其他方面保证双方继续密切经济联系,这是为两年后将治安权从法国人手里移交给突尼斯人做安排,同时给予了法语特权地位,特别是在教育领域。5月,1.5万—2万名定居者在突尼斯市游行示威 127

1955年6月1日,哈比卜·布尔吉巴返回突尼斯市。随着布尔吉巴从监狱被释放并与法国政府成功谈判签订了准予突尼斯内部自治的协议,他在突尼斯市受到了热烈欢迎。

反对这个协议,但是到了 7 月他们希望法国议会驳回它的愿望破灭了。[①] 在这之后,大多数人将注意力转向抢救他们的财产,然而一些不愿意接受突尼斯法国联盟失败的死硬分子加入了"法国的存在"(Presence Française)组织,这是一个决心采取一切必要手段永远维持法国统治的更加激进的准军事化组织。

128 夏末,本·阿马尔成立了一个新宪政党人占大多数的政府,但是 6 月份回来受到热烈欢迎的布尔吉巴拒绝了一个部长职务,相反,他开始为协议寻求支持,强调内部自治仅仅是走向独立的一种过渡状态,而不是最终结果——尽管这是孟戴斯-弗朗斯的观点。[②] 布尔吉巴解释他之所以接受这个不完整的安排是因为法国在印度支那的战败、阿尔及利亚革命的爆发以及反对非殖民地化的力量使法国不能在谈判中做出更大让步。政治上的现实主义要求采取循序渐进的方法,接受提议并以此为基础,在更好的情况出现时确保得到更为有利的协议。本·优素福 9 月重新进入突尼斯,同样也受到了热情欢迎,随即他对他所称的"倒退"[③]发起了攻击。起初,布尔吉巴和本·优素福有时还会一起出现,但是他们在个人、政治以及思想上的差异使他们无法和解。10 月,政治局罢免了党的总书记。

这一次免职强化了本·优素福的阵营,对他的支持主要来自失望的新宪政党人以及战后在他的帮助建立的几个民族主义组织。虽然继哈奇德之后领导突尼斯工人总联盟的艾哈迈德·本·萨拉赫(Ahmad ben Salah)把大部分强有力的人员留在了布尔吉巴主义阵营,但是突

---

① 有关保护领地最后几年中右翼定居者态度的调查,参看 Amira Aleya Shgaier, "Les Groupements politiques français de droite en Tunisie et la décolonisation, 1954 — 1956)," in *Actes du IXe colloque international sur processus et enjeux de la décolonisation en Tunisie* (*1952 — 1956*) (Tunis: Institut Supérieur d'Histoire du Mouvement National, 1999), pp. 205 — 236。2 万名游行示威者的插图见该书第 226 页。

② 关于孟戴斯-弗朗斯以及自治谈判,参看 Mohammed Lotfi Chaibi, "Les Enjeux d'une décolonisation négociée: l'exemple tunisien (1954 — 1956)," *Revue de l'Institut des Belles Lettres Arabes*, 186 (2000), pp. 191 — 211。

③ Clement Henry Moore, *Tunisia Since Independence. The Dynamics of One-Party Government* (Berkeley: University of California Press, 1965), p. 62.

尼斯手工业者与商人联合会以及突尼斯农民总联盟(UGAT)的许多成员被吸引到了优素福主义队伍。同样受到吸引的还有宰敦的学生们和宪政党的残余,这是另外两个与新宪政党有仇要报的团体。本·优素福猛烈抨击上述协定、经济(在新宪政党国民经济部长穆罕默德·马斯穆迪[Muhammad Masmoudi]的领导下摇摇欲坠)和整个本·阿马尔政府(不能满足许多突尼斯人天真的高期望)。遇到让人想起1937年阿布德·阿齐兹·塔阿比露面的情形时,新宪政党的激进分子们就打断本·优素福的讲演,并对其同情者大打出手。布尔吉巴对自由主义价值观的信奉还没有达到容忍反对意见的程度。

1955年11月,在一次党的代表大会上这种对抗达到了高潮。本·优素福试图阻止大会召开或者组织一次联合抵制,但是都失败了。有了布尔吉巴和他的拥护者的精心安排,会议代表们对协议表示赞同。与此同时,从1952年初党的最后一次全体大会以来,政治局的其他所有决定也都得到了支持,大会还通过了突尼斯工人总联盟的一份社会经济进程的革新规划报告,这份报告含蓄地否定了优素福想把党的重心放在阿拉伯问题上的倾向。尽管遭遇挫折,本·优素福和他的追随者们继续坚持着,他们有2万人走上突尼斯市的街头抗议这次大会。[①] 129
有些人组织了反对派小组,还有些人诉诸暴力来反对主流的新宪政党,并进而发展到穆斯林游击队小组的再次出现。随着国家走向内战的边缘,本·优素福于1月逃往开罗,直到1961年他被一位不知名的攻击者暗杀,他还一直在痛斥他的前战友。

1955年当法突谈判接近尾声时,法国开始与摩洛哥进行谈判,由此产生了一个民族主义政府并且复位了两年前被罢黜的亲民族主义的苏丹穆罕默德五世。眼看摩洛哥的独立是不可避免了,法国急于把资源从摩洛哥转移到阿尔及利亚(那里的叛乱它是必须镇压的),3月初法国结束了对摩洛哥的保护统治。布尔吉巴不失时机地要求突尼斯也

---

① Susan Waltz, *Human Rights and Reform: Changing the Face of North African Politics* (Berkeley: University of California Press, 1995), p. 57.

得到同样的待遇,3 月 20 日法国表示同意。尽管如此,亲优素福主义的穆斯林游击队在南部和西部继续战斗。优素福主义的威胁徘徊最久的地区也是整个国家经济最为萧条的地区,这并不是巧合。在独立的时刻,不稳定的状况凸显了国家领导人面临的严重问题:需要消除政治裂痕,需要促进社会和经济发展,需要减少沿海和内陆地区差异。在解决前两个问题上,他们获得了不同程度的成功,而第三个问题则在他们不那么坚决的努力下丝毫未见成效。

第五章　独立国家起航(1956－1969)

国家服从于党,党服从于总统

本·优素福所获得的巨大支持使布尔吉巴极为不安。享受着领袖 130
和最高战斗者头衔的布尔吉巴曾努力告诉自己,自己的号召力及对民族主义斗争所做出的贡献能让所有突尼斯人都对自己感恩戴德,忠心耿耿。那场叛乱于 1955 年后期达到白热化状态,险些使国家陷入内战,给 1956 年 3 月保护领地结束时进行的一系列庆祝活动蒙上了阴影。这使布尔吉巴清醒地认识到,突尼斯民众知道,那些与他政见不同的人在取得国家独立的过程中同样发挥了重要作用。这位新宪政党人就任总统,尤其是如果党内还存在分裂,就得不到群众的坚决拥护。

为了使结束法国统治的要求易于理解,布尔吉巴曾熟练运用民族主义语言动员了成千上万的突尼斯普通民众,但是随着国家的独立,反殖民主义的激昂演说大多失去了效用。从国家独立转向建设一个能独立发展的、繁荣的现代化国家,需要让这些普通突尼斯人相信社会和经济观念的价值,这些观念在反对保护领地政权的运动中未曾得到重视,他们一向认为这些观念的价值本身并不明显,因而也没有得到民族解放运动所获得的广泛支持。要使突尼斯人广泛接受这些观念需要一个长期的教育过程。随着这一过程的推进,布尔吉巴准备推行其独立后的议程，并且通过确保自己在新政府中得到职位和巩固自己在新宪政党内的地位来防止未来的挑战。自信常常会变成傲慢，布尔吉巴扮演着家长、
131 老师、纪律执行者的角色，他清楚地表明，作为现代突尼斯的开国元勋，他比任何人都更加了解突尼斯人民——他的子民们——需要什么。

按照在法国决定结束保护领地之前做好的安排，独立后不到一周，3 月 25 日，负责起草宪法的议会选举如期进行了。在 1 月份与贝伊举行的秘密会议上，布尔吉巴威胁阿明除非他制定一部选举法，否则就公开他对优素福主义者的同情，通过选举法，投票人将选票投给政党拟定名单上的候选人，这些候选人能在某一地区获得多数选票从而赢得席位。这就保证了由政治局选定的新宪政党候选人将操控立宪议会，但这违背了民族主义者不断提出的民选议会的要求，因为投票人必须全盘接受或拒绝由宪政党官员拟定的名单。布尔吉巴暗地里协商这一安排的方式和实质，使许多新宪政党高层党员非常忧虑，他们宁愿采用更民主的方式，包容更广泛的意见，给像本·优素福这样的党内持不同政见者提供机会，使他们的竞争对手和平地参与政事，而不是在政界之外从事暴力活动。

新宪政党名单中的候选人是经过与突尼斯工人总联盟以及由政治局控制的其他全国组织协商选出的，他们赢得了议会中全部 98 个席位，但杰尔巴岛和突尼斯市分别以 71%和 41%的弃票率表明本·优素福仍然拥有相当一批拥护者。[1] 选举后，布尔吉巴取代本·阿马尔成为总理，负责平息优素福主义者的叛乱，但他对于那些拒绝参加投票而致使选举难以合法化的人满含愠怒的反对却束手无策。由于突尼斯军队只有区区几千人，其中许多人先前都是游击队员，缺乏充分的训练，因此，要结束这场暴乱就需要前殖民者的帮助。虽有些勉强，但法国军队和警察还是像曾经对本·阿马尔政府一样与布尔吉巴政府进行合作，到 1956 年 6 月，消灭或俘虏了最后一批穆斯林游击队战士。为此

① Clement Henry Moore, *Tunisia since Independence: The Dynamics of One-Party Government* (Berkeley: University of California Press, 1965), p. 74.

专门成立的“高级法庭”对他们及其他被指控进行了犯罪活动的本·优素福的拥护者进行了审判。布尔吉巴为这种特殊措施提出的理由令人生疑,即本·优素福的司法部长职位曾使他与法官们有广泛的联系,这可能导致法官们对其拥护者的评判有失公正。法庭还对那些与法国人合作并从中牟利的突尼斯人进行了惩处。1957 年的“非法获益”和“伤害国家尊严”法启动了一直延续到 1959 年的一系列儆戒式公审,毁坏
了像塔哈尔·本·阿马尔、萨拉赫·丁·巴库什和穆罕默德·姆扎利 132
等著名人物以及很多较低级别的人员的名声和职业生涯。

萨拉赫·本·优素福。就在独立前几个月,本·优素福与布尔吉巴之间的分歧达到了顶点。当本·优素福明显感到不会获胜时,他逃往开罗,并于 1961 年在该市遭暗杀。

布尔吉巴为了使自己的权力最大化采取了几个步骤来建立政治体系,"高级法庭"的成立只是其中的一步。他不顾自由派代表的反对,鼓励议会专门制定宪法,并利用贝伊的立法权将这个宪法降到一个基本上只供参考的地位。然而,议会的确于 1957 年 7 月投票废除了贝伊,建立了共和制,并将阿明的立法权与行政权赋予总统,这个头衔被授予
133 布尔吉巴,使他成为国家元首和政府首脑。宪法直到 1959 年 6 月才颁布。此时,布尔吉巴实际上已将所有政权揽于手中,创造了"总统独裁"制,并利用基本法使之合法化。新宪政党在 1959 年末举行的议会选举中大获全胜,根据名单投票的结果让该党在无约束力的国民议会中赢得了所有席位。布尔吉巴在任期五年的总统竞选中没有对手,他获得了大批民众的支持,这一幕在 1964 年和 1969 年两次重演。

在巩固对政府控制的同时,布尔吉巴还强化了自己在新宪政党中至高无上的地位。布尔吉巴从未放弃总统职位,到 20 世纪 50 年代末,他站在了一个将党的机构、政府以及国家的各个组织交织在一起的体制的顶峰。1957 年,新宪政党夸耀其已拥有了 60 万党员,这一数字令人惊讶——这几乎是仅仅两年前召开党代会时宣布的数字的两倍。尽管肯定有所夸张,但这一数字还是反映出党员数量的急剧上升,这是因为以前在远处观望的突尼斯人现在踊跃加入为争取独立而长期斗争的胜利者。在突尼斯历史上这还是第一次公众加入政党不存在任何风险。然而,缺乏约束反而造成了一些潜在问题,因为独立后的新宪政党操控着一个保护网,给党的坚定分子提供闲职。党员身份是在政府谋职的常规要求,而一份激进分子的记录往往是谋取更重要职位的关键条件。经过 1956 年和 1957 年人为的激增之后,对激进分子和拥护者的区分把积极分子的人数稳定在 35 万左右,而基层小组的数量从 1 830个降到了 1 000 个。[①] 在指挥层中,现在被称为中央委员会的政治局在独立后的几年间成员从 15 名增加到了 50 名。尽管它现在仍然

---

① 同前引, p. 151, and Charles Debbasch, "Du Néo-Destour au parti socialiste destourienne: le congrès de Bizerte," *Annuaire de l'Afrique du Nord*, 3 (1964), p. 37。

是党的中坚,但已无法像其前身那样规模紧凑、联系紧密而又大权在握。1964年一个15人的政治局成立了,成员由总统亲自挑选,负责制定政策并确定党的方针,中央委员会的影响力进一步削弱了。除了布尔吉巴,这些机构中没有一位是宪政党的第一代领导人,这些人都曾与他发生过冲突,他们经常被指责在危急关头背叛或背弃党。并非所有提拔上去的新宪政党领导人都在所有问题上对党言听计从,但他们中几乎没人能在挑战布尔吉巴及其忠实亲信时获得支持。

艾哈迈德·本·萨拉赫做到了。1956年后,突尼斯工人总联盟使新宪政党面临两难境地。尽管在如何取得国家独立的战略上存在分歧,但大家对于独立的一致需要将形形色色的支持者都团结在新宪政 134
党内,而一旦独立的目标实现了,存在巨大分歧的关于独立国家性质的观点便浮出了水面。突尼斯工人总联盟与新宪政党之间在基本宗旨方面存在的特别尖锐的分歧意味着,加强新宪政党对突尼斯工人总联盟的控制在国家独立后显得极为重要。布尔吉巴认为,本·萨拉赫在1955年的党代会上呼吁的社会主义纲领会危及西方国家对其政府的重要支持,因此,纵使这些计划在1956年的代表大会上获得了联盟15万工人中大多数人的支持,布尔吉巴也无意实施它们。哈比卜·阿舒尔(Habib ᶜAchour)在突尼斯工人总联盟成立之初是哈奇德的副手,而且此前就是新宪政党党员,他在布尔吉巴的私下鼓励下故意为难本·萨拉赫,他怂恿联盟三分之一的成员成立了一个竞争的组织,该组织要求以本·萨拉赫辞职作为劳工运动重新团结的一个条件。当布尔吉巴对阿舒尔公开表示支持后,突尼斯工人总联盟领导者与他保持了一致,任命同时身为新政宪党政治局成员的艾哈迈德·特利利(Ahmad Tlili)为新的秘书长。本·萨拉赫辞职了,在后来的15年中,除了作为新宪政党的附属组织之外,该联盟从政治舞台上消失了。立宪议会中的突尼斯工人总联盟成员所能做到的只是使宪法的最终草案顺便提及了社会保障,甚至没有批准工人罢工的权力,这标志了这个组织的消亡。

本·萨拉赫个人的命运比突尼斯工人总联盟作为机构的遭遇要好

一些。在遭怀疑后不到五年,布尔吉巴为他恢复了名誉,让他进入了新宪政党政治局,并任命他为国民计划部长,委派他监管经济大检查。许多人开始把他当作布尔吉巴为自己挑选的继承人。在政治局,本·萨拉赫取代了穆罕默德·马斯穆迪,布尔吉巴认为马斯穆迪这位竞争对手在密谋策划使他垮台。作为新闻部长,马斯穆迪掌管着《行动报》(更名后的《突尼斯行动报》,于 1955 年恢复发行)。几年当中,该报对 1956 年的选举法、立宪议会的工作、"最高法庭"的审判及国家外交政策的方向进行了尖锐的批评,现在布尔吉巴将马斯穆迪开除党籍。像本·萨拉赫一样,马斯穆迪后来重新身居要职,然而,具有讽刺意味的是,此时正是本·萨拉赫的命运再次恶化的 20 世纪 60 年代后期。将批评他的人从政府和政党核心圈子驱除出去只是为了将他们重新召回,让他们在一段时间内失去权力而受到适当的惩罚——对于突尼斯
135 政治精英们,这是一种严厉的剥夺方法,因为他们大部分人将他们成年后的人生投入了对权力的追逐——这仍然是布尔吉巴最喜欢的一种手段,1956 年之后,布尔吉巴无法容忍反对派的作风毫无减弱的迹象。

社会环境的转变

1956 年春夏之际,布尔吉巴利用国民对独立的热情,自己整体上积极的形象和在公众面前的高姿态,以及已经聚集起来的巨大权力,对宗教的某些方面实行国家控制。这种做法反映出,对于伊斯兰教在国家中的地位这一重要问题,布尔吉巴和本·优素福的看法具有鲜明的不同。这些改革的选择及其进行速度之快表明,布尔吉巴急于让自己的解释,而不是对手的,统治突尼斯人民。负责管理用以维持清真寺、古兰经学校及其他伊斯兰教机构的土地的哈布斯委员会首先遭到了攻击。这个部门因在保护领地时期自愿为殖民提供土地而名声败坏,政府没收了其财产,从而将得益于这个部门资助的宗教、教育和慈善机构置于国家控制之下。在废除"公共"哈布斯制度一年后,政府命令把"私有"哈布斯土地(土地的收益权属于创建者的继承人,创建者通过捐赠转让了产权)作为私有财产分配给继承人。

136

1958 年宣传《个人地位法》的邮票。该法规在法律界引起了巨大变革，它禁止一夫多妻，规定了最低结婚年龄，并使妇女能够提起离婚诉讼。自 20 世纪 20 年代土耳其穆斯塔法·凯末尔·阿塔图尔克(Mustafa Kemal Ataturk)的改革以来，这是伊斯兰世界这种法律中最具革命性的代表。

135 国家司法体系于1956年8月将两个伊斯兰宗教法庭(一个是马利基仪式支持者的,另一个是哈纳菲穆斯林的)并入其中,这为引入《个人地位法》扫清了障碍,该法规修改了某些伊斯兰教法认可但被进步人士认为有损女性权利的习俗。该法规强调了核心家庭地位并促进了更加平等的性别关系。女性获得了新的权利,包括离婚和同意包办婚姻的权利,还扩大了现有的涉及子女监护和继承的权利。同时,该法规也明确地规定了女性的义务,比如在财力允许的情况下,她们应该为养家糊口出力。其他条款禁止一夫多妻制,终止了男性休妻的权利,并规定了结婚的最低年龄。

《个人地位法》是自20世纪20年代土耳其废除伊斯兰教法之后伊斯兰世界中最具创新性的法律改革,它清楚地显示了由这位国家领袖
137 所设想的社会发展轨迹。然而,他努力让自己表现得并不是像阿塔图尔克一样对伊斯兰教不予理会,而是通过伊智提哈德(ijtihad)或者独立推理来进行重新解释——独立推理是19世纪和20世纪伊斯兰教革新者以及布尔吉巴所推崇的方式。在布尔吉巴看来,法国教育赋予他的理性主义思想是人类最崇高的品质之一。该法规颁布后不久,在一次对欧洲和突尼斯听众的演讲中,总理说,根深蒂固的阿拉伯和穆斯林传统丝毫没有减弱突尼斯期望

> 与现代世界的密切交往……(并且)为了了解并面对现实,向其他文化,尤其是西方文化,进行开放。只有这样,我们的国家才能既忠实于文化传统,又为国家的未来打造所需的工具。①

---

① Driss Abassi, “La Conception de l’Histoire selon Bourguiba,” in Abdeljelil Temimi (ed.), *Habib Bourguiba et l’établissement de l’état national: approches scientifiques de bourguibisme* (Zaghouan: Fondation Temimi pour la Recherche Scientifique et l’Information, 2000), p. 22. Abassi也注意到布尔吉巴提到巴基斯坦哲学家和改革家穆罕默德·伊克巴尔的信念,即有必要在重新思考伊斯兰教的同时不要割断与过去的联系。

通过任命一个还算有远见的人物担任宰敦清真寺大学的校长、改组伊斯兰宗教法庭、重新任命一些法官或让一些法官退休,并通过对其他宗教机构重要成员的各种好言劝诱,政府成功地削弱了反对之声。许多职位不高的乌莱玛诋毁高级官员们的胆小怕事和布尔吉巴的鲁莽粗暴,但他们知道自己无力阻止他。本·优素福激烈谴责布尔吉巴自作主张"禁止真主的降示,却认可真主的禁忌"[①]——将正义的穆斯林统治者的传统责任本末倒置——但他说这番话时远在开罗,无法影响突尼斯市的局势。

对于策划《个人地位法》的新政宪党男性成员来说——直到1955年才有女性进入政党核心圈,而且那时只有几个——突尼斯的彻底解放需要废除陈旧的社会习俗,不仅是劳动关系中的,同样重要的还有性别关系中的陈规陋习。正是这种观念,而非更女权主义的观念,促使了这个法规的诞生,同样的,这种观念引发了一场反对穿着传统服饰,尤其是戴面纱的运动。布尔吉巴认为,旧服饰会助长旧式的思维与行为模式;那些选择旧服饰的人,至少潜意识中,是在表达他们拒绝接受现代社会。在国家独立后最初几年一次又一次的讲话中,他谴责面纱是贬低女性的"可憎的破布",毫无实用价值,要遵守伊斯兰教端庄稳重的标准也不必非得戴面纱。这位新宪政党领导人总是以穿外套打领带的形象出现在公众场合——又一个与本·优素福迥异的地方——他对传统男性长袍也发表过类似的言论。虽然布尔吉巴有坚定的个人信念,但他很明白,许多突尼斯人一直恪守着他们从 138
儿时就遵守的传统习俗,所以除了在教室里禁止戴面纱外,他不同意禁止传统着装。

为了让突尼斯女性理解《个人地位法》,鼓励她们敢于打破传统限制,并为她们提供改善日常生活的机会,一些与新宪政党领导人有联系

① Mounira M. Charrad, *States and Women's Rights: The Making of Postcolonial Tunisia, Algeria, and Morocco* (Berkeley: University of California Press, 2001), p. 223. 对于法规的全面讨论,参看 pp. 219－231。

的女性于1956年组成了突尼斯全国妇女联盟(UNFT)。突尼斯伊斯兰妇女联盟于1936年依照萨拉费亚改革模式成立后,新宪政党虽然与其有些联系,但通常对于支持这种组织少有兴趣。在20世纪30年代,这种组织在新宪政党看来大多过于保守;在战后的岁月里,最活跃的组织当属共产主义阵线。从50年代初开始,随着更多女性在民族运动中比以往更加活跃,她们开始创建援助体系来帮助那些男人入狱或参加了游击队的家庭。有些女性还加入了游击队,还有一些提供情报、作侦察兵或运送小型武器,因为法国士兵和警察不可能阻拦并搜查她们。1955年,一个有300名女性参加的代表大会要求享有与男性同等的公民权和政治权、选举权、竞选选举职位的权利,并要求更加重视女性教育,但本·阿马尔政府由于将精力主要放在了结束保护领地上面,将有关女性的议程搁置在一边。相反,新宪政党却通过颁布《个人地位法》和成立突尼斯全国妇女联盟做出了回应。到1960年,该联盟有将近1.4万人,115个分支机构。[①] 除了推行《个人地位法》——尤其是在农村地区,那里的女性和男性都对改革持保留态度——突尼斯全国妇女联盟最初的工作重点是,鼓励女性使用1957年赋予她们的投票权,资助为96%无读写能力的女性开办的扫盲班,并发展公共医疗计划,其中一些计划着重于推行计划生育。1956—1965年的十年间,女性读写能力大幅提升,而生育能力却大幅下降。尽管突尼斯全国妇女联盟不是唯一对这种改变负责的组织,但毫无疑问,其成员为这些转变做出了贡献,因为在独立后的几年中该组织的教育工作让成千上万的女性受益。

成千上万的女孩子得益于党和政府为了支持为年轻女性提供正规学校教育所开展的运动。因为现代教育在突尼斯独立后的大多数领导

① 关于民族解放运动中女性作用的调查,参阅 Souad Bakalti, "Mouvement et organisations féminines de lutte de libération nationale en Tunisie," in *Actes du IXe*; *colloque international sur processus et enjeux de la decolonisation en Tunisie* (*1952 –1964*). (Tunis: Institut Supérieur d'Histoire du Mouvement National, 1999), pp. 187 – 204。成员统计数据出现在 p. 194。

人的生活中曾经起到了如此影响深远的作用,[①]他们意识到有必要扩大国家教育体系,使其与当代国民需要相结合,并吸收更多的学生入校 139 学习。过去,很少有女孩上学,但新宪政党的官员知道给女孩提供现代教育将会对社会价值观产生影响,她们会在为人妻为人母时把这种社会价值观传导给家庭成员。在 20 世纪 50 年代中期,除了在家庭和田间劳作,女性很少出去工作,但经济的快速发展必然导致劳动力中女性数量的增加,一些新部门也为她们提供了就业机会,这成了激励更多女性接受教育的又一动因。在保护领地的最后十年中,接受初级教育的人数显著增加——男生人数翻了一番,女生人数翻了四倍——但在 1956 年,仍然只有 13%的小学适龄女童能正常上学。[②] 相比之下,男生的数字(33%)表明,尽管教育不足在女性中极为严重,却并不是女性所特有的。小学教育之后,男女生的入学率均急速下降。

从 1958 年开始,为了给所有 10 岁以下儿童提供初等教育,同时改善中等教育,政府开始将大约五分之一的财政预算用于建设新学校、培训更多教师以及修订课程。早期一个重要的决策规定了公共教学的语言。虽然国家官方语言是阿拉伯语,但政府和党的领导人意识到法语的重要性,它不仅是通向突尼斯以外世界的桥梁,也是经济发展不可或缺的工具。不管怎样,国家依靠一批外国骨干教师作为独立后 6 000 名突尼斯教师的补充,再加上不情愿从阿拉伯国家聘请持不同政见的教师,使得法语教学成了必不可少的内容。政府对由此导致的双语制很满意,于是虽然承诺要最终实现阿拉伯化,但却并未为此采取任何重要措施。在小学,前两年使用阿拉伯语教学,其余的使用法语或两种语言相结合的方式。法语在中学阶段是规范语言,但阿拉伯语在历史、地

---

① 将政治精英定义为政府成员或新宪政党内的主要机构成员,Noureddine Sraieb, "Le Collège Sadiki de Tunis et les nouvelles élites," *Revue de l'Occident Musulman et de la Méditerranée*, *172* (1994), p. 51,注意到,从 1955 年至 1969 年,这些人中有 65%是萨迪吉中学的毕业生,而只有 14%的学生就读于卡诺中学,还有 15%的学生就读于提供欧洲教育的其他中学和学院。

② Souad Bakalti, "L'Enseignement féminin dans le primaire au temps de la Tunisie coloniale," *Revue de l'Institut des Belles Lettres Arabes*, 166 (1990), p. 267.

理和哲学等科目中的使用越来越普遍。这种双语教育体系,加上宗教教学在课程中的削减,使得许多在传统上会选择教师职业的宰敦毕业生在战后的教育制度下前途渺茫。

另一个重要决策是关于改善教育的方法。为了提高入学率,政府和党的领导人更喜欢利用他们强大的劝说力,而不是实行强制性教育。
140 初等阶段的入学人数稳步上升,终于在20世纪80年代达到顶峰,年龄在6—11岁之间的儿童中男孩入学率约为85%,女孩约为70%。中学也出现了类似的趋势,只不过年龄在12—17岁之间的儿童的入学率从未超过40%,而且所有学生中只有三分之一是女性。[1] 等到1991年通过了一项规定所有6—17岁儿童必须接受学校教育的法律之后,普及教育的宏伟目标才得以实现了。

在独立后的最初几年里所进行的社会变革使突尼斯成为国际社会关注的焦点。这些改革由新宪政党和政府高层官员设计,并由享有广泛支持但却不尊重民主协商的政权从上到下强制实施,体现的议程属于一位相信自己(比其同胞更)了解他们的需要,并决心建立一个受国际社会尊重的"现代"社会的领导人。在亚非民众需要启蒙(西化)指导的殖民思想还很普遍时,这位改革者的高傲自大及其有时暴虐无道的方法均未招致国外的批评。相反,布尔吉巴政府因其抨击"过时的传统"、扩大教育和提高女性地位而赢得了称赞。这些社会政策以及布尔吉巴在冷战期间坚定地与西方保持合作的态度保证了美国的经济援助,美国称赞突尼斯是其他发展中国家的榜样,在将它与那些牺牲社会进步以换取革命政治的阿拉伯国家相比时尤为赞许。直到20世纪60年代,随着非洲去殖民化的长足发展,独立的突尼斯社会计划才得以落地生根并开花结果。一些在前法国殖民时期兴起的领导人早在留学法国的时候就认识布尔吉巴;非洲大陆的其他领导人认识布尔吉巴,并尊

---

① Zakya Daoud, "Les femmes tunisiennes: Gains juridiques et statut économique et social," *Maghreb-Machrek*, 145 (1994), p. 31, and Kenneth J. Perkins, *Tunisia: Crossroads of the Islamic and European Worlds* (Boulder, Co.: Westview Press, 1986), p. 120.

重他作为民族主义者和社会变革倡导者的声望。他们在制定国家独立后的路线方针时都受到了突尼斯的影响。

在国际社会中所受到的尊敬对于国内的坚决反对者来说一文不值，在宗教机构中尤为如此。不管是在争取独立斗争的最后几年还是在优素福主义反对的时期，许多与占主导的新宪政党领导决裂的宰敦学生、教员和校友都憎恨 1956 年清真寺大学被置于教育部的监管之下，认为
这是政府加强控制宗教事务的前奏。随后政府对伊斯兰教育、法律以及 141
曾在宰敦乌莱玛权力范围内的其他机构的控制证实了他们的担心。不过，使他们抑制不住愤怒的是布尔吉巴在斋月公开贬低穆斯林斋戒。

在 1960 年的一次讲话中，总统宣称突尼斯参加的反对落后的圣战使公民免除了斋戒的义务，正如参加保卫伊斯兰教圣战的战士被赦免一样。为了支持这种说法是伊智提哈德(ijtihad)的结果(正如他为《个人地位法》中颇具争议的条款进行辩护一样)，布尔吉巴要求突尼斯市的穆夫提发布正式指令表示认可。当穆夫提的声明没能提供明确支持时，他丢掉了工作。然而，即使是在党的忠实追随者中，也很少有突尼斯人听从领袖的建议。次年，当布尔吉巴准备再次发起运动时，在凯鲁万爆发了动乱。早在国家独立前，凯鲁万就是优素福的根据地，这个庄严的宗教中心早已发现，违抗布尔吉巴及其盟友所要付出的代价就是它被排除在旨在改善国家其他各地生活质量的计划之外。这里的具有影响力的乌莱玛公开诋毁布尔吉巴对伊斯兰教的看法，并鄙视他努力扮演宗教权威的做法。政府决定重新任命一个受欢迎并且坦率的伊玛目，这激起了游行示威者与警察之间持续一天的巷战，这是自优素福主义穆斯林游击队战士遭镇压后对政权当局发起的最严重、最血腥的反对。

布尔吉巴随后污蔑这些宗教领导人，称他们的不满情绪和对抗议者的支持不是关注精神问题，而是因为哈布斯土地被充公后他们丧失了经济权力。他再次要求突尼斯人不去理会斋戒，但后来就丢开不谈了。不论新学校和新准则使社会发生了多大变化，大多数突尼斯人并不想放弃那些使其成为穆斯林的基本宗教习俗。1956—1961 年间对伊斯兰教组织及其习俗的攻击更加剧了乌莱玛对新宪政党及其世俗领导人的痛恨，

但他们知道自己无力违抗他们。似乎是为了突出这一现实,当突尼斯大学于 1961 年创立时,它将宰敦清真寺大学合并进来成了它的神学院,这明显是将清真寺大学隶属于政府,而其毕业生的地位也低于接受西方教育的同胞。由于布尔吉巴和乌莱玛都深知国家有权掌控宗教机构,所以,至少在当时,任何一方继续招惹对方都是毫无意义的。

142 法国残存的影响

布尔吉巴允许阿尔及利亚民族解放阵线(FLN)在突尼斯境内建立军营——该决定部分是为了挫败本·优素福,他从阿尔及利亚民族解放阵线成立之初一直与之保持着密切联系——导致独立后的突尼斯与法国关系紧张,这致使法国中止了其承诺的从 1957 至 1963 年的经济援助。只是靠着来自美国的大量援助,才没有因法国拒绝给予资助而使已经进行的改革陷入困境。突尼斯人对支持阿尔及利亚革命表现出了极大的热情,这个新近独立国家的政府无法不去帮助其邻国获得独立。虽然布尔吉巴试图在突尼斯对阿尔及利亚军事活动的支持与采取促进和解措施之间寻求平衡,但法国不肯让步,加上在埃及总统纳塞尔的领导下,声援阿尔及利亚民族解放阵线的阿拉伯民族主义者强烈反对妥协,致使布尔吉巴的计划成了泡影。由于布尔吉巴厌恶纳赛尔的泛阿拉伯主义言论(这些言论使开罗自 1956 年开始就为本·优素福提供了一个舒适的政治环境),也反感埃及领导人控制阿拉伯国家联盟,因此他努力与东边政局动荡的阿拉伯国家保持距离。直到 1958 年,突尼斯才加入该联盟,当时它决定这么做并非因为重新确定了利益,而是为了在与法国关系恶化后避免处于孤立境地。

1958 年 2 月,法国空袭了赛凯特-西迪-尤瑟夫,一个位于阿尔及利亚边境的村庄,造成了几十名平民的死亡。布尔吉巴重新使用反殖民言论进行了回应,动员公众舆论支持他,要求仍在突尼斯的数千名法国驻军撤出大半,并限制驻留在撒哈拉几个驻地的部队和在比塞大的大量海军部署。同年底,阿尔及利亚临时政府在突尼斯市的成立进一步激怒了法国,而在比塞大基地发生的一次事件最终引发了 1961 年 7

"I DON'T LIKE TO BE RUSHED."

我不喜欢被催促。

美国漫画家比尔·莫尔丁(Bill Mauldin)笔下的比塞大危机。第二次世界大战期间，莫尔丁跟随美国军队来到突尼斯，战后，他对该国仍然兴趣不减，于20世纪60年代早期，他创作了一些关于突尼斯形势的社论漫画。

142 月的武装对抗。为了迫使法国同意从基地撤军，布尔吉巴敦促党内激进分子组建了一支“人民军队”，与士兵和警察一起封锁分散在比塞大周边地区的法军所在地。在几天的冲突中，由于准备严重不足，法国军队占领了比塞大及周边地区的要地，几千志愿者在这次战斗中丧生或受伤。突尼斯向联合国发出呼吁，联合国命令法国把军队撤回海军基地，并敦促双方通过协商来解决冲突。

144 法国对基地事态的正式讨论一直推迟到 1962 年夏天阿尔及利亚战争结束，这时法国才同意于次年移交基地。尽管布尔吉巴对比塞大重大人员伤亡负有责任，但他对党和国家的牢牢控制把国内的强烈反对降到了最低。然而，虽然当突尼斯的西方朋友们明白这次事件并不意味着对冷战态度的改变时，他们的担心有所减少，但突尼斯鲁莽的冒险行为着实让他们感到震惊。然而，如果布尔吉巴期望通过恢复突尼斯对比塞大基地的主权而使自己在国外被当作名人，就像将英国人从苏伊士驱除出去提高了纳塞尔的地区威望一样，那他就想错了。

最后一批法国士兵于 1963 年 10 月 15 日撤离了突尼斯，但几千法国定居者在突尼斯独立后仍然拒绝离开。从 1955 至 1959 年间，17 万欧洲人——大约占总数的三分之二——离开了这个国家。其中，仅在前 18 个月中撤出的就有 8 000 名法国官员。突尼斯的高中和高校毕业生填补了他们空出的部分高级职位，但是党的忠诚分子获得的职位要多许多，尽管常常缺乏适当的技能，穆斯林公职人员人数从独立前的 1.2 万人增加到独立五年后的 8 万人。就像法国人沦为外国居民一样，1956 年居住在突尼斯的 6.7 万名意大利人中有三分之一的人在这十年中离开了突尼斯。① 有些定居者离开是因为他们不能，或不想，面

① 关于 20 世纪 50 年代后半期欧洲人口统计的数据来自 Habib Kazdaghli, “Communautés européennes de Tunisie face à la décolonisation (1955 – 1962),” in *Actes du IXe colloque international*, pp. 332 – 334; Lilia Ben Salem, “Stratégies politiques et formation d'une élite: les premiers cadres de la Tunisie indépendante,”同上，pp. 348 – 351; and Lisa Anderson, *The State and Social Transformation in Tunisia and Libya, 1830 – 1980* (Princeton: Princeton University Press, 1986), p. 236。

对国家独立必然带来的调整。其他人离开，或者是因为他们所在的企业倒闭，或者是因为政府的限制让他们难以维持生计。

这些年来，外国人并不是唯一离开突尼斯的移民。以色列于1948年建国，其时刚好突尼斯犹太人对自己故乡的未来不确定，使得大约8.5万犹太人中的近15%在之后的四年里离开了突尼斯。在突尼斯获得独立的当年，6 500名犹太公民离开了，留在新国家的只有大约5.8万人。[1] 移民人数在接下来的几年大幅下降，因为在殖民结束时他们所害怕的各种不幸并未降临。相反，一位杰出的犹太律师在第一届政府供职，自由职业的犹太人担任其他的国家公职，新政府从未试图阻止突尼斯犹太人移居以色列，虽然当时的公众并不知情，布尔吉巴与世界犹太人大会官员保持着谨慎的联系，并同他们讨论了共同关心的话题。而且，早在1957年他就向他们透露，他认为阿拉伯国家需要在欣赏巴勒斯坦人民的事业与承认以色列的存在之间进行调和。[2] 八年后，他 145
公开提议，新成立的巴勒斯坦解放组织应该接受1947年联合国关于巴勒斯坦分治的决议，并将它作为与以色列进行谈判的出发点。作为回应，纳塞尔精心策划了一连串讥讽和反对，态度如此尖刻以至于突尼斯于1966年和埃及断绝了外交关系。但次年以色列与阿拉伯邻国之间爆发的战争表明，突尼斯人很少有人赞同总统就巴勒斯坦这一充满感情的问题所持的观点。反犹太复国主义者掀起了全国性的示威游行，其中有些人对犹太人群体成员发起攻击，或破坏犹太教会堂及其他属于犹太人的财产。尽管布尔吉巴谴责了这些事件，但随着战争的进行，持续不断的犹太人移民浪潮使得犹太群体人数迅速减少至不到1956

① 关于当时犹太人口迁移的统计数据见 Abdelkrim Allagui, "La Minorité juive de Tunisie face à la décolonisation au cours des années 50," in *Actes du IXe colloque international*, pp. 306－309; Jacques Taieb, "Evolution et comportement démographiques des juifs de Tunisie sous le protectorat français (1881－1956)," *Population*, 37: 4－5 (1982), p. 955; and Moore, *Tunisia since Independence*, p. 10。

② 关于布尔吉巴与世界犹太人大会的联系，参阅 Abdeljelil Temimi, "La Question palestinienne et les relations de Bourguiba avec le Congrès Juif Mondial," in Temimi, *Habib Bourguiba et l'établissement de l'état national*, pp. 109－127。

年的半数。

从自由经济到“新宪政社会主义”

突尼斯独立后的头几年里，欧洲人的外流给新政府造成了许多经济困难，但也带来了一些机遇。一方面，国家资源的匮乏无法适当补偿大量医护专业人员、律师、工程师、公务员、企业家、中层管理人员及熟练工人流失带来的损失。或许最严重的是商业化农民的流失，他们在生产中所占份额与他们的人数或财产规模相当不成比例，因为他们使用机械和现代技术耕种着特别富饶的土地。他们的离开对农业生产力造成了极大的负面影响。在其他经济领域，突尼斯很少有人有资格填补由于大量资本外逃带来的空白，而那些有资格的人却又迟疑不决。政府试图将当地投资者吸引到1956年被国有化的公共事业管理中去，但没有成功，政府不得不自己经营这些服务行业，这与其说是出于选择，还不如说是出于需要。从更积极的方面说，欧洲人的离开给突尼斯人腾出了就业岗位（尽管主要是提供给了那些生活在城市、受过教育的人），而且政府没收了返回法国和意大利的定居者遗弃的土地，这使其控制了成千上万公顷价值可观的农村地产。

管理经济的重任落在了赫迪·努伊拉(Hedi Nouira)身上，他于突尼斯中央银行1958年成立之初至1970年间担任行长。努伊拉是新宪政党政治局的成员，与布尔吉巴私交很深，年龄相仿，又是莫纳斯提尔
146 的萨赫勒镇同乡，这些因素给了他较高的影响力和自由度。跟他的上司一样，努伊拉也认为，保留保护领地时期的自由经济是使经济繁荣发展的关键，也会使突尼斯在独立后的过渡时期保持经济的平稳发展。根据这种思想，国家给无地或少地的农民提供土地，但并未侵犯私人土地所有权。相反，国家分配的是被前移殖民所丢弃的田地、从哈布斯委员会收回的财产以及从仍然居住在突尼斯的乐意出售的欧洲卖主那里购买的地产。新的所有人被要求组织合作社，这样做能够使他们在保留个人权益的同时，既能确保有利的信贷条款也能让他们获得农业机械。

独立后的最初五年里,伴随着明显的社会进步和政治可靠度,这种经济适度发展的路线使突尼斯从美国那里得到了大约5 000万美元的援助。[①] 然而,令人失望的是,不管是国外的还是国内的投资都未能达到他们期望的水平。

政府努力控制人口增长但一直没有收到预期效果,由于人口增长超过了经济增长,经济发展停滞不前,给一些突尼斯人带来了不便,给更多的突尼斯人带来了严重苦难。为了应对这种局面,国家和党的领导人需要超越以前民族主义的意识形态,这种思想缺乏对经济问题的关注,同时要努力防止在独立战争中团结在一起的各阶层和各利益群体相互反目为仇。为此,他们着重发起了一场反对经济不发达的有组织的战役。

早在1958年,无能的国民计划委员会在主要国家组织的代表与相应的国家政府官员之间建立了联系,这些国家组织有突尼斯工人总联盟、突尼斯农民全国联盟(UNAT,于1955年取代了优素福主义的突尼斯农民总联盟)和突尼斯工业家与商人联盟(UTIC,独立后突尼斯手工业者与商人联合会采用的名称)。次年的新宪政党代表大会呼吁制定国民计划以解决经济问题,但是在对赛凯特-西迪-尤瑟夫轰炸后的几个月,限制法国在突尼斯的军事力量的运动成了头等大事。早在1961年,布尔吉巴证实了一个在经济方面他即将做出重大决定的传闻,即任命艾哈迈德·本·萨拉赫领导新成立的计划部,给予他在1956年就曾争取过、但以失败告终的对国民经济的影响力。当总统表明本·萨拉赫如今获得了他的完全信任后,两人不仅开始讨论制订计划,还开始讨论"新宪政社会主义"。

1964年,在"解放后的"比塞大召开的党代会上,新宪政党更名 147
为宪政社会主义党(PSD),这表明了官方对其意识形态的接受。党代会上的其他决定包括改组政党,重新调整党与国家组织及政府之间的关系,目的都是为了恢复它在独立前的民族领导地位,而不是让

① Moore, *Tunisia since Independence*, p. 195.

它变得像一些领导人所担心的那样官僚而懒散。宪政社会主义党加强了对国家组织的控制，这些组织现在不再被认为是旨在让党关注其成员利益的党的合作者，而是变成了党的附属机构，只会拥护和奉行党的主张。宪政社会主义党坚持让国家组织的成员以个人名义加入该党(而不是像过去那样通过加入这些组织而自动获得党员身份)。这种做法使国家组织不可能通过威胁断绝联系并撤回其成员而对党施加压力。1955 年和 1959 年的党代会回避了政党与国家的关系问题，但 1964 年的会议明确地将两者联系起来，党是领导机构，而国家是执行机构。地区和地方党支部自 1958 年开始与政府组织平行，但如今地区长官同时代表国家和宪政社会主义党。

另外，在政府和宪政社会主义党的机构内，尤其是那些从事经济和计划的机构，大批受过良好教育的技术专家开始在关键行政岗位上取代不能胜任的党内忠诚分子。1963 年，突尼斯共产党由于卷入反政府阴谋而遭到禁止，此后在突尼斯唯一得到官方认可的就是宪政社会主义党，自从在 1964 年代表大会上成立之后，宪政社会主义党比以往加强了对国家和民众的控制，而布尔吉巴尽管不在场但依然牢牢掌控着该党。

在萨拉赫担任计划部长到比塞大代表大会召开的三年间，“新宪政社会主义”基本成形了。第一个“十年计划”(1962－1971)预期实现 6%的年增长率，加强自给自足的能力，提高人民生活水平，初步实现收入的公平分配。有限的结构性改革需要国家干预以前被忽略了的重要经济领域，比如工业；并将外资企业置于突尼斯的管理之下(去殖民化的最后阶段)以及建立了农业合作社体系。要推进如此宏伟的计划需要在经济领域增加比之前更多的投资。从 20 世纪 60 年代初至 60 年代末，国内生产总值中投资所占的比例从 10%上升到
148 23%，但发展项目的资金三分之一以上依赖于国外贷款与补贴的状况也带来了巨大的困难。虽然一些已经确立关系的援助国对突尼斯转向社会主义不满意，导致援助没能达到计划部官员眼中的理想水平，但来自国外的公共和私人投资在 1969 年达到人均 31 美元，这个数字几乎

总统哈比卜·布尔吉巴在办公桌旁，约 1965 年。作为总理、总统和党的领导人，布尔吉巴制定了突尼斯独立后的政治、经济和社会发展方针。大胆果断的处事行为让他与许多亚非领导人以及西方杰出的政治人物结下了深厚的友谊。

高于世界任何地区。由于大部分资金都是贷款，导致 1960—1972 年政府债 149
务增长了四倍，也使得国内生产总值中的债务率高于世界其他任何地区。[①]

---

① Jean Poncet, "L'Economie tunisienne depuis l'indépendance," *Annuaire de l'Afrique du Nord*, 8 (1969), p. 104. 关于严重依赖外援，参看 Samir Radwan, Vali Jamal, and Ajit Ghose, *Tunisia: Rural Labor and Structural Transformation* (London: Routledge, 1990), pp. 30－31。有关投资水平与国家债务，请见 Karen Pfeiffer, "Between Rocks and Hard Choices: International Finance and Economic Adjustment in North Africa," in Dirk Vandewalle (ed.), *North Africa: Development and Reform in a Changing Global Economy* (New York: St. Martin s Press, 1996), p. 43。

工业领域

一些工业化项目的设计主要是为了减少进口依赖，同时也有其他的经济和政治目的。在国内欠发达地区，中部、南部和西部，食品加工厂及纺织厂不仅给消费者提供了代替进口产品的商品，还将现代化工业生产扩张到殖民时期工业集中的首都以外的地区，起到了平衡经济发展的作用，此外，还能振兴那些在保护领地结束后由于经济困境而加入优素福阵营的地区。一些中小规模的这类企业取得了成功；但很多其他的企业却以失败告终。低工资和高失业率限制了对产品的需求，这些企业所需要的资本输入使收支平衡问题变得更加复杂，它们也无法创造足够的就业机会来刺激经济增长。

在重工业项目中，两个最成功的企业都涉及地下资源。成本相对较高的突尼斯磷酸盐开采使其无法与世界其他地方的矿藏竞争，但政府兴建工厂生产磷酸盐副产品使得第二次世界大战之前即已陷入萧条的采矿业恢复了生机，购买肥料与磷酸的国际合同带来了可观的收入，但其对出口收入的作用远远不能与石油销售收入相比。从 1964 年一家意大利公司在博尔马发现具有商业价值的大量石油开始，政府与外国特许权所有人开办的合资企业将撒哈拉地区的大片地区变为了生产基地。石油出口额连续十年稳步增长，1973 年，阿拉伯-以色列战争之后原油价格暴涨，1974 年，石油成为突尼斯最有价值的出口商品。油田发现后不久在比塞大开办的炼油厂能够提炼部分原油，减少了对进口石油及其衍生产品的依赖，但是由于在国际市场上原油收益率高，通常更多的原油被出口而非用以满足国内市场需求。

150 由于建设成本高、因偏爱垄断或近乎垄断所造成的管理不善以及缺少需要其产品的下游企业，很多其他大型的投资密集型示范项目未能达到规划人员的预期结果。工业化使沿海城市及地区中心吸引着农村居民，他们期望找到工作并提高生活质量。虽然工厂给人们造成了发展迅速的印象，但只能接纳少部分移民，大部分移民扩大了城市的失业大军。在整个 20 世纪 60 年代，依靠仅有的一次涨幅不大的最低工资调整,那些找到工作的人面临着生活成本的逐步上涨。曾经权力强大,如今却软弱无力的突尼斯工人总联盟无法保护工人利益,这使该联盟失去了仅存的微薄影响力,其领导人也失去了普通会员的尊重。

农业领域

当十年计划见效时,农业约占国内生产总值的四分之一,占所有出口的一半,有一半劳动力从事农业。计划部官员认为他们能够通过中央对国家合作农场的控制制度使农业生产合理化。农村中产阶级,其中许多人与新宪政党有长期联系,悲观地认为其所有权会受到威胁,但在合作社试验阶段的前几年,他们的土地并未受到骚扰。1964 年,在比塞大危机刚刚结束时,强烈的反法思想促使政府没收了仍归欧洲人所有的房地产。这一决定给国家带来了约 50 万公顷的优质耕地,但也导致了法国经济援助的终止,并促使大部分剩余的外国人离开,突尼斯的外国人口迅速下降到 7 000 左右。没收的财产成为合作社制度的核心,许多农民联合控股的财产也被投入其中。到 1968 年,合作社包括了超过三分之一的农村土地和四分之一的农村人口(75 万人)。[①] 虽然富裕地主的财产并未被归入合作社,但其中许多人开始进行多元化投资,以防将来国家有可能强力收购地产,他们将资金投入了公共工程和其他计划实施后发展起来的建设项目。

计划者们对农场期望很高——农场将会生产剩余产品用于出口,所获资金可以用来为其他经济领域的发展提供资金,农场还将保证降低城市市场上基本商品的价格,并通过收入可观的工作防止农村人口
日益增加地流失到城市或海外——但由于种种原因并未实现。被迫加 151
入合作社的农民由于失去土地而感到愤慨,他们一点也不尊重农场经理,农场经理通常是技术专家但却对农村社会缺乏实际了解,农民们认

---

① Stephen J. King, "Economic Reform and Tunisia's Hegemonic Party: The End of the Administrative Elite," in Ali Abdullatif Ahmida (ed.), *Beyond Colonialism and Nationalism in the Maghrib: History; Culture, and Politics* (New York: Palgrave, 2000), p. 175. 关于欧洲人口的缩减,参看 Kazdaghli, "Communautés européennes," p. 336。

为这种安排并没有提高他们的生活水平。由于政府以低价购买他们的产品,农民的收入在1968年仅仅达到计划中拟定的三分之一,表明了他们实际收入的下降。在通常种植谷类的土地上改种更盈利的出口型农作物,如橄榄、柑橘等,需要漫长的孕育期,这在短期内对生产造成了负面影响。这些因素,再加上天气状况,致使从1964年至1968年间的农作物连年歉收,结果在20世纪60年代农业生产总体下降。到60年代末,250多家合作社中仅有15%还在获利经营。[①]

本·萨拉赫认为只有采取果断行动才能挽救他的农业政策,1969年初,他宣布要将所有的剩余耕地并入合作制中。该提议引起了激烈的反应。成千上万的大地主利用他们在宪政社会主义党高层中的巨大影响力,反对将新宪政社会主义原则应用到他们的财产上。尽管反对者势力强大,党内越来越多的要人也向他提出强烈警告,本·萨拉赫还是毅然决然地推动他的计划,并且,为了绕开宪政社会主义党,他甚至制订计划将地方政府官员也纳入计划部管辖之下。本·萨拉赫的公然挑衅,以及由于他对促进合作社的发展过度热衷很不明智地造成了党内重要成员的疏远,使布尔吉巴感到很愤怒,转而向自己的拥护者寻求支持。本·萨拉赫失去了部长职务,也再次失去了其政治局的职务。更不幸的是,他被总统指责在农业政策的实施和目标上故意误导他。布尔吉巴转变态度后,其他批评本·萨拉赫的人说出了他们在他受赏识时不敢表达的担心。一些人反对他的经济主张,一些人则在他庞大的权力中看到了危险的先兆,还有人只是嫉妒他与布尔吉巴的亲近关系。出现了各种各样的有关计划部贪污腐败猖獗的流言。本·萨拉赫因叛国罪被审判、定罪并入狱。1973年,他逃离监禁并逃到国外,一直在国外待到布尔吉巴去世。

政府与名誉扫地的前部长保持距离,宣布中止本·萨拉赫取消私
152 人农业财产的计划。已经加入合作制度的农民被允许退出,于是成批的农民退出了,合作社的财产实际减少到只剩下移殖民的地产。1969

① Alaya Allani, "Bourguiba et le courant 'libéral' au sein du parti destourien: 1970—1971," in Temimi, *Habib Bourguiba et l'établissement de l'état national*, p. 51.

年后,政府对这些土地提供贷款和补贴,取代了原先的直接投资——实际上,是想方设法将剩下的合作社土地私有化。在这种环境中,以前的合作者丧失了财产或资金,除了在大地主的土地上工作或到城市的新兴工业区找工作之外,他们别无选择。那些选择前者的人很快就陷入对雇主的债务中;而选择后者的人也几乎找不到工作机会。20 世纪 30 年代的情况再次发生,摇摇欲坠的农业经济将绝望的农村人口逼到早已拥挤不堪的城市贫民窟。

旅游业

在"十年计划"中,服务业要比农业和工业的发展更加持续。而在第三产业中,没有哪个方面的业绩比急速发展的旅游业更突出。在 20 世纪 60 年代创办的大约 160 家国营企业中,突尼斯旅游酒店协会(SHTT)长期以来一直保持着最成功的纪录。仅在 1965 至 1967 年间,对突尼斯旅游酒店协会项目的投资就翻了一倍多,从 650 万第纳尔(1958 年代替法郎成为货币单位,1 第纳尔约等于 2 美元)上升到 1 380 万第纳尔,且发展速度在接下来的几年中进一步加快。[1] 突尼斯旅游酒店协会将建设第一批奢华酒店的地点选在杰尔巴岛和东海岸原始的地中海海滨,苏塞-莫纳斯提尔地区及哈马马特(Hammamet)周围,以及邦角半岛等地。60 年代末之前,该公司在突尼斯欠发达地区兴建酒店,如塔巴卡北海岸以及南部托泽尔和加夫萨的绿洲。规划者正确地估计到欧洲游客将会涌入高质量的度假地,其盈利能力必会刺激私人对旅游业的大量投资。兴建酒店及成立管理酒店的公司确实吸引了大量外资,也吸引了农村地主的大量投资,这些地主们在整个 60 年代都对本·萨拉赫在农业领域的最终计划担心不已。

在吸引欧洲游客到突尼斯方面,突尼斯旅游酒店协会及其私营竞争对手都没有进行新的尝试,而只是重振了始于法国保护领地时期之
前但被搁置起来的行业。然而,不同于欧洲中产阶级及工人阶级是 20 153

① Poncet, "L'Economie tunisienne," p. 110.

世纪60年代旅游业用精心设计的广告活动所瞄准的主要消费者，最早来突尼斯的外国观光客却是上层阶级的男士和女士，他们自己拥有19世纪旅游所需的财富和空闲时间。的确，直到20世纪30年代晚期国际危机导致旅游业衰败，几乎所有去突尼斯的游客收入都在平均值以上。突尼斯的冬季气候吸引了那些追求比法国或意大利里维埃拉更具异国情调之地，或寻找不同于更著名的阿尔及尔冬季旅游主题的游客。突尼斯给早期的游客提供机会寻求对于他们这个阶级和背景的人具有特别吸引力的东西。两个英国人于1883年和1885年两次来到保护领地旅行，他们强烈建议未来的游客不带枪就不要到该国内地探险——不是出于安全因素，而是由于那里绝佳的狩猎资源。乡村"有各种比赛……瞪羚和野猪出没于平原；(而且)黑豹和土狼猎之不尽"[①]——然

莫纳斯提尔的海滩，约1985年。旅游业成了突尼斯独立后的一项主要产业。虽然很多游客主要是来欣赏该国极其迷人的海滩，但历史与文化景点也经常是他们行程的一部分。

① Alexander Graham and H. S. Ashbee, *Travels in Tunisia* (London: Dulau & Co., 1887), p. 149.

而,在不小的程度上由于欧洲的狩猎爱好者,它们很快就都消失了。许多接受过古典教育的富裕游客对分散在突尼斯各地的古代遗迹产生了的兴趣,也促使他们对这些遗迹进行了专家式的彻底探索,为了对看到 154
的一切有更深入的理解,他们有时会参考拉丁语作家的著作,偶尔也会参考中世纪阿拉伯语学者的著述。1902 年,包括当时最时尚的欧洲旅游路线的最后代表——“托马斯·库克父子”旅游分社——在突尼斯市开业了。新近来到首都的游客再也不会像 1882 年的旅游者那样,觉得他们像是“远离了库克先生和他个人指挥的舰队。”①

就算是在 20 世纪 30 年代,游客中也很少有人是专门来享受日光浴、游泳或进行其他水上运动,但这些项目却恰恰是 60 年代“娱乐”游客所喜爱的活动。随着人们对殖民时代的记忆逐渐成为过去,大部分游客对突尼斯、突尼斯历史或文化所知甚少,而只能依靠对这个国家和居民的固化印象了。吸引这批新游客来到突尼斯的假日旅游套餐包括对梅迪纳的短时游览以及参观一个考古场所,但梅迪纳过于陌生的氛围、考古场所壮观的纪念碑以及在这两处卖力地兜售廉价仿手工纪念品的小商贩,可能更加深了,而非反驳了,这些固有印象。很多旅游者对个人快乐的享乐主义式的追求、喧嚣的行为、对于两性之间可接受的公开接触或在大街上得体穿着的观念与突尼斯的标准形成了鲜明的反差,使他们无意中冒犯了突尼斯人,或许他们也知道冒犯了东道主。但是旅游业的目的并非为了加强跨文化理解,这个目标无论是在 1900 年还是 1970 年都遥不可及,突尼斯旅游业的目的就是为了赚取外汇,并且的确做得很出色。从 60 年代中期一直到 1973 年后石油价格上涨,旅游业比其他任何行业带来的外汇收入都要高——常常多达年总收入的五分之一。

阻碍旅游业获得可观经济效益的是各种成本和风险,其中大部分因素比起游客对突尼斯的有限了解更加棘手。旅游业由于一些突尼斯

---

① T. Wemyss Reid, *The Land of the Bey, Being Impressions of Tunis under the French* (London: Sampson Low, Marston, Searle & Rivington, 1882), p. 53.

人无法控制的因素而显得极其脆弱。欧洲国家的经济状况以及北非或中东各地动荡的政局都阻碍了欧洲人的旅行和度假计划，这一点从1967年6月的阿拉伯-以色列战争可以看出。战争威胁，然后是战争爆发，使游客人数锐减，酒店业首次面临重大危机。为了扭转这一趋势，政府迅速采取了措施。布尔吉巴公开承诺确保未来欧洲游客的安
155 全，虽然1967年旅游业收入的确减少了，但次年又强劲回升。另一方面，突尼斯官员就新酒店的选址做出了决定，酒店最初集中在地中海沿岸加重了沿海区域与内陆地区的发展速度的差距。

新酒店以及为支持工商业发展而修建的许多其他酒店提供了就业机会，这在失业率一直徘徊在15%的时候起到了急需的缓解作用。但酒店的大部分工作都是低工资的非技术性劳动(如女仆、服务员、侍者、门卫、园艺师之类)，再现了殖民地时期突尼斯人对欧洲人低声下气的情形。在突尼斯旅游酒店协会的酒店，突尼斯人确实担任着收入更高、责任更大的行政和管理职位，但在许多由跨国公司经营的私营酒店，这些工作一般是由外国人担任。在一些发展最密集的地区，酒店及其他旅游设施使成千上万公顷的农田无法耕种，对水的需求造成水价攀升，超过了当地农民的灌溉计划所需要的水资源，使处于困境的农业雪上加霜。经济计划者、投资者及政府官员在旅游业繁荣的最初几年很少关注生态问题，或者即使关注了，也认为与工业产生的利润相比，生态问题显得不值一提。然而，大量的新工程和大批游客涌向新的旅游中心确实给沿海和沙漠地区的脆弱环境造成了威胁，尽管这些威胁并不总是能够立即显现出来。

1968年初，经济总体增长率为年3.3%，对于一个发展中国家来说这是个惊人的数据，但这大约只是预期增速的一半。在“十年计划”作为经济蓝图实施之前，对发展的最初估计，与许多其他发展目标和政策一样，早已显示出不切实际且目标过高，或者与当前的经济、社会现实极不相称的问题。批评家严厉指责计划部所犯的技术性错误。他们还提到了更为敏感的问题，质疑本·萨拉赫掌握的广泛权力，其多年来一直得到布尔吉巴的强力支持，而在他的计划未能实现时很快就失去了

总统的信任。自本·优素福在1955年代表大会上的挑衅之后,许多党内反对者,其中大部分人刚到中年——他们是在保护领地晚期参与政 156
治活动的一代——质疑“最高战斗者”及其狭小顾问团的政治敏锐性和判断力。“十年计划”未能如期实现其众多目标,重新审视国民经济政策不可避免,重新调整方向也势在必行。在这种情况下,重新评估就必须要设法处理人们对政治权力分配及行使的不满。

第六章　政权的巩固与反对的加剧(1968－1987)

弥补社会主义实验的损失

157 计划经济试验刚结束之后,宪政社会主义党发现自己处在政治道路的岔路口。自独立以来,国家政策都是由党的领导班子来决定,然后由党和国家的联合机构来执行。党领导下的政府首脑乃至其核心集团自然了解突尼斯人民的需要和愿望,这种家长式的信念导致与受众不相关的,或者至少是利益无足轻重的信息的倒流。1964 年代表大会后重新定义党和国家组织之间的关系只不过是这一主题的变体。正如宪政社会主义党不顾日益增多的民众反对,顽固支持合作社所显示的那样,党和人民之间的任何对话形式都消失了。宪政社会主义党宣称自己代表了突尼斯人民的集体意志,这种说法对于反对保护领地以及巩固独立国家很管用,但是到了 20 世纪 60 年代晚期,当对经济政策的广泛憎恶使国家与社会之间出现鸿沟时,这个说法听起来就非常空洞了。与此同时,宪政社会主义党上层的反对凝聚起来,勇敢地对日益孤立的领导层的权威及工作方法发起挑战,这表明党的精英分子中也出现了类似的分裂。

像过去一样,党的高度集中和专制的权力结构很容易遏制内部批评者。在此关键时刻,党的领导人面临两种选择,要么在党内不满情绪和社会广泛蔓延的不安定因素并存时仍然采取原来的做法,要么像他们的批评者要求的那样,采用更加公开的程序,扩大核心决策集团,通过制度约束来限制个人权力,所有这些都着眼于倾听不同的声音,使党能够与尽可能多的人民之间建立牢固的关系。持不同政见者称抵制改 158
革会导致党的衰退,然而顽固的领导人却害怕接受这些要求最终会导致他们被取代,他们的权力会减小,或者他们降为象征性角色。

1970 年宪政社会主义党内自由主义观点的最具影响力的代言人是艾哈迈德·梅斯迪利(Ahmad Mestiri)。不论是党内资格还是家庭关系(他是穆罕默德·谢尼克的女婿),几乎没有同辈人可以和 45 岁的梅斯迪利相比。1957 年他被任命为新宪政党政治局委员,同时还一直是国民议会自成立后的代表,领导过司法部(1956－1958)、财政部和商务部(1959),并于 1960－1966 年被外派到莫斯科、开罗和阿尔及尔担任大使。自新宪政社会主义开始后他首次返回突尼斯,成为国防部部长。梅斯迪利不需要本·萨拉赫的经济原则,曾公开谴责这是灾难性的。当他确信本·萨拉赫只是因为得到不受约束的总统的个人支持才掌握权力后,他的批评随即也扩大到了布尔吉巴。梅斯迪利发现自己处境艰难,于 1968 年辞职。

当本·萨拉赫自己的解职似乎证实了梅斯迪利的疑虑时,布尔吉巴邀请他重返政坛,并在 1970 年任命他为内政部长。他同党内其他自由派起草了实现党内事务民主化和限制滥用专制权力的改革方案,并提交给了 1971 年宪政社会主义党代表大会,此次大会以过去七次会议难以想象的方式表达了对总统极大的不信任。这些情况主要起因于他和本·萨拉赫的关系,也源自这位 68 岁的总统越来越多的健康问题。布尔吉巴糟糕的健康状况使他在最近几年需要在国外接受长期治疗,也促使他在 1969 年决定辞去总理职务,支持由宪政社会主义党总书记巴迪·拉德加姆(Badi Ladgham)接任。批评者称,长期离职会影响总统对国家大事的掌控,并巧妙地暗示他的健康状况可能会使他不适合履行他的职责。在这种气氛下,大会代表们不顾布尔吉巴的愿望,选举自由派候选人进入可挑选政治局委员的中央委员会,并批准了一项总统继任程序,以阻止总统任命其继任者。

反对派赢得了战术上的胜利,但党组织并没有实施它的机制。代表大会闭幕后不久,布尔吉巴下令开除梅斯迪利和其他直言不讳的批
159 评者。党内他们的声音被停止,他们的观点被忽视,他们的改革也被回避了。那些领导宪政社会主义党及之前的新宪政党超过35年的人,并不想把党交给他们。三年后,当宪政社会主义党代表大会再次召开时,一个更加健康、更加坚持己见的布尔吉巴掌握了对党的控制权,粉碎了仍然存在的任何使党内工作民主化的倾向。参加1974年党代会的代表们抛弃了由中央委员会选举中央政治局的做法,转而支持由党的领袖任命这个机构的方式,党的领袖是他们赋予布尔吉巴的终身职位。同年,清一色由宪政社会主义党党员组成的国民议会,授予布尔吉巴"(共和国)终身总统"的头衔。党和国家的最有权力的人物从未怀疑过他们将会走哪条政治道路。他们不但决定继续沿着专制主义道路走下去,而且决定加强他们的权力,控制而不是动员舆论,由此关闭了表达反对的政治意见的大门。这种盛行十年的风气从1976年宪法修正案第4条中可窥一斑,这个修正案将共和国的座右铭从"自由、秩序、正义"变为"秩序、自由、正义"。

此后,那些巧妙躲过1971年清洗的具有改革思想的宪政社会主义党成员开始放低了他们的姿态。很多被清除的党员则跟随梅斯迪利在突尼斯民众中传播政治参与和透明化的理念,但是面对宪政社会主义党的专制主义,除在一小圈知识分子中外,他们几乎没有取得什么成功。本·萨拉赫维持支持基础的努力更加没有效果。他逃至法国后于1973年组织的"人民团结运动"(MUP, Mouvement de l'Unité Populaire)支持他的社会主义原则,但参与者全都是流亡的同伴。这一时期另一个结盟的组织也值得一提。宰敦清真寺大学的学生在1970年成立了"保卫古兰经协会"(Association pour la Sauvegarde du Coran),以表达他们为逐渐消失的突尼斯穆斯林身份和同样恶化的道德标准感到苦恼,他们把这两点都归因于政府的世俗化和西方化政策。该协会主要用文化和宗教词汇来表达要求,敦促突尼斯人民将伊斯兰

教置于他们个人生活的中心,以此作为战胜这些邪恶的重要的第一步。相比之前对待宗教组织的态度,国家政治领导人这一次并没有试图干涉该协会,大概是由于当时宪政社会主义党正在处理其内部自由派的 160
尖锐批评,希望与宗教权威缓和关系,但也可能是认为该协会可以为世俗的政权反对者提供一种有效的平衡。

宪政社会主义党怀着反对政治改革时相同的热情,在本·萨拉赫解职后对国民经济进行了一次特别大检查。监督恢复因前十年设计拙劣的社会主义政策造成的损失的责任落到了赫迪·努伊拉(Hedi Nouira)的肩上,他是布尔吉巴在1970年选定的总理。努伊拉作为经济自由主义者从一开始就怀疑萨拉赫,他那坚定的、狭隘的政治观点与在党内最高层盛行的压制不同意见的冲动相一致。用于工业发展的私人资本有许多必然来自国外,这成了努伊拉经济拯救行动的重要组成部分。为了消除投资者对突尼斯近期经济表现的担忧,政府针对愿意发展能够提供急需就业岗位的出口型产业、但不对突尼斯产品形成竞争的外国企业家,设计了一系列具有吸引力的特许经营权计划。在努伊拉指导下的第一个计划周期(1973－1977)开办了500多家外资工厂。然而,正如维持中央集权计划过程所表明的,国家并没有把所有的经济活动丢给私营经济部门,而且,除了几个失败的项目外——最显著的就是合作社——也没有退出参与公共部门现有的工作。20世纪70年代出现了大约100家新的国有企业,其中大多数是生产初级产品的重工业。从1972至1984年期间,政府在公共部门的开支比例翻了两倍多,而国家在全部资本投资中的份额也从未低于50%。①

① Kenneth J. Perkins, *Tunisia: Crossroads of the Islamic and European Worlds* (Boulder, Co.: Westview Press, 1986), p. 136; Karen Pfeiffer, "Between Rocks and Hard Choices: International Finance and Economic Adjustment in North Africa," in Dirk Vandewalle (ed.), *North Africa: Development and Reform in a Changing Global Economy* (New York: St. Martin's Press, 1996), p. 43; and Stephen J. King, "Economic Reform and Tunisia's Hegemonic Party: The End of the Administrative Elite," in Ali Abdullatif Ahmida, *Beyond Colonialism and Nationalism in the Maghrib: History, Culture, and Politics* (New York: Palgrave, 2000), p. 181.

得到提高的工业化创造了数千个新岗位，但大多数只需要很少的技能，支付的工资也低，提供的晋升机会或获取专业技术的机会也非常有限。然而，它并没有适当地降低失业率，也没有创造出可观的出口收入。在整个 20 世纪 70 年代，官方提供的全国失业率在 13%到 16%之间波动，但在城市里和年轻人中的失业率却明显高出许多。到 70 年代中期，农村人口的持续迁移首次使城乡人口数量达到平衡，这一过程极大地影响了城市的失业率。15—25 岁年轻人的失业率接近 50%，差不多占失业人口的四分之三。① 到目前为止，大约 200 万出生于 1956—1976 年的突尼斯人完全使政府无力提供足够的就业岗位。

161

“我出生在突尼斯。”这辆汽车的后窗上的标志用法语和阿拉伯语写着这样的话。雷诺公司是 20 世纪 70、80 年代在突尼斯建立制造厂的众多欧洲企业之一。

---

① Samir Radwan, Vali Jamal, and Ajit Ghose, *Tunisia: Rural Labor and Structural Transformation* (London: Routledge, 1990), pp. 10 and 25－26.

另外两个因素也能进一步解释为什么新产业对解决失业问题只产生了无足轻重的影响。在 20 世纪 70 年代,比先前更多数量的女性离开家庭或农田外出工作,通常从事曾经由男性做的工作。1975 年,女性在从事经济活动的人口中所占比例只比四分之一略多一点儿,其中超过三分之一的人是受雇于工业部门。[①] 这种状况反映了独立后女性地位的逐步提高,许多突尼斯家庭经济窘迫,以及外国企业家(较之突尼斯企业家)更愿意雇佣女性,尽管她们的工资通常比男性的要低。劳动人口的增多意味着,要减少失业人口总数,就必须以比规划者预见的或做得到的更大的热情创造新的就业岗位。第二个解释因素在于突尼斯政府一直不愿解决地区发展不平衡的问题。在努伊拉的第一个五年计划期间,政府并没有比其前任更努力地将新工业扩展到沿海以外,特 162
别是突尼斯市以外的地区。结果,他们提供的补救措施并没有对南部、中部或西部这些传统上失业水平最严重的地区起到任何作用。

私人投资者兴建的许多工厂或生产纺织品或生产服装。因为政府免税和低工资降低了生产成本,这些产品最初在地中海地区找到了有利可图的市场。然而,在 1977 年,欧共体为了保护自己的产业不被廉价进口产品的洪流淹没,对这类产品征收高关税。这对突尼斯的影响是如此致命以至于许多工厂在五年计划的末年被关闭,使工业部门最初预计增长的 10%化为了泡影。即便这样,五年计划结束时,工业部门占了全部就业的近 20%(差不多 25 万个工作岗位),生产的产品超过了所有出口商品的三分之一。[②]

欧共体的进口限制同样损害了突尼斯的农业。合作社失败后,大地主无情地挤兑小农场主,自己的经营实行更全面的机械化,并专门为有利可图的国外市场而不是国内消费市场种植农作物。多样化的政府扶持计划给那些能够大规模耕种的人带来了好处,但没有一项计划将

① Zakya Daoud, "Les femmes tunisiennes: Gains juridiques et statut économique et social," *Maghreb-Machrek*, 145 (1994), p. 31.

② Pfeiffer, "Between Rocks and Hard Choices," p. 44.

自殖民时期就考虑的建造水坝的问题提上议事日程。然而,进口大量基本粮食的需求抵消了农业出口带来的利润。虽然从1969至1977年之间农业增长率翻了番(起点由于本·萨拉赫时代的误算而被压低),但那些年农业出口额几乎抵不过食物进口的一半成本。突尼斯最有价值的农产品是橄榄和柑橘,与希腊、西班牙和葡萄牙相同。为了加强这些国家的经济,为他们进入欧共体作铺垫,欧共体于1977年解除了对有竞争力的农产品的进口壁垒,对突尼斯种植者有效地封锁了欧洲市场。

努伊拉政府稳定了经济,舍弃了社会主义时期无效的和破坏性的策略,恢复了投资者的信任,并制定了复苏方针,虽不完美,但这个方针使1973—1977年间的年增长率达到了5.6%。如果没有旅游业赚取外汇的强大能力、没有国际债权人的信心以及由两种未曾想到的重要
163 的本国资源偶然提供的资金支持,这一转变不会发生得如此迅速。突尼斯获得大量外国贷款的能力对努伊拉实施最初的计划十分有利,但是当计划实施时,世界范围内原油价格的上涨给突尼斯带来了更大的利益。国库很快装满了石油销售所得的美元,因为尽管石油出口在十年里保持稳定,但他们的价值增长了十倍。在五年计划的最后一年,石油销售收入占到政府年收入的六分之一。政府将这些意外收获投资于工业和服务业;为资本家的农业企业提供资金,抵消了为吸引外国投资而提供的特许;补贴基本商品、公共事业和住房价格来抑制最贫困(并经常失业的)人群的不满;通过扩大和加速提供教育及社会服务,提高整体生活质量;保持贸易平衡,使其处在一个,虽然仍是负值,但却可接受的水平。

海外工人的汇款是20世纪70年代另一个未曾预见的财富来源。独立前移民去法国的劳工人数有限,1956年之后,一些突尼斯人也想办法去了意大利、德国和其他一些欧洲国家,但他们寄回的钱对国民经济几乎没有影响。大多数人在工厂、建筑业或公共工程中从事非技术性工作,这类工作通常是当地工人不屑去做的。70年代石油业的繁荣使得人口稀少的阿拉伯产油国需要大量劳工。失业的、未充分就业的

和有工作但未领到足额工资的突尼斯人只得跨过边境来到利比亚的油田找工作，这样做的几万人都是来自突尼斯贫困的和被忽视地区。因为中学和大学培养的毕业生超出了经济的接收能力，在70年代，在国外寻找工作机会的突尼斯人的情形变得更加多样和复杂。除劳工之外，教师、职员、技术员和半熟练工人分散在阿拉伯世界和欧洲各地，尤其是在阿拉伯半岛。到70年代末，在国外工作的100万突尼斯人中，超过四分之一的人的汇款几乎占到了国内生产总值的四分之一。[①] 劳工移民的增长非常适时地给国家带来了大量钱款，但它作为安全阀的作用超越了它的货币意义。除了抑制国内失业及其带来的愤怒和不安外，移民也使已经拥挤不堪的城市贫民区的状况不再进一步恶化。

1973—1977年的五年计划通过经济环境性的改变，而不是结构调整，使经济得到了总体发展。少数突尼斯人能够进行大量投资，与外国 164
企业家兴办合资企业，或在经济繁荣时期向在国内做生意的外来人员提供中介服务以获取巨额利润。很多富有的资本家成功的原因在于他们拥有农村地产，并且在宪政社会主义党内都有重大的影响力。靠工资生活的人过得却并没有这么好。虽然平均收入稳定增长，但国家收入分配给工资的百分比却下降了。此外，本地商品生产成本高，而且现在能进口的商品的费用使消费价格的上涨速度是工资上涨速度的两倍。虽然贫富差距几乎无从知晓，但自由经济的体制大大加深了阶级之间的鸿沟。在20世纪70年代，最富有的20%的人口的花销超过其他所有突尼斯人消费的总和，而最贫穷的20%的人口的消费只占消费总额的5%。[②]

工人利益如此严重的妥协让突尼斯工人总会从对宪政社会主义党多年的了无生气的附属关系中苏醒过来。在从社会主义向自由经济的

---

① Radwan *et al.*, *Tunisia: Rural Labor*, p. 4. Lisa Anderson, *The State and Social Transformation in Tunisia and Libya, 1830－1930* (Princeton: Princeton University Press, 1986), p. 244，估计20世纪70年代后期在海外工作的突尼斯人的人数超过了全国产业工人的总数。

② Perkins, *Tunisia*, p. 139.

过渡中,接连不断的突然罢工表明宪政社会主义党无法让工会受其控制。这种激进主义的复兴正好发生在突尼斯工人总会秘书长哈比卜·阿舒尔(Habib ʿAchour)官复原职的时候,他曾在1963—1965年担任这一职务,当时他试图维护工会的独立性而被宪政社会主义党开除。1971年复职后,他重获工会的领导权,并被任命为大权在握的宪政社会主义党政治局成员,这反映了他与两者长达25年的联系。然而,阿舒尔事实上面临着一项不可能完成的任务:培养一个能够有效处理对工人阶级福利至关重要的那些问题的自治工会,同时确保工人的不满不会妨碍宪政社会主义党实现其总体目标。不过,自宪政社会主义党成立之初,突尼斯工人总会就一直被排除在外。1973年,政府引入了一个制度化的协商体制,从而为政府、工会和雇主提供了一个讨论工资、工作条件和其他相关问题的机制,但与此同时,政府宣布工人罢工为非法活动。由于没有其他武器,工会成员不顾禁令毫不犹豫地举行了罢工,但当局依靠警察和军队打击罢工,这使他们很清楚地认识到对于工人的要求政府会采取何种立场。阿舒尔对工人抱有真诚的同情,在他的领导下,突尼斯工人总会成为唯一有足够能力与宪政社会主义党对抗的国家组织。

1977年,努伊拉第二个五年计划开始时,突尼斯工人总会与政府的紧张关系达到顶峰。由于认为持续的工人骚乱会威胁到来自国际信
165 贷机构的支持,而新计划比先前的计划更加依赖这些贷款,宪政社会主义党领导人施压,迫使阿舒尔令工会与政府保持一致。作为好处,他们提议提高最低工资,并允诺在计划实施过程中,根据通货膨胀额外增加工人的收入。尽管突尼斯工人总会接受了这个"社会契约",政府仍没有处理好工人的不满,罢工也仍在继续。出于厌恶,阿舒尔于年底辞去了政治局职务,同时工会在准备1978年1月26日的大罢工——独立以来工会发起的首次大罢工。如同在保护领地后期的罢工一样,这次大罢工有很强的政治意味,因为突尼斯工人总会的领导除了提出其他单纯的经济性质的要求外,还提出了政治多元化的要求。在国内各个城市,抗议最终都变成了暴力冲突,示威者通过攻击政权的象征,例如

警察和士兵,来发泄他们的不满。报道的死亡人数从 47 人至这个数的四倍多不等;另有包括阿舒尔在内的数百人由于参与罢工而被捕入狱。宪政社会主义党迅速任命了一个可塑性更强的突尼斯工人总会执行委员会,但该委员会明显的从属性使它无法控制愤怒的工会成员。虽然突尼斯人从不怀疑政府镇压严重反抗的能力或意志,但“黑色星期四”的行动还是达到了出乎意料的残忍程度,令许多人感到恐惧和憎恶。

政治自由派抓住国民对政府行为担忧的机会,让更多突尼斯人了解自己的见解。自离开宪政社会主义党后,梅斯迪利和他的同伴一直在为建设一个更加开放的社会而四处活动,对 1977 年突尼斯人权联盟(LTDIT, Ligue Tunisienne des Droits de l'Homme)的创立起到了帮助,突尼斯人权联盟是阿拉伯世界中第一个此类组织,始终支持工人建立一个更加公正的社会的要求。1978 年 6 月,梅斯迪利宣布成立社会民主运动(MDS, Mouvement des Démocrates Sociales)。政府拒绝了社会民主运动提出的承认其合法政治党派地位的要求,但该组织很快成为持不同政见的左派人士的集结处,而他们的法语和阿拉伯语报纸则成了概述其批评的论坛。

大约在同时,几乎是 20 年来的第一次,出现了一个以宗教信仰为中心的反对派政治运动组织。突尼斯工人总会日益增长的影响力令保卫古兰经联盟和类似的伊斯兰教团体的领导人感到不安。由于害怕把政坛丢弃给工会和新组建的非宗教组织会严重损害他们向公众传达信息的能力,他们建立了伊斯兰教派运动(MTI, Mouvement de la 166
Tendance Islamique /Harakat al-Ittijah al-Islami)。在伊朗伊斯兰革命(虽然不完全坚持它的意识形态)的鼓舞下,在前中学教师拉希德·哈努什(Rashid Ghannushi)以及萨迪吉中学和神学系(前宰敦清真寺大学)毕业生阿卜杜·法塔赫·莫罗乌(ʿAbd al-Fattah Mourou)的领导下,伊斯兰教派运动重申了早期伊斯兰教组织的要求,呼吁人们在他们的私人生活中信奉宗教道德和伦理价值观,同时也继续要求政府改变毁灭性的经济政策并设计更有代表性的政治结构。它在几个,常常相互叠交的,人群中赢得了支持:一是那些贫穷并地位低下的突尼斯人，这些人是十年间使三分之一的人口陷于贫困的经济滑坡的受害者，二是对宪政社会主义党没有敬意的年轻人（他们大多数人在独立时尚未出生），他们并没有把该党作为赢得国家独立的政党，反而认为它是个给不了他们什么利益的过时政党，三是许多年长的中产阶级人士，在社会主义和资本主义都无法实现他们对繁荣和安全的期望时，转向了伊斯兰教遗产。[①]

突尼斯的体制用一位西方社会学家的话来说就是“史密斯的致富方式和霍布斯的统治方式”[②]，尽管要求改革这一体制的压力越来越大，宪政社会主义党高层却只做了无关紧要的让步。在 1979 年国民议会的选举中，宪政社会主义党提交的名单上候选人是席位的两倍，但所有候选人都必须是声誉良好的党员。批评人士或拒绝参加选举或损毁选票，他们指出这种无益的改变显示出宪政社会主义党已经与许多民众彻底失去了联系，对人民的态度也由关心转为轻视。1980 年 1 月 26 日，“黑色星期四”两周年纪念日，一群游击队员夺取了南部磷酸盐开采中心加夫萨的几处警察和军事设施，试图发动一场大起义。磷酸盐价格持续下降使得该地区原本萧条的经济陷于停滞，造成了相当高的失业率和极端的不满与憎恨。至少有 37 人（据官方估计），但很可能有更多的人，死于夺回城市控制权的战斗中。布尔吉巴指责穆阿迈尔·卡扎菲（Muammar Qadhafi）为袭击者提供训练和装备，布尔吉巴自 1974 年拒绝了利比亚提议两国统一后一直与卡扎菲不和。抛开国外同谋不说，突尼斯当局对引起袭击的环境难辞其咎。一位高级作战指挥官表
167 达的对萨拉赫·本·优素福的赞赏含蓄地控诉政府没有平息怨愤，25 年前就是这些怨愤使如此多的南方人和其他怨恨的公民加入了优素福阵营。当新的十年开始时，突尼斯社会中最无权无势的人群所感受的

① 有关伊斯兰教派运动创始人及最有影响力的领导人之一的传记，参看：Azzam Tamimi, *Rachid Ghannouchi: A Democrat Within Islamism* (New York: Oxford University Press, 2001)。贫困人口比例是依据 Anderson, *The State and Social Transformation*, p. 244，引用了世界银行确定的标准。

② Clifford Geertz, as quoted in King, “Economic Reform,” p. 183.

不满情绪在蔓延。“黑色星期四”和发生在加夫萨的袭击暴露出突尼斯政体的脆弱,这使得政治和经济大改革成了当务之急。有权势、社会关系广泛的努伊拉由于被认为与20世纪70年代的政策制定有紧密关系,他在加夫萨袭击事件几个月后得了使他失去能力的中风,这一定让许多宪政社会主义党上层人物松了一口气。

急速失控

突尼斯宪法规定,若总统死亡或失去工作能力,则由总理继承总统职位。由于布尔吉巴反复出现健康问题,这个限制性条款大大提高了政府首脑的声望和权力。由于布尔吉巴有效地控制着总理的任命权,从他的办公室发出的政策代表总统的许可。在努伊拉中风后,长期忠诚于党的领袖的政治家穆罕默德·姆扎利(Muhammad Mzali)当上了总理和宪政社会主义党秘书长。总统交给他一项艰巨的任务:巩固曾经庞大稳固、但现在由于各自利益出现严重裂缝而濒临瓦解的政治和经济体系,与此同时,还要一如既往地在党的核心部门保持最大限度的控制。姆扎利上任后立即释放了“黑色星期四”之后被囚禁的哈比卜·阿舒尔和其他工人积极分子,这令人回想起了殖民时期具有改革精神的总督的走马上任。他随后任命几名非宪政党党员就任内阁职务,并说服梅斯迪利和他的社会民主运动党同事作为忠诚的反对派团体回归宪政社会主义党。

这些姿态带有布尔吉巴对曾经反对过他的高级党员先边缘化、然后再复职的手段的味道。更具创新精神的、也可能是更为意义深远的举措是追求政治多元化。在安排1981年的新选举时,政府邀请政治组织提交候选人名单,只要是不寻求国外支持,不主张阶级斗争或宗派主义,也不批评“终身制总统”即可。姆扎利保证向那些得票率超过5%的政党给予官方承认的政党地位。为了显示政治发展气氛的和谐,宪 168
政社会主义党和突尼斯工人总会共同提交了一个“民族阵线”名单。没有一个羽翼未丰的政党能够组织有效的竞选,他们都没有达到下限,没能获得5%的选票。尽管出现这样的选举结果,政府还是在1982年通过使突尼斯共产党合法化(这个政党只有大约 2 000 名党员)开创了某种多党制,因为突尼斯共产党与其他政治组织不同,它从 1963 年针对反对派活动的禁令生效后一直没有停止活动。布尔吉巴清楚地表明,他将这种改革最多视作是不得已的弊害,他抱怨道,“我给了他们多元主义……他们就不会说他们非得等着那个法西斯主义的布尔吉巴去世了。”①

在筹备 1981 年选举时,令世俗的宪政社会主义党领导层尤其感到不安的是大众对伊斯兰教派运动的强烈热情,它是除了共产党之外唯一与宪政社会主义党没有渊源的政治组织。哈努什热衷于为成立伊斯兰政府打基础,他在试探政权的容忍限度,经常以清真寺为地点,谴责新宪政党和宪政社会主义党 25 年来的政策,这些政策实际上从突尼斯公共生活中清除了一切伊斯兰教的痕迹。哈努什、莫罗乌和很多伊斯兰教派运动的拥护者由于被指控诋毁“终身总统”而被捕,使该组织在大选前不久陷入了混乱。然而,在投票过程中,与伊斯兰教派运动有关联的候选人与世俗候选人得票情况相当,甚至经常还要好于他们。大多数世俗候选人认为,伊斯兰主义者后来提出的结成共同阵线的建议是极为自私和机会主义的,他们相信伊斯兰教派运动主要是想利用他们煞费苦心建立起来的网络和组织结构。尽管不大可能,但伊斯兰教派运动与这个或那个非宗教反对党之间结成联盟的幽灵还是足以使政府恐慌,以至于姆扎利在 1983 年试图抢先承认社会民主运动党(MDS)和人民团结党(PUP,从本·萨拉赫的人民团结运动中分裂出来的组织)为合法政党。以禁止宗派主义政党为由,总理拒绝了伊斯兰教派运动多次要求同样地位的请求。

姆扎利在不到三年的时间里减少了反对派对宪政社会主义党垄断政坛的批评,但是刚出现的多元主义有局限性,也没有安全度过一场真

① 引自 Lisa Anderson, “Political Pacts, Liberalism and Democracy: The Tunisian National Pact of 1988,” *Government and Opposition*, 26: 2 (1991), p. 249。对突尼斯共产党力量的评价请见: Kenneth Perkins, *Historical Dictionary of Tunisia*, 2nd edn (Lanham, Md.: The Scarecrow Press, 1997), p. 143。

正的竞选。他还成功地使反对派各重要力量相互削弱。然而,他没能将所有在党内有影响力的人物团结在他身后,而党的核心圈子里对他 169
也有一些反对意见。指责来自宪政社会主义党内守旧的保守派,也来自一些高层的年轻党员,对于他们的政治抱负,总理就是一个阻碍。以他的职位,只有姆扎利,而不是任何党员,会就任总统职位;除非他在布尔吉巴死前失势,否则其他人不可能获得这个国家的最高职位。此外,多元主义对宪政社会主义党十拿九稳进入政府权力部门构成了潜在威胁。宪政社会主义党内部出现了激烈的争论,一些是关于姆扎利政策是否明智,这反映了其内部真实存在的担忧;而另外一些则是设法让其支持者在总统继承权的问题上处于有利地位的手段。除了这些公开对抗外,总理的敌人还进行了一次暗讽活动,企图让他失去总统的信任。作为一个老练的政治家,姆扎利保持了布尔吉巴的信任,并排挤了非难者。然而,在这一过程中,他却使那些在对抗不太激烈的环境下本来可能会帮助他推进改革的人疏远了。

当经济形式造成了危机局面时,政治上的明争暗斗使姆扎利很容易受到攻击。在他指导下制定的第一个计划(1982－1986)重点是对石油化工以外的产业部门进行投资,目的在于减少失业,鼓励出口并削减进口。然而,在实现这些目标的过程获得重大进展之前,尽管造成了预算紧张,但维护稳定要求保持国家对基本商品的补贴。当努伊拉在1973年开始第一个后社会主义时期的五年计划时,政府每年的补贴约为1 000万第纳尔;十年后,每年的负担接近8 000万第纳尔。[①] 在1982－1986年计划施行的最初阶段出现了一些严重的问题:为补贴提供资金的收入,尤其是来自原油销售的收入,意外地不再增长,同时,恶劣的天气条件导致了几年严重的农业歉收。为了应对日益加深的财政赤字,政府强行采取了紧缩措施,减少政府开支,限制进口,同时,在惊恐万分之下,微微减少了一些补贴。不断增加的国外借款反映出,即

---

① Emma C. Murphy, *Economic and Political Change in Tunisia: From Bourguiba to Ben Ali* (London: Macmillan, 1999), p. 90.

使牺牲正常的经济发展,也要确保政治稳定这件头等大事。

1983 年底,国际货币基金组织(IMF)和世界银行要求取消对面包和粗粒面粉(民族饮食中的主要食品蒸粗麦粉的基本原料)的补贴,作为继续扶持的必要条件。这些商品价格的翻倍于 1984 年 1 月在全国
170 引发了长达两周的反政府游行。有一次,抗议者甚至向布尔吉巴乘坐的汽车投掷石块——这曾经是不可想象的举动,表明了最贫穷、最苦难沉重的突尼斯人的沮丧和愤怒。如同对付“黑色星期四”事件一样,警察和军队恢复了秩序,但却有数以千计的平民伤亡。尽管姆扎利在宪政社会主义党内的政敌既谴责了补贴的取消,也谴责了镇压随后发生的混乱的方法,但那些新近取得合法地位的政党,由于对其权限还不太明确,采取了克制态度而没有积极参与煽动暴乱。

为了使自己远离公众愤怒,也为了让他有点晦暗的形象重新光辉起来,布尔吉巴恢复了国家补贴,让突尼斯人民相信总理的行动是没有经过他授权的。但他并没有免姆扎利的职,反而更愿意让他的这位门徒继续留任,他使姆扎利现在更加强烈地认识到这样的现实,即最高权力属于总统,而不是总理。然而具有讽刺意味的是,几个月后,布尔吉巴得了严重的心脏病,这就让经受了磨炼的姆扎利得以加强了他的地位。他意识到未来的经济调整势在必行,但可能会招致像结束补贴时那样的敌意,他采取了一些措施想将反对派的影响降到最低。在其他措施中,有一项是从欧洲召回了大使宰因·阿比丁·本·阿里将军(Zine al-ʿAbidine ben ʿAli),让其重新担任国家安全局局长,他曾在这个职位上因为有力地镇压了 1978 年暴动而一举成名。而恰恰由于那次记录,突尼斯工人总会对本·阿里的再次任命提出了质疑。作为报复,政府抛开突尼斯工人总会,转而支持其竞争对手突尼斯全国劳工联合会(UNTT),他们的成员在前一年因为反对突尼斯工人总会武装对抗政府的做法而从中分离出来。分裂致使阿舒尔的言辞更加尖锐,1985 年,这位直言不讳的突尼斯工人总会秘书长再次入狱。

本·阿里和姆扎利(总理兼内政部长)通过严密监视各政党领袖以及他们的报纸,确保他们不反对政府。不过,受到最严密监视的是伊

斯兰教派运动。政府指控这个组织策划了1984年的暴乱,于是抓捕了大量支持者。虽然伊斯兰教派运动的领袖们与非宗教政党领袖不同,曾鼓励他们的追随者参加抗议活动,但当局并没有找到他们策动追随者的证据。1月份被监禁的伊斯兰主义者,与自1981年后被拘留的哈努什和莫罗乌一起,在几个月后被释放,但政府坚决不允许伊斯兰教派 171
运动作为政党进行组织活动。被许多突尼斯人视为政府迫害的行为提高了伊斯兰教派运动的声望,提高了它作为一个致力于维护公正地、在文化上恰当地解决突尼斯问题的独立组织的地位。

发生在1984年1月的令人痛苦的事件只是经济灾难时期的序幕,这场灾难由各种情况在无法预料的情况下汇合所导致,这些情况使得效益最好的经济领域付出了严重代价。国际市场原油价格的下降导致石油出口收益——多年来的经济命脉——惊人地从1984年的7.78亿第纳尔减少到了1986年的3.22亿第纳尔。石油工业的不景气致使好几万工人从利比亚和其他地方回到突尼斯,这对国家造成了双重负担,不仅使国民经济丧失了这些人从国外的汇款,更加重了业已居高不下的失业率。就在这两年中,持续的干旱使谷物产量减半。[①] 1982年以色列入侵黎巴嫩后,突尼斯在美国的敦促下极不情愿地决定允许巴勒斯坦解放组织在突尼斯市设立总部,由于卷入了以前作为弊端而一直回避的巴以冲突,旅游业面临了危机。1982年后,在地中海盆地沿岸国家和欧洲爆发了大量恐怖主义袭击,1985年以色列轰炸了突尼斯市郊区哈马姆-利夫(Hammam Lif)的一个巴勒斯坦人居住区,造成了68名巴勒斯坦人和突尼斯人死亡,100多人受伤,1986年美国对利比亚目标的空袭进一步遏制了旅游业的发展,而其结果波及了整个经济领域。由于石油收入突然下降,其他收入来源严重减少,政府无力维持它先前的支出水平。国家投资枯竭,工作岗位萎缩,国际收支赤字增加,外汇储备耗尽,国际借款上升,1982—1986年计划期间,经济的年增长率急

① Vincent Geisser, "Tunisie: des élections pour quoi faire? Enjeux et 'sens' du fait électoral de Bourguiba à Ben Ali," *Maghreb-Machrek*, 168 (2000), p. 41.

剧下降到 2.9%，这是自独立以来的最低水平。在这个注定要失败的计划摇摇晃晃地走向结束时，外债达到了近 50 亿美元，大约是国民生产总值的 60%，而要支付的利息用去了政府收入的四分之一还多。[①]

所有的突尼斯人都感受到了经济状况恶化所带来的困难，但穷人
172 自然是最大的受害者。虽然伊斯兰教派运动获得了广大人民的支持，但其中更贫穷的人经历了非常悲惨的生活，他们还常常因为缺乏所需的物质来源而无法，甚至最低限度地，养家糊口而饱受屈辱——这种事态完全有悖于伊斯兰主义团体视为国民生活的思想支柱而倡导的正义、人类尊严等理念。因此，伊斯兰教派运动对政府进行了持续不断的猛烈抨击。它提出的一些建议重点放在了纠正宪政社会主义党经济政策的基本缺陷上，与宗教和文化并没有直接的联系。伊斯兰教派运动领导人主张，通过农业现代化增加食品生产，发展满足国内市场需求的工业，从而实现更大的自给自足，而不是建立一个依靠国际旅游业和制造业的经济，“我们不必为西方生产我们不需要的东西提供廉价的劳动力”[②]。处理经济危机的其他建议更明显是来自伊斯兰背景，通常反映了长期以来关于性别角色的观点。1985 年，伊斯兰教派运动就《个人地位法》要求全民公投，认为让女性进入公共领域是鼓励她们获得曾经由传统上养家糊口的男性所拥有的工作。女性这样做一方面加重了(男性的)失业问题，同时对伊斯兰教徒所持有的明确规定男女不同责任的基本社会和家庭准则也造成了削弱。在经济以外的相关问题中，伊斯兰教派运动还加强了对两性之间接触的限制以及恢复传统着装，以表明拒绝外国的影响。宪政社会主义党、各反对党派以及支持女性的组织都起来维护《个人地位法》，阻止废除它的任何希望，而伊斯兰教

① Murphy, *Economic and Political Change*, p. 94. 有关年均经济增长率的数据出现在 *Jeune Afrique/L'Intelligent*, 2180 − 2181 (2002), p. 76。

② Lisa Anderson, “Democracy Frustrated: The Mzali Years in Tunisia,” in Reeva Simon (ed.), *The Middle East and North Africa: Essays in Honor of J. C. Hurewitz* (New York: Columbia University Press, 1990), p. 201, 引用了一位伊斯兰教派运动官员的话。

派运动继续对其废除表示支持。

由于伊斯兰教派运动作为政党的合法性一直没有得到承认,因而
也被正式排除在姆扎利发起的对话之外,因此它比社会民主运动或人
民团结党对政府的抨击要小得多,支持后两个组织的大多是中产阶级,
无论如何,他们能够更好地经受国家经济打击。但是,事实上,那个多
元主义的概念正在坍塌。由于确信时下的政治和经济气候会妨碍有可
能赋予反对派权力的自由选举,因此除了宪政社会主义党之外,所有的
政党于 1985 年联合抵制市政委员会的投票,这使姆扎利的政治开放显
得毫无意义。然而,甚至是多党制实验的失败也并没有减轻最坚定的
保守派党员的担忧,因为他们丝毫不信任那个站在队伍最前面、想取代
总统的人的本能和野心。在心脏病康复后,布尔吉巴重新开始扮演更 173
加积极的政治角色,一些有影响力的同事不断在他耳边播撒种子,使他
开始怀疑总理以及党的核心圈内的其他重要成员,包括他的妻子瓦斯
拉·本·阿玛尔(Wassila ben ^{c}Ammar)和他的儿子小哈比卜的判断
力、能力和忠诚度。

为了牢牢抓住他掌握了半个世纪的权力,1986 年,这位年事已高的领导人开始对那些他认为威胁到他权威的人采取行动。梅斯迪利从一开始就是自由主义反对派的典型,他于 4 月被捕,当时他正在领导一次示威游行,抗议政府未谴责美国对利比亚城市的黎波里和班加西进行的袭击。同时,布尔吉巴任命了几个顽固的保守派党员担任重要的部长职位,解除了姆扎利内政部长的职责,提名本·阿里担任这一职务,并断绝了与妻子和儿子的关系。7 月,当斧头最终砍向姆扎利时,由于害怕追加的报复,他逃离了突尼斯,而事实上,他的确被缺席审判,由于在他当部长期间存在不正当的金融和政治行为而被宣判处以监禁。

由总统挑选的代替姆扎利的拉希德·斯法尔(Rashid Sfar)所面临的最迫切的任务是停止经济的下滑。由于 1982—1986 年计划周期已临近结束,国际货币基金组织和世界银行开始警告突尼斯官员,除非对经济进行结构改革,减少赤字,减轻外债带来的不断加大的压力,否则

突尼斯将会失去信贷。姆扎利于 1986 年做的最后一个预算案从上一财政年度中削减了 15%的政府支出，还包括大幅减少基本食物补贴，[①]但国际机构预想的结构调整计划要求必须修订触及经济根本的政策。他们的议程包括通过贸易自由化和第纳尔贬值为突尼斯融入全球经济提供便利，普及私有化和撤销管制来提高市场的影响力，促进合理投资以减少失业，削减公共开支，尤其是要取消补贴。由斯法尔的经济顾问起草的 1987—1991 年计划清楚地说明了如何具体实行这一全面计划，为此，国际货币基金组织和世界银行提供了大约 8 亿美元。[②]

无论结构调整计划有何等的经济价值，其成功的可能性取决于，在经济和政治还有很大的不确定性的时候，宪政社会主义党是否有能力让突尼斯人民相信这个计划的必要性，以及能否让他们在节衣缩食的
174 情况下团结起来——这是一次重大的挑战。尽管宪政社会主义党有超过 4 400 个小组和 100 万党员(占总人口 15%)，[③]但他们激进的热情自国家独立后已经消散，绝大多数党员对党只是形式上的忠诚，党的领导人不得不更多地依靠镇压而不是动员来实现他们的目标。布尔吉巴一心想保持权力，并且在不小的程度上是由于姆扎利在党内的保守派反对者的含沙射影而确信到处都有政敌，即使身体疾病，有时是精神疾病的反复发作使他无法扮演有效的公众领导者的角色，他也坚决拒绝放弃对党和国家的控制。政府急于避免类似 1983 年物价飞涨后引起的社会动荡，因此试图通过减少标准面包重量而不是提高价格来隐瞒对面包补贴的取消，但这无法隐藏，甚至无法适当缓解，伴随结构调整而来的困苦，至少在短期内是这样。除了对这个计划带来的经济后果感到忧虑之外，批评者还表达了对主权丧失的反感，主权丧失体现在国家允许国际货币基金组织和世界银行制定国家的经济和财政政策。然而，斯法尔从一开始就表明，政府不会容忍对其权威有所质疑。在这样

① Murphy, *Economic and Political Change*, p. 96.

② Geisser, "Tunisie: des élections pour quoi faire?" p. 42.

③ Clement Henry Moore, "Tunisia and Bourguibisme: Twenty Years of Crisis," *Third World Quarterly*, 10: 1 (1988), p. 186.

令人反感的环境下,反对党再次拒绝参加1986年11月的国民议会选举。

次年,在许多示威游行后,当局逮捕了哈努什和其他伊斯兰教派运动的重要领袖,指控他们阴谋煽动推翻政府并建立一个伊斯兰国家。在所谓的多元制中,伊斯兰教派运动始终被拒绝承认是合法的政治组织,这使它在给自己定位以获取权力时选择了与政府对抗的路线。布尔吉巴和他最亲密的伙伴根本看不起穆斯林激进分子,认为他们将伊斯兰教置于公共生活中心的愿望有悖于党和国家一直不懈推广的现代的、西方化的和非宗教的观点。相反,伊斯兰教派运动成员认为,他们的组织被排除在政治进程之外只是政治体制运动最近的表现,这个运动可以追溯到独立前,其目的就是要让突尼斯伊斯兰教边缘化。在他们看来,拒绝伊斯兰教价值观而支持各种外来的意识形态是严重的错误,因为所有这些意识形态都没能建立一个公正的社会。要让突尼斯人恢复希望,就需要建立一个鼓励和帮助他们培养长期以来被忽视的、但却根深蒂固的伊斯兰教思想的国家。

遵照总统的命令,本·阿里动用了内政部的大量资源来击溃伊斯 175
兰教派运动。随后接连发生的暴力事件在1987年8月达到了顶点,苏塞和莫纳斯提尔的旅游宾馆发生了炸弹爆炸事件。由于布尔吉巴和其他宪政社会主义党重要官员都来自莫纳斯提尔并与这个城市保持着紧密联系,而且由于事件发生在纪念总统生日的国家假日前夕,因此这些事件传递的是个人宿怨。此外,这种暴行在已经成为广受国际游客欢迎的海滨度假胜地的城市发生,通过对至关重要的旅游业造成破坏性的经济滑坡而削弱了政府。同时,它也使作案者有力地表达对许多西方游客的冒犯行为的不满。在几周后对年初被捕的伊斯兰主义者进行审判时,尽管伊斯兰教派运动拒绝对这些爆炸事件负责,但这些案件还是制造了高度紧张的气氛。这些审判对包括哈努什在内的几名重要领导人判处死刑,对许多次要的激进党员处以长期监禁。

布尔吉巴对判决表示称赞,但作为警察和安全专家,本·阿里说服总统同意了他和其他部长的理由,即死刑可能赋予囚犯殉难者的光环,只会火上浇油。布尔吉巴对本·阿里的判断表示尊重,并于1987年10月提拔他为总理,但随后却仍然坚持对伊斯兰主义领导人执行死刑。年老的总统的健康状况恶化,行为无常,这使本·阿里相信他已经没有执政能力,他要求一个医生小组对总统的健康状况做出评估。他们得出了相同的判断,并依据宪法条款的规定,宣布他不再适合留任。宰因·阿比丁·本·阿里于1987年11月7日就任总统;哈比卜·布尔吉巴退休回到莫纳斯提尔,13年后去世,享年97岁。

作为国家元首、政府首脑和唯一有效政党的领袖(自努伊拉时期以来,宪政社会主义党总书记职务一直由总理担任),以及作为设计和平过渡计划而使国家避免更多困难的人,本·阿里手中集中了巨大的权力,但他也因积累了大量的信誉而受益,因为他明显地愿意主动与各类人士接触,而几乎没有突尼斯人为布尔吉巴60年公职生活的结束而感到哀伤,这都让他的声誉得到了加深。尽管几乎没有人公开承认,但即
176 使是前总统最忠实的支持者也意识到,尽管并未广为人知,最近几年身体和精神状况的恶化使他无论是对盟友还是敌人,以及对民族责任都造成了危险。为了使他所继承的国家混乱的政治、经济和社会秩序得到恢复,本·阿里需要动用他所拥有的一切有利条件。

布尔吉巴时代突尼斯的艺术与文学

布尔吉巴掌控突尼斯的31年见证了一个丰富的、多样的和具有表现力的民族文化发展过程,时常与压抑的政治环境和衰弱的经济波动形成鲜明的对比。第二次世界大战后,新宪政党领导人与戏剧团体在20世纪30年代著名的合作阻碍了戏剧的真正复兴,直到1954年突尼斯市政委员会创立了“突尼斯市剧团”(al-Firqa al-Baladiyya)后才有了改变。国家独立后,文化部承担着剧团的财政赞助,每年提供给剧团大量补贴,这使得才华横溢的年轻演员阿里·本·阿雅德(^{c}Ali ben ^{c}Ayad)(1963－1972年担任团长)将“突尼斯市剧团”创办成了国家最专业和最成功的剧团,并在阿拉伯国家和欧洲的巡回演出中赢得了国际喝彩。在这位领导人突然去世后,剧团举步维艰,虽然它后来更名为

“城市剧团”(Masrah al-Madina),继续在戏剧节上成功演出,但几乎无法再现本·阿雅德时代的活力。

政府对突尼斯市各剧团的支持反映了布尔吉巴在1962年宣布的一个政策,他的哥哥穆罕默德在20世纪30年代曾在多个剧团担任导演并参与演出。总统认为舞台作品的特性不仅是为了娱乐,也是教育民众和培养民族自豪感的手段。此后,文化部采取了一系列措施来实现他的远见。文化部建立了两个机构,一个是促进现有剧团工作并扶持创办新剧团的戏剧处(Service du Théâtre),另一个是国家戏剧指导委员会(Commission Nationale d'Orientation Théâtrale),主要是审查演出内容,防止上演“不合适的”作品。文化部还组织一年一度的戏剧节,展示突尼斯业余和专业剧团,后来又增加了两个庆典活动:专门为北非业余剧团设立的马格里布戏剧节(Festival du Théâtre Maghrébin)和为整个阿拉伯世界专业剧团设立的阿拉伯戏剧节(Festival du Théâtre Arabe)。这些活动整体的高水准吸引了国际观 177
众,提高了突尼斯戏剧在国内外的声誉。最后,为了削弱戏剧界阳春白雪的味道,文化部在20世纪70年代初给本地和地方剧团提供了大量补贴。然而,这个计划有时会适得其反。例如,在加夫萨成立的一个非常成功的剧团为该市大批工人阶级观众量身创作,用方言和方音上演了讽刺时政和社会问题的作品——这种具有煽动性的艺术理念在经济恶化的时候对蔓延的,尤其在南方,不满情绪无异于火上浇油。

1974年,曾监管地方戏剧运动的演员和导演法迪勒·杰比(Fadhel Jaibi)出任突尼斯市戏剧艺术中心(Centre d'Art Dramatique)的校长,这是由法国人在1951年成立的为演出公司的管理提供培训的学校。杰比调整了中心的课程设置,引入戏剧表演、导演和技术方面的课程,第一次使得突尼斯人能够在自己的国家接受专业训练。领头的杰比与他在戏剧艺术中心的几位同事一起于1975年创办了突尼斯第一家私人商业剧团——“新戏剧”(the Théâtre Nouveau)。戏剧艺术中心师生既参与表演,也常常创作和修改一些提出具有争议的社会和政治问题的剧作,凭借他们的才华,“新戏剧”迅速得到了认可,成为国内的优秀剧团。在1980年穆罕默德·姆扎利就任总理后,面对更有组织、更直接的反对,政府不愿意抛弃戏剧界,任其面对潜在的批评。1983年,文化部创办了突尼斯国家剧院,但只是当几年后身为剧作家、导演和“新戏剧”负责人的穆罕默德·德里斯(Muhammad Driss)同意担任团长后,它的努力才结出果实。德里斯负责扩大国家剧团和添置适当的设备。他还利用他在戏剧团体中的地位,在自己的剧团、“新戏剧”以及在国内各地涌现的许多私人剧团之间建立了有益的联系。

在“新戏剧”的创新中,有两个实验是把舞台作品拍成电影发行,然而杰比和他的合作者缺乏电影技巧训练。因此,他们的作品对于始于20世纪20年代,技术比较复杂的电影工业没有产生什么影响。阿尔伯特·萨玛玛(Albert Samama)是突尼斯犹太人,艺名奇科利(Chikly),他于1922年拍摄了第一部突尼斯小电影《朱哈》(*Zohra*),两年后拍了第一部故事片《迦太基的女孩》(*La Fille de Carthage* /
178 *ʿAyyilal-ghazwa*)。这两部电影都属于“神秘东方”体裁,这种体裁因派拉蒙电影公司1921年的电影《酋长》(*The Sheik*)而大受欢迎。演员阿卜杜·阿齐兹·侯赛尼(ʿAbd al-ʿAziz Hassine)于1935年导演了另一部故事片《图阿雷格人》(*Targui*),但在此后的30年中没有其他突尼斯人继续这些先驱者开拓的道路。不过,在20世纪20、30年代,温和晴朗的气候——与加利福尼亚南部没什么差别——吸引了西方电影制片人,其中大多来自欧洲,但也包括美国演员和导演雷克斯·英格拉姆(Rex Ingram),他于1924年在突尼斯拍摄了《阿拉伯人》(*The Arab*)。[①]

独立后,一家国营公司,突尼斯电影制作与传播公司(SATPEC;Société Anonyme Tunisienne de Production et d'Expansion Cinématographique),负

① 英格拉姆后来返回北非拍摄场地,于1927年在阿尔及利亚拍摄了《真主的花园》(*Garden of Allah*),并于1932年在摩洛哥拍摄了《战斗》(*Baroud*)。关于突尼斯电影概述、突尼斯最重要的电影作品集锦以及主要电影制作人的传记,参看 Roy Armes, "Cinema in the Maghreb," in Oliver Leaman (ed.), *Companion Encyclopedia of Middle Eastern and North African Film* (London: Routledge, 2001), pp. 490－511。关于突尼斯的部分。后面许多材料选自这本书以及 Armes 教授更早的未发表的文章。

责管理外国影片的进口、发行和展播,这些影片始终是全国剧院里最受欢迎和最容易看到的影片。为了完成促进电影制作发展的指令,突尼斯电影制作与传播公司于 1966 年在突尼斯市郊的迦玛特(Gammarth)建立了电影制片厂,但此后突尼斯电影行业平均一年只有两部故事片出品。同年,文化部组织了第一届迦太基电影节(Journées Cinématographiques de Carthage),授予阿拉伯和非洲影片中的最佳参赛作品金塔尼特奖(Tanit d'Or prize)。两年一次的迦太基电影节立即成为非西方电影界具有重大意义的事件。然而,它的开幕式却并没有角逐金塔尼特奖的突尼斯作品。自 20 世纪 30 年代以来,第一部突尼斯故事片是 1966 年由自学成才的业余电影制片人奥马尔·哈利菲(Omar Khlifi)导演拍摄的《黎明》(*al-Fajr/L'aube*),但没能赶上参赛。这是一部关于死于独立战争中的三个青年的爱国影片,它是讲述突尼斯抵抗外来控制的历史事件的三部曲中的第一部,其他两部是《叛逆》(*al-Mutamarrid/Le Rebelle*,1968) 和《游击队员》(*al-Fallaqa/Les Fellagas*, 1970)。第四部电影《呐喊》(*al-Surakh/Hurlements*,1972)集中表现了传统阿拉伯社会对女性的束缚。其他业余电影制作者出现于 60 年代晚期和 70 年代,但往往只是制作出一部成功的故事片后便止步不前,也未能对突尼斯电影思想产生重大影响。里达·贝希(Ridha Behi)的《鬣狗的太阳》(*Shams al-dhiba/Soleil des Hyènes*,1977)有力地谴责了已成为突尼斯经济重要部分的国际旅游业带来的破坏性影响。尽管这部贝希选在摩洛哥拍摄的具有争议的影片在欧洲得到了好评,但由于突尼斯电影制作与传播公司拒绝发行,抹杀了这部影片在突尼斯国内的影响力。

在 20 世纪 60 年代晚期,突尼斯新生的电影业受到了四个年轻人和两位年轻女性的巨大影响,他们都曾就读于法国(有一位在比利时学
习)著名的电影学院,并在返回突尼斯之前在欧洲锻炼了自己的专业技 179
能。历史主题,如同进入哈利菲的作品一样,也进入了卜拉欣·巴贝伊(Brahim Babaï)和阿卜杜·拉蒂夫·本·阿马尔([c]Abd al-Latif ben [c]Ammar)的电影作品,但他们和同事萨多克·本·艾查(Sadoq ben

ᶜAicha)和纳赛尔·塔利(Naceur Ktari)更多关注的是突尼斯的社会动荡,这是由于本·萨拉赫社会主义实验的崩溃以及70年代的经济滑坡开始损害中下阶级的利益。本·艾查的《穆赫塔尔》(*Mukhtar*,1968)探讨了突尼斯年轻人的幻灭和失意;巴贝伊的《为了明天?》(*Wa ghadan?/Et Demain?*,1972)讲述了一个当时人们熟知的悲惨故事,关于一个年轻男子从遭受旱灾的村庄来到突尼斯市寻找工作的历程;本·阿马尔的《阿齐扎》(*ᶜAziza*,1980)因其探索困扰城市生活的问题而赢得了金塔尼特奖。突尼斯文化与欧洲文化的冲突——很容易被接触过两种文化的电影制作者所理解——是本·阿马尔的电影《如此简单的故事》(*Hikaya basita kahadhihi/Une Si Simple Histoire*,1970)所反映的核心问题,而由塔利拍摄的第一部于1976年获得金塔尼特奖的突尼斯电影《使节》(*al-Sufara/Les Ambassadeurs*,1975)描述了移民到法国的突尼斯劳工面临的困难。对类似社会问题的关注也是突尼斯首批女导演作品的特点。赛尔玛·巴卡尔(Selma Baccar)的电影《75名阿拉伯女佣》(*Fatma 75*,1978),勾画了一系列从迦太基时代到20世纪突尼斯妇女的银幕形象。电影《伤痕》(*al-Sama/La Trace*)讲述了来自南方的一位年轻乡村女性的故事,内娅·本·马布鲁克(Neija ben Mabrouk)把与性别、贫穷和移民相关的问题交织在了一起。本·马布鲁克于1982年就完成了这部电影的拍摄,但由于与该片的制作方突尼斯电影制作与传播公司之间产生了分歧,该片直到1988年才发行。

突尼斯电影制作与传播公司参与制作了20世纪70年代一些比较好的突尼斯电影,但同时也与欧洲导演合作制作了大量不太成功的影片,因此成绩好坏参半。1981年,姆扎利政府收回了突尼斯电影制作与传播公司对影片进口和发行的垄断权,同时征收票房收入的6%资助一项鼓励独立电影制作的基金。从这一新举措中受益的新公司有电影电视艺术公司(Cinétéléfilms),它迅速在电影制作公司中位居头名。公司老板艾哈迈德·阿提亚(Ahmad ᶜAttia)自1970年在罗马完成导演课程学习后就一直在突尼斯电影界工作,他凭借自己对突尼斯电影业的深入了解,发现有前途的年轻导演并鼓励他们制作半自传体电影。他的第一个门徒努里·布齐(Nouri Bouzid)在影片《灰人》(*Rih al-sadd/L'Homme de Cendres*,1986)中大胆地面对性行为和同性恋问题,这是在以前阿拉伯世界制作的电影中很少触及的主题。尽管这部电影存在争议,或许正是由于它的争议,《灰人》在1986年的迦太基电 180
影节上获得了金塔尼特奖,这是获此殊荣的第三部突尼斯电影。阿提亚还鼓励法里德·布格蒂尔(Férid Boughedir)这位资深电影评论家和历史学家去探索这一题材,此前,布格蒂尔已经完成了三部受到高度赞扬的有关非洲和阿拉伯电影的纪录片:《非洲电影》(*Caméra d'Afrique*,1983)、《迦太基电影》(*Cinéma de Carthage*,1984)和《阿拉伯电影》(*Caméra Arabe*,1987)。随着80年代持续的社会和经济问题,那些年许多导演在拍摄首部故事片时都会不断地被吸引到反映国家动荡的主题上来。例如,塔伊布·洛希奇(Taieb Louhichi)指导的《大地的阴影》(*Zill al-ard/L'Ombre de la Terre*,1982)讲述了一个偏远的农村社区被自然灾害和现代性侵入所毁灭的故事。然而,比任何社会评论性影片票房收入更成功的是《两个疯狂的盗贼》(*Farda wa liqat ukhtaha/Deux Larrons en Folie*),这是1980年由阿里·曼苏尔(^{c}Ali Mansour)执导的喜剧,但它的重点还是在从乡下到突尼斯市的移民主题上。

像其他在电影业榜上有名的人一样(包括本·艾查、贝希和巴卡尔),曼苏尔在突尼斯广播电视台(Radiodiffusion Télévision Tunisienne;RTT)开始了他的事业,突尼斯广播电视台1966年开始向突尼斯北部传送有限的广播电视节目,到1971年覆盖了全国。与利用戏剧一样,政府官员希望广播电视除了起到娱乐作用外,也能被用作教育工具和公民工具,1964年广播电台实验性地播出了1964年在比塞大召开的党代会的实况,在会上新宪政党重新设计并将党的名字改为宪政社会主义党。在广播电视台落成仪式演说中,布尔吉巴力劝每个家庭购买一台电视机。为了使普通突尼斯人也有可能购买电视机,政府通过进口数千台电视机来压低价格,但是政府也像对待收音机那样,每年收取少量的许可证费用，这一措施一直实行到1980年。

为了符合政府的愿望，新闻报道、宗教演讲、纪录片、教学节目和文化表演一开始就占据了电台的主导地位。但是当日广播时间从原来的三小时逐渐延长，有限的原创能力就成了问题。即使在运营了十年之后，突尼斯广播电视台一半以上的节目依然依靠外国（西方和阿拉伯的）资源。在突尼斯，至少是在人口稠密的突尼斯北部地区，接收法国和意大利的广播电视节目非常容易，这使得突尼斯广播电视台不得不与西方广播电视节目保持一致。然而，这样做时，伊斯兰教派运动和其
181 他保守分子却对许多进口节目的内容表示厌恶，他们还以此为例攻击国家放弃了本土遗产。

在绘画领域，虽然在20世纪60、70年代发生了相似的转变，但没有引来同样的批评，这是因为保守的穆斯林不喜欢“突尼斯画派”艺术中常见的人物画像。国家独立缓解了突尼斯画家对国家遗产进行视觉记录的紧迫性，许多人将这视为爱国责任，独立也为他们进入国际艺术界提供了方便。随之而来的是一股用新的，主要是抽象的，表达形式进行的实验潮流。通过鼓励突尼斯画家扩大他们的视野，赫迪·图尔基(Hedi Turki)和哈蒂姆·麦琪(Hatim al-Mekki)这两位在欧洲和北美到处游历的成功艺术家赋予了突尼斯艺术前所未有的世界性气息。两人当中，图尔基自我意识更强，他蔑视所看到的同时代画家的地方主义，而麦琪的兼容并包与好奇心使他不可能局限于一种单一的风格。

许多受图尔基和麦琪影响的年轻艺术家毫无保留地接受了新形式；其他人利用进步且创新的风尚尝试以前在突尼斯鲜为人知的艺术形式，比如雕刻和版画。然而，独立后第一代中最成功的新秀是那些通过融合了本土文化特征而使自己的作品脱颖而出的艺术家。纳吉布·贝勒霍贾(Najib Belkhodja)和恩贾·马哈维(Nja Mahdaoui)在20世纪60年代通过利用阿拉伯书法设计抽象画确立了声望，画中文本的意义完全从属于作品的视觉冲击，偶尔甚至使用与阿拉伯字母似是而非的笔法。阿里·贝拉加(^{c}AJi Bellagha)是位年长的已经成名的画家，他通过把立体派技法与传统的阿拉伯几何图案相结合，形成了一种类

似的混合风格。一些艺术家顽固地抵制流行趋势,继续对传统生活进行诚朴的描绘。在独立后注重创新热情的前20年中,阿里·盖尔马西(^{c}Ali Guermassi)和其他纯真画派的支持者大多受到了忽视,但在80年代他们的油画又重新流行起来,他们的画是对没有几个公民曾亲身经历过的突尼斯那充满惆怅的纪念,抚慰了被他们生活的时代的动荡折磨得疲惫不堪的人们。

政治独立带来的社会和经济转变为这一代诗人、短篇故事作家、小说家和散文家提供了大量多方面的主题和唤起回忆的背景,他们的事 182
业差不多恰好与布尔吉巴任总统是同一时期。但突尼斯最有前途的两个文学作家,哈什米·巴库什(Hachemi Baccouche)和阿尔伯特·敏米(Albert Memmi),认为保护领地结束,他们的艺术自由很可能会受到限制,于是,敏米于1956年,巴库什在随后的一年永久移居去了法国。接受法语教育的中产阶级作家巴库什的第一部小说《我的信仰依然》(*Ma foi demeure*,1958),探索了法国和突尼斯人通婚的复杂性,隐喻了作者认为许多殖民时期的跨文化联系在民族主义取得胜利后将很难存在。敏米同样也接受了法语教育,并取得了巴黎大学的学位,他并非出身于城市中产阶级,而是来自突尼斯犹太人群体。独立之前,他出版了两部自传体小说《盐雕》(*Le Statue de sel*,1953) 和《琼脂》(*Agar*,1955),探讨殖民主义对双重边缘化的个体(既是突尼斯人,然后又是犹太人)的影响。《殖民者肖像之后的被殖民者的肖像》(*Portrait du colonisé précédé du portrait du colonisateur*,1957)是一篇关于压迫的有说服力的论文,确立了敏米作为社会分析家的声望,敏米随后又写了其他关于身份(尤其是犹太人身份)、依赖性和种族主义的杂文。在随后的小说作品中,敏米像巴库什一样利用了突尼斯的主题和环境,但两人自发离开突尼斯达大半生之久,这使得人们对于将他们归入"突尼斯"作家提出了异议。

1956年后,虽然一些作家在突尼斯用法语出版作品,但大多数作家更喜欢用阿拉伯语,因为阿拉伯语能让他们用起来更加方便,也使得他们的作品拥有最广泛的当地读者。后来成为总理的穆罕默德·姆扎利于 1955 年创办了文学评论《思想》(*al-Fikr*),该杂志在随后 30 年为有抱负的作家提供了非常有价值的平台。巴希尔·胡拉义夫(Bashir Khurayyif)是首批在《思想》中发表作品的作家之一,他是从主导早期作品的民族主义和爱国主义主题转向更直接地产生于突尼斯当代社会的主题的一个过渡性人物。他常常被誉为第一位突尼斯现代小说家,他的小说创作围绕着对突尼斯人生活的直接描写。《死亡,或者我受你爱情的诱惑》(*Iflas aw Hubbuka darbani*,1959)描述了生活环境因现代主义压力而改变的突尼斯青年的生活,而《苦桑》(*al-Daghal fi ʿarajiniha*,1969)则集中描述了欠发达的南部地区极其艰难的经济和社会状况。

独立后,女性开始发表的作品数量比以前多了许多。在 20 世纪 60 年代晚期,无疑是在欧洲和北美趋势的影响下突尼斯出现了女权主义创作浪潮。由海因德·阿祖兹(Hind ʿAzzuz)的短篇小说结集而成《漫漫长路》(*Fi'l-Darb al-tawil*,1969),探索了中产阶级女性的生活状
183 况,也触及了避孕和堕胎这样敏感的话题。莱拉·本·玛米(Laila ben Mami)的小说《燃烧的修道院》(*Sawmaʿa tahtariq*,1968)描绘了已经获得高度性自由的女性的生活;祖贝达·巴希尔(Zubaydah Bashir)的诗集《哈宁》(*Hanin*,1968)体现了她对于强加在妇女身上的社会约束的清醒认识和坚决反抗。一些著名的男作家与这些女性先驱者一道,利用他们的文学天赋将公众的注意力吸引到这些突尼斯女性所面临的问题上。以乡村衰败、合作社运动失败以及越来越多的人移居城市为背景,阿卜杜-卡迪尔·本·谢赫(ʿAbd al-Qadir ben al-Shaykh)的《我眼中的地平线》(*Wa nasibi min al-ufuq*,1970) 和乌玛·本·萨利姆(ʿUmar ben Salim)的《绿洲无阴影》(*Waha bi-la zill*,1979)这两部小说对女性在拥护解放和摆脱传统束缚时的恐惧和忐忑心情进行了观察敏锐的精悍描写。穆罕默德·萨拉赫·贾比利(Muhammad Salah al-Jabiri)的历史小说三部曲虽然不是专门描写女性,但妇女地位的提高却是其中一个反复出现的主题。其中,《宰穆拉的一天》(*Yawm min ayyam Zamra*,1968)以殖民晚期为背景,《一浪接一浪》(*al-Bahr*

yanshur al-wahahu，1975)叙述了刚刚独立的国家面临的政治和社会问题，《十年一日》(*Laylat al-sanawat al-ʿashr*，1982)则探索了引发1978年“黑色星期四”暴乱的许多问题。

布尔吉巴早期坚持教育的重要性，这在大量杂文和小说中引起了共鸣。这类小说中最受欢迎的有阿布德·马吉德·阿提耶(ʿAbd al-Majid ʿAtiyah)创作的半自传体小说《出生地》(*al-Munbatt*，1967)，讲述的是一位政府职员努力改变命运的故事。但随着20世纪70、80年代政治和经济困难的增加，许多突尼斯主要作家发现自己经常与当局意见不合，对政府计划缺乏热情。这些男作家和女作家转而将他们的想像力用于创作批判宪政社会主义党和政府的作品，尽管是以小说背景作掩饰，这些批判却十分有力。穆罕默德·哈迪·本·萨利赫(Muhammad al-Hadi ben Salih)的第一部小说《在蜘蛛网里》(*Fi Baytal-ʿankabut*，1976)把对人民的剥削作为主题。在第二本小说《周而复始》(*al-Haraka wa intikas al-shams*，1981)中，本·萨利赫效仿其他文学作家努力理解和表达知识分子在社会和政治动荡中的责任，例如诗人和批评家沙拉赫·伽马迪(Salah Garmadi)以及剧作家及散文家萨米尔·阿雅迪(Samir al-ʿAyyadi)。随着布尔吉巴主义政体开始崩塌，乌玛·本·萨利姆又创作了两部针对当代问题的小说。《瓶颈》(*Da'irat al-ikhtinaq*，1982)关注的是受困扰的工会运动，而《阿布·贾拉尔·达哈斯》(*Abu Jahl al-Dahhas*，1984)则触及了移民、种族主义和民族主义等问题。与此同时，因其短篇故事在电台播出而广受欢迎的阿露丝雅·纳鲁提(ʿArusiyah Naluti)出版了《锁链》(*Maratij*，1985)，这部小说探讨了留学法国的突尼斯学生在看到他们的国家因布 184
尔吉巴晚年政治混乱而饱受蹂躏时的情感。两年后，当总理本·阿里悄悄地使生病的总统自动离职后，文学界可能对于其在推翻布尔吉巴政权中发挥的作用而感到十分满意，并像其他突尼斯人一样，对美好的明天充满了期待。

第七章 “新”突尼斯的稳定与改革(1987－2003)

新政权的建立

185 辛因·阿比丁·本·阿里适时地让哈比卜·布尔吉巴从职位上退了下来,由此产生的社会反响,可通过对体育界的分析来生动描述。在体育界,曾经取得巨大辉煌的运动员在巅峰后如果仍然没有退役,也已不能再创造辉煌,对自己所在的团队来说是负累而不再是资产,也会让他们的狂热粉丝感到尴尬,尽管他们自己并没有感觉到。正如有经验的观众对于优秀运动员退役所做出的反应一样,布尔吉巴的离任让国民深深地松了一口气。本·阿里迅速进入布尔吉巴的角色而成为国家首脑和宪政社会主义党的领袖,这意味着由“历史性转变”可能产生的任何变化,都不能解开完全由国家和政党形成的交织网。然而,为了象征新领导阶层的诞生,宪政社会主义党重新更名为宪政民主联盟(RCD)。沿用宪法维系使政党与其前身联系在一起,但名称的保留是对比宪政党、新宪政党或宪政社会主义党曾设法实现的制度更为广阔和平等的制度的期望。

然而,在 1988 年第一届宪政民主联盟大会上,本·阿里完全控制了政党,进而控制了整个国家。政治局从 22 名成员缩减到 7 名,他们都宣称自己是新总统的支持者,曾协助本·阿里打发走布尔吉巴的资深党员赫迪·巴库什成了宪政民主联盟的第二把手和总理。忠城的布尔吉巴的拥护者很快发现,他们被排除在党和政府之外。少数前总统的亲密盟友因众人皆知的贪赃枉法而被捕。然而,除此之外,却没有采取更为严厉的措施来确保政权的平稳过渡。相反,本·阿里释放了上千名政治犯,包括哈努什和其他伊斯兰教派运动的被扣押者,并支持流 186
亡在外反布尔吉巴的人士回国,这使他们相信本·阿里政府想要营造一个有能力容纳宪政民主联盟以及包括世俗与宗教反对派的多元政治环境。艾哈迈德·本·萨拉赫是回国的杰出者之一,他是 1969 年与布尔吉巴发生冲突时的计划部部长。

1987 年的“历史性转变”,使一些为寻求宽松政治环境而离开突尼斯的知识分子,以及那些在国外完成了高等教育和职业培训的青年男女们考虑回国。有些人回国了,但有些人,包括一些在国际上取得一定声名的流亡者,如作家塔哈尔·贝克利(Tahar Bekri)、阿伯德·瓦哈卜·迈德卜(ʿAbd al-Wahhab Meddeb)与穆斯塔法·特里利(Mustapha Tlili)并没有回国。20 世纪 70 年代还是学生的贝克利因参与政治活动而被捕入狱,随后离开突尼斯,因而其早期的诗歌与散文都反映了他居无定所的痛苦之情。贝克利认为自己 1987 年后选择留在法国是出于对艺术的追求而非政治原因,因此突尼斯文化和历史的影响继续弥漫在他的作品当中。贝克利不像其他流亡者,他坚持以阿拉伯语和法语发表作品,这使得地中海两岸的读者都能读懂他的作品。与他同一时代的迈德卜只用法语发表作品,但其小说《护身符》(*Talismano*,1979)与《幻想》(*Fantasia*,1989),诗集《阿拉比之墓》(*Le Tombeau d'Ibn Arabi*,1988)以及散文《谢哈布阿里-丹苏拉瓦迪亚赫亚,西方流亡记述》(*Suhrawardi Shihab al-Din Yahya. Récits de l'exil occidental*,1993)都揭示了他对古典阿拉伯-伊斯兰文化的深刻认识,这使他获得了突尼斯及其他阿拉伯国家知识分子的认可。特里利在他们三位中年纪最长,在巴黎大学获得了哲学学位以后,他在联合国工作了十多年,后来于 1980 年定居法国。他的小说谴责社会名流的腐败行为，在以突尼斯为背景的《狮子山》(*La Montagne du lion*, 1988)发表之前，他的作品与他的北非传统没有任何关联。哈彻米·巴库什(Hachemi Baccouche)和阿尔伯特·敏米(Albert Memmi)等上一代作家，由于长期流亡在外，他们在心理、写作主题与影响力等方面，或多或少与突尼斯的本土作家有所区别。

总体而言，20 世纪 70—80 年代受欢迎的小说家和诗人，在本·阿里当政时期继续主宰着文学领域。穆罕默德·哈迪·本·萨利赫(Muhammad al-Hadi ben Salih)的小说描述了 1978 年的动乱，而作品《变革与想象之书》(*Sifr al-nuqla wa'l- tasawwur*, 1988)则包含了对上届政权的批判。然而，当本·阿里执政时的政治氛围没有朝着他与
187 其他作家所希望的方式改变时，他们立即对新政府表示出不满。当本·萨利赫在其作品《梦想是他的权利》(*Min haqqihi an yahlum*, 1991)中重提知识分子的角色时，他伤感地认为，他和他的大部分同僚都没有恪尽职守。乌马尔·本·萨利姆(ʿUmar ben Salim)的小说《狮子与雕塑》(*al-Asad wa'l-timthal*, 1989) 以动物的特性来比喻突尼斯现代历史的发展进程，对缺乏实质性变革的沮丧情绪充斥了小说的始末。女权主义作家哈亚特·本·谢赫(Hayat ben al-Shaykh)的小说《婚礼时刻》(*Wa kana ʿurs al-hazima*, 1991)，再次涉及了腐败和滥用权力等仍需面对的话题。阿米娜·萨义德(Amina Saʿid)是一位女诗人，也是少数经常用法语出版作品的突尼斯作家之一，她在作品《鸟之火》(*Feux d'oiseau*, 1989)中试图以个人和集体回忆的方式来阐释历史对现在的影响，这一主题早在十年前就引起了诗人兼文学评论家穆罕默德·阿齐扎(Muhammad ʿAziza)的注意(以笔名 Chems Nadir 从事写作)，这可以从他的两部诗集《寂静的信号台》(Silence des semaphores, 1978)和《海之星盘》(*L'Astrolabe de la mer*, 1980)中得到印证。

就像大部分作家和其他知识分子一样，新总统几乎不同情伊斯兰教组织的梦想，但是他相信它在政治以外的潜在威胁远大于在政治范围之内。为了显示自己愿意认真处理伊斯兰教派运动，本·阿里象征性地满足了他们的一些要求，比如公开宣称伊斯兰教为国教，授权突尼

188

宰因·阿比丁·本·阿里。1987年作为总理的本·阿里援引宪法关于总统没有能力管理国家的条款,要求生病的哈比卜·布尔吉巴下台,并于当日取代他成为总统。

187 斯广播台和电视台为祷告者播报，使伊斯兰教派运动的一个学生组织合法化，这鼓舞了大专院校的学生。另外，本·阿里还对其到麦加朝圣作了高调宣传。1988 年的秋天，伊斯兰教派运动组织被邀请派代表与政府官员、民间团体领导和世俗政党领袖以及其他全国杰出人物一起，协商制定一份在定于来年初举行的后布尔吉巴时代的首次选举之前，大家都能接受的政治指导思想与目标声明。

本·阿里在其就任总统后的第一个周年纪念日推出了《国家公约》。公约承认突尼斯的阿拉伯和伊斯兰传统的中心地位，许多市民认为这在布尔吉巴时代被有意贬低了，条约还号召进一步密切突尼斯与其他阿拉伯世界国家特别是其他马格里布国家之间的联系。该文件谈及了突尼斯在 19－20 世纪所进行的伊斯兰教改革和现代主义运动的重要性，同时也表达了对毋庸置疑地坚持推行《个人地位法》的赞赏。为了成为《国家公约》的签署者并进而接受这一评定，伊斯兰教派运动
189 作了重要让步。政府也做出了重大让步——不是专门针对伊斯兰主义者，而是对整个反对派的让步，接受公约的提议，通过多元主义、尊重人权及确保基本自由来纠正过去的政治缺点。

《国家公约》似乎首次为伊斯兰教派运动提供了登上政治舞台的机会。为了遵守选举法中关于禁止在政党名称中使用宗教术语的规定，该组织改名为复兴党(Hizb al-Nahda)，并要求获得政党地位。不管公约的说法如何，对伊斯兰主义者坚持瓦解世俗国家的最终目标的猜测，让政府采取了拖延的办法。哈努什急于找到一种向当局施压而又不引起自我破坏性反弹的途径，他发起了一场在突尼斯工人总会内部为复兴党招募新成员的运动，希望最终通过伊斯兰教在工会的影响力，换取对其作为一个政党的官方认可。然而，为了重建(并控制)在布尔吉巴最后任期里几近崩溃的突尼斯工人总会，政府对复兴党处处阻挠。当 1989 年 4 月立法选举开始的时候，该党仍然无资格提出候选人名单。哈努什和复兴党的其他成员坚决不接受被排斥在选举进程之外，他们以独立候选人的身份在全国 25 个选区中的 22 个选区竞选国民议会席位。他们谴责政府阻挠突尼斯出现真正的民主，将伊斯兰组织排除在

政治多元化构想之外,并提醒选民说,伊斯兰主义者在过去十年对政府的施压,为促成政治改革贡献良多,但是改革已被证明并不彻底。他们不时明确宣称,如果没有伊斯兰教组织,布尔吉巴就会继续执政。

从1989年至新千年头几年举行的三次全国大选中,可以明确看出突尼斯在此时期的政治改革,或缺乏改革。参与1989年竞选的五个世俗党派中,只有梅斯迪利的社会民主运动(MDS)有能力在全国范围内有效挑战宪政民主联盟。无论是人民团结党(PUP),还是三个在1988年才合法化的新政党——民主统一联盟(UDU)、社会进步党(PSP)和激进社会主义联盟(RSP),能设法指派候选人参加竞选的选区还不到四分之一。宪政民主联盟以绝对优势取胜,赢得了几乎80%的民众选票并获得了所有议席。略多于总票数的15%被复兴党的“独立候选 190
人”获得,尽管在南部的一些地区和突尼斯市郊区获得了特别有力的支持,但也只获得了30%多的选票。世俗反对党加起来也只获得了5%的选票。只有社会民主运动获得了超过1%的选票,这种不景气是因为自布尔吉巴下台后,该党成员大量脱党转而加入宪政民主联盟。在总统竞选中,本·阿里以毫无悬念的优势,获得了99%的选票。1989年的选举为新政府打下了坚实的基础,也在某种意义上使人联想到1956年独立后的首届选举。在这两次选举中,主要的政权竞争者——1956年的优素福主义者和1989年的伊斯兰主义者——似乎因缺乏足够的群众支持而不能在塑造突尼斯政治前途中发挥作用,但这仅仅是因为在两次选举中,占优势的政党都通过不公平竞争使选举对自己有利。①

尽管如此,选举还是使伊斯兰主义者成为比其他世俗党派更重要的政治要素,其重要性仅次于宪政民主联盟。当复兴党的领导人利用此结果敦促政府承认复兴党为合法政党时,他们的要求被再次拒绝。

---

① 关于这个争论,见 Vincent Geisser, “Tunisie: des élections pour quoi faire? Enjeux et ‘sens’ du fait électoral de Bourguiba a Ben Ali,” *Maghreb-Machrek*, 168 (2000), pp. 24－26. 作者指出,伊斯兰主义者在1989年选举中的胜利对他们可能弊大于利。选举结果使政府把注意力集中在他们身上,因为看上去他们是唯一值得注意的反对派。

感到厌倦的哈努什离开突尼斯，流亡到了法国（不再抱有幻想的艾哈迈德·本·萨拉赫也曾如此）。复兴党的日常事务管理落在秘书长阿卜杜·法塔赫·莫罗乌（ᶜAbd al-Fattah Mourou）身上。他不像哈努什，而是声称自己不会对民主进程失去信心，因为民主进程是实现该组织目标的一种手段。然而，哈努什仍保留自己作为复兴党精神和政治导师的地位，并向政治当局提出挑战，他警告说："在此之前，我们寻求的只是一个店铺，我们没有得到。现在我们想要整个市场。"①激进的伊斯兰主义者不再满足于多党议会中的位席——即使出现他们现在有理由怀疑的这种多党议会，他们还是宁愿设法控制整个政治领域。诸如此类的批评，使本·阿里能够将自己塑造为使进步的世俗共和政体免遭宗教沙文主义威胁的捍卫者，并将其有限的政治多元主义思想与其前任的独裁主义的修订版融合起来。这样的角色使他得到了很多突尼斯人的支持，因为他们既不愿意选择伊斯兰政府，也不愿意选择布尔吉巴的独裁政府。这也使本·阿里获得了突尼斯的西方盟国的支持，自伊朗革命以来后者就对伊斯兰的政治复兴抱有偏见。

在本·阿里执政的头一年，无论经济还是对外政策都没有得到足
191 够的重视，但宪政民主联盟在1989年选举中获得压倒性胜利后，政府开始加强实施在布尔吉巴执政后期就已提出的结构调整计划。国际货币基金组织的突尼斯经济复兴计划对突尼斯中产阶级和工人阶级产生了不利影响，这持续激发了本已愤愤不平的复兴党的愤恨，也激起了世俗反对派中贫穷与消沉阶层的批评。巴库什担心1978年和1984年的暴动会重现，号召在经济方面采取限制措施。然而，本·阿里却罢免了这位谨慎的总理，并于1989年末任命哈米德·卡鲁伊（Hamid Karoui）代替他的职位。卡鲁伊是布尔吉巴政府内阁的几位元老之一。到1987—1991年计划按常规执行时，经济滑坡已被遏止，也实现了良

---

① Abdelbaki Hermassi, "The Rise and Eall of the Islamist Movement in Tunisia," in Laura Guazzone (ed.), *The Islamist Dilemma: The Political Role of Islamist Movements in the Contemporary Arab World* (London: Ithaca Press, 1995), p. 120.

好的年增长率。

政府一边推进《国家公约》的重要目标，一边将大量精力投入到一个结合了经济与外交政策的新举措。欧共体内部朝着更加一体化、并最终形成单一欧洲市场的目标不断发展的进程，推动突尼斯及其马格里布邻国探求可能的合作办法，以更好地应对挑战，并抓住跨地中海地区经济发展提供的可能机遇。1989 年 2 月，突尼斯、利比亚、阿尔及利亚、摩洛哥和毛里塔尼亚成立了阿拉伯马格里布联盟(UMA)。此举不仅是考虑欧洲局势，而且着眼于发展国家间伙伴关系，这些国家有许多共同点，但是自 20 世纪 50、60 年代赢得独立后常常边合作边相互争吵或互不理睬。联盟提高了区域合作水平，尤其是在文化、教育与科学领域，但是其成员国显然不能搁置在西属撒哈拉命运问题上的政治分歧。阿尔及利亚支持一个当地解放运动波利萨里奥阵线(Polisario Front)反对摩洛哥吞并 1976 年以来占领的土地，联盟由此分裂。由于联盟事务的批准需要得到全部五个国家的一致同意，一些重要措施在 1995 年就陷于停顿。

在北非以外的阿拉伯世界，突尼斯政府比过去更努力地发展坚实的国家关系，尤其把目标定在阿拉伯半岛的石油国家，希望通过吸引石油美元投资来发展本国项目。然而，紧随 1990 年夏季伊拉克入侵科威特之后的一个事件，比 1956 年以来发生在阿拉伯东方的其他任何事件都更加深刻地影响了突尼斯——本·阿里拒绝支持沙特阿拉伯建立一 192
支包括欧洲和美国部队在内的多国军事力量的呼吁。突尼斯并未因伊拉克占领埃米尔国家而制裁它，反而坚持阿拉伯内部的问题应由阿拉伯内部解决。这一立场得到了跨越不同政治派系的突尼斯国民的支持，但美、法等传统友好强国却不赞同，沙特阿拉伯和科威特的愤怒就更不用说了。这年秋天，本·阿里派一个部长级代表团到伊拉克，试图促使对抗双方进行谈判，但没有成功。同样，居住在阿尔及利亚的拉希德·哈努什联合其他两位著名的伊斯兰领导人——阿尔及利亚的阿巴斯·马达尼(ᶜAbbas Madani)与苏丹的哈桑·图拉比(Hassan Turabi)，一起促使巴格达和利雅得就避免非穆斯林士兵驻扎沙特阿拉伯这一问题举行谈判，但同样徒劳无功。在国内方面，突尼斯工人总会与一些反对党成立了全国反侵略委员会，以抵抗对阿拉伯世界的入侵并支持伊拉克，并在“历史性变迁”及西方军队进入阿拉伯半岛后，首次出现了合法性群众示威。1991 年 1 月海湾战争的爆发引起了新的大规模抗议活动，政府密切监控这些抗议活动，以防反对派控制并利用抗议者，将自已推向超出预期的更为亲伊拉克的立场。

突尼斯至少一度为其在海湾危机时期的政策付出了沉重的代价。由于西方人不敢贸然到阿拉伯世界，特别是到反对美国主导的联盟国家旅游，1991 年到突尼斯旅游的西方游客比前一年减少了 60 万，下降了 36%。来自其他马格里布国家的游客人数却以相似的速度增加，尽管北非游客在旅游时的开销相对较少一些，但这在一定程度上弥补了因欧洲游客减少带来的不利影响。1992 年的旅游人数已非常接近战前时期——每年超过 300 万游客(超过一半来自欧洲)，带来了将近 10 亿美元的经济收益——此后，旅游业在 90 年代剩余年份稳定增长，到世纪之交，每年吸引 500 万游客。[①] 为了报复突尼斯，美国将经济援助从 1990 年的大约 3 000 万美元大幅度削减到 1991 年的 800 万美元，到 1992 年仅为 100 万美元，并停止了军事援助。然而在 1993 年，美国的援助款又回到了原来的水平。由于 1994 年以前科威特甚至拒绝与突尼斯恢复外交关系，来自海湾国家的捐赠从 1990 年的 1 000 万美元大幅下跌到 1991 年的不足 300 万美元，之后在缓慢恢复。[②]

193 控制反对派

海湾冲突直接导致了复兴党内部的分裂。大部分党员是哈努什的追随者，哈努什因西方军队涌入海湾地区而支持伊拉克阵营，这使得他与突尼斯官方政策格格不入。另一方面，在沙特阿拉伯学习并与其一

---

① *Tunisia*: *Basic Data* (Tunis: Tunisian External Communication Agency, 1993), pp. 79, 82 – 83; “Une destination toujours prisée,” *Jeune Afrique/L'Intelligent*, 2194 (2003), p. 81.

② Kenneth J. Perkins, *Historical Dictionary of Tunisia*, 2nd edn (Lanham, Md.: The Scarecrow Press, 1997), pp. 64 – 65 and 185.

直保持密切联系的莫罗乌,因对沙特阿拉伯请求国际军事援助表示赞同而在党内的影响力几乎骤减为零。由于控制着激进派,在布尔吉巴执政末期,伊斯兰组织便以不易觉察的势头猛烈反抗政府。1990 年底,许多激进分子被捕,他们被指控策划包括密谋暗杀本·阿里在内的恐怖袭击。1991 年 2 月,一起发生在突尼斯市附近巴布-苏伊卡一个宪政民主联盟办公室的严重纵火案,引起了公众对极端分子采取危及无辜民众的恣意暴力行径的严重不满。本·阿里断定情况渐趋失控,下令其安全部队严厉镇压复兴党及其支持者。

几乎同时发生在邻国阿尔及利亚的一系列事件,使许多突尼斯人感到很不安,也不可避免地影响了他们对本国事务的看法。1990 年 6 月的地方选举使一个伊斯兰主义党派,伊斯兰拯救阵线(FIS),控制了全国众多市政议会。伊斯兰拯救阵线将自己的政治纲领和社会改革与民众对自 1962 年独立以来一直统治国家的民族解放阵线(FLN)的普遍绝望结合起来,成为 1991 年 12 月立法选举中强有力的竞争者。伊斯兰主义者在头两轮选举中的巨大的胜利引发了一连串的灾难性事件:军官强迫总统下台,控制了政府,取消了选举,但很快因伊斯兰主义者试图用武力夺回已在票箱中夺得的权力而引发了一场残酷的内战。与阿尔及利亚的伊斯兰主义者关系密切的哈努什,稍后遗憾地说道,阿尔及利亚的事态发展确实给突尼斯运动带来了“极大的伤害”,因为它

> 给我们的对手以受到威胁的机会。它给人的印象是西方国家需要他们面对……正在从阿尔及利亚向欧洲扩散的危机。①

的确,当几百万突尼斯人惊骇地向西观望邻国时,他们认可,或者 194
至少不公开反对,采取严厉措施控制复兴党,以防其与政府的冲突使突尼斯出现噩梦,重复阿尔及利亚的悲剧。

---

① Hermassi, “Rise and Fall,” p. 125. 美国对突尼斯的援助恢复到最高水平时正值阿尔及利亚局势恶化之时,这并非偶然。

尽管在布尔吉巴时期的突尼斯,针对政权反对派,特别是受宗教鼓舞的反对派的类似活动常常无视法律约束,但本·阿里在执政早期就做出选择,拒绝此类草率行为。他号召民族和解,表示相信坚持《世界人权宣言》中的原则是达到这一目的最可靠的手段。在本·阿里的第一届政府中,他委任创立了突尼斯人权联盟(LTDH)的医师萨阿德·丁·兹梅利(Sa^{c}ad al-Din Zmerli)为卫生部部长。自1977年以来,人权联盟一直对法律与政府在对待批评者,特别是工会主义者、学生及伊斯兰主义者时法律适用之间的悬殊差距进行大胆追踪、公布和谴责。不管最初是出于真诚还是权宜之计,1989年选举后发生的暴动以及随后阿尔及利亚出现的混乱,使本·阿里确信有必要采取得到公众支持的积极对策。人权联盟竭尽全力监视安全部队和伊斯兰主义者的活动,但在当时过热的氛围里还是不可避免地发生了一些滥用职权的行为。1992年,复兴党的279名成员因不同的指控而受审,其中最严厉的罪名就是所谓参与筹划政变,为创建伊斯兰国家铺路。该党的显耀人物(包括被缺席审判的哈努什)被判处终身监禁。辩护律师指控安全部队普遍存在践踏人权行为,包括使用酷刑,同时还声称司法不公本身就玷污了审判。自1989年选举以来人权联盟一直尝试调查这些指控,使自己最终变为政府的对手。

在伊斯兰主义阵营之外,几乎没有突尼斯人与人权联盟一道,对国家处理复兴党的事件持保留态度。为寻求免受伊斯兰激进主义者的“绿色威胁”,大部分世俗的突尼斯人对当局的行为无动于衷。政治反对派的领导人对复兴党这样可怕的对手的倒台十分满意,他们急于使自己的组织免遭同样的命运,忍住了可能怀有的任何疑虑。进一步提倡“协同
195 一致”的态度是他们的识时务之举,即使经过多年的不断扩大和组织,也没有哪一个反对党,或者哪几个反对党的联盟,能够与政府正面对抗,或者想要在选举中战胜目前拥有约160万党员的宪政民主联盟。① 因

① Michel Camau, “D'une république à l'autre: Refondation politique et aléas de la transition libérale,” *Maghreb-Machrek*, 157 (1997), p. 10. 1994年,宪政民主联盟设立了6 800个基层小组。

此,他们没有对关于参加1994年议会选举的一项法案提出异议,该法案保证反对党通过较低的选票门槛在国民议会中拥有比例确定的19个预留席位。这样,本·阿里在不为多元化这个概念提供实质内容的情况下就获得了表面上的多元化。这一体制使反对派之间,而并非它们与宪政民主联盟之间,为实际上并不值得的权力而争斗:因为在立法机构中拥有区区12%的席位只能保证他们的存在,却没有施加任何影响的机会。在总统大选中,甚至连多元化这一幌子都没有打出来。政府不承认蒙塞夫·马祖基(Moncef Marzouki)的候选人资格,他是突尼斯人权联盟的领袖人物,也是唯一敢于出来挑战现任者的人。没有对手的本·阿里当选连任。

尽管1989年选举后发生了一些重大变化——艾哈迈德·梅斯迪利于1990年离开公职生活,1992年一个唱反调的派别在新任总书记穆罕默德·姆瓦达(Muhammad Mouada)赞同本·阿里的一些政策时选择了退党——但社会民主运动(MDS)在1994年选举中的情况要比其竞争者好很多,赢得了10个反对席位。(不过,这一基于3.1万份选票或几乎1%总票数的结果[①]表明,就连历史最长和组织最好的反对党也软弱无力。)人民团结党取得两个席位,民主统一联盟获得三个席位,革新运动(前身是突尼斯共产党)获得剩余的四个席位。只有左翼的激进社会主义联盟对政府的政策采取激进的批判态度,但因较大的差距而未能跨进议会的门槛。宪政民主联盟指出自己被证明有能力保障安全,并宣称自由主义经济正在转变为个人财富和国家发展,因而它在全国所有地区都赢得了超过90%的选票。

如此失衡的结果与之前所有的选举毫无差异。1994年与1989年的情况一样,即使选民有多种选择,宪政民主联盟还是主导了选举舞台,这并不亚于其先驱新宪政党与宪政社会主义党在典型的一党制下的强大地位。反对党指责宪政民主联盟在两次选举中有各种不正当的行为,但除了1989年的"独立候选人"以外,即使经过多年的合法运作,

---

① Perkins, *Historical Dictionary*, p. 117.

196 他们的党派仍然软弱无力，其某种程度地操控选举票数和威胁选民无疑存在，但这毫无必要，而大规模的存在则很可能产生反作用。宪政民主联盟的确拥有一定民众的支持，而宪政社会主义党却在“历史性变迁”之前很久就已失去了民心(如果它确实曾经拥有过)。

1989 年，那些将布尔吉巴赶下台、投身于巩固经济和支持社会发展计划并反对政治伊斯兰的领导者们受到了选民的热情拥护。五年后反伊斯兰运动的胜利，国家每年超过 4%的经济增长，以及在消除国家严重不平等方面所取得的明显进展，进一步加强了党的地位，为党在大选中赢得胜利起到了很大作用。1992 年成立的民族团结基金(FSN)被证明是削弱伊斯兰主义者和为宪政民主联盟政府赢得支持的极为有效的武器。民族团结基金招募私人捐赠(这最终构成其三分之一的资金来源)以充实其公共基金基础，首先把目标定在国家的 1 100 个最不发达地区(阴影地区)，使它们作为计划的受益者，确保为其提供便利的用电、干净的饮用水、充足的住房、基本卫生保健以及基础教育。除了把贫困率降到非石油经济的阿拉伯世界的最低水平，此项计划还通过给那些被政府忽略了的贫困地区提供基本服务，使伊斯兰主义的社会机构失去了吸引信徒的机会。

1994 年的选举突显了宪政民主联盟令人震撼的权力，这表明突尼斯党国一体的政治传统得到了进一步加强。党和国家的首脑宰因·阿比丁·本·阿里，至少与全盛时期的哈比卜·布尔吉巴一样大权在握。身边亲信的构成也强化了本·阿里的权力。他排挤了曾在旧政权享有影响力的人物，将位置交于对他言听计从的年轻的技术专家。其中很多是现代派的，受过良好教育，并且已在自由职业、学术界与商业领域中开创事业的现代女性。她们倡导激进的社会计划，蔑视她们认为会使突尼斯女性地位倒退的伊斯兰主义主张，这使她们成为宪政民主联盟理想的新成员，而且常常成为宪政民主联盟有力的发言人，然而，这些获得部长职位的新骨干成员经常遇到政府改组——在本·阿里执政的头十年，担任过部长职务的男女官员超过 100 名——这妨碍他们行
197 使实际权力。“部门和名称变了”，一名观察员提到，“但总统的政策仍

被保留下来,所有的王牌都在国家首脑手中。”[①]在基层,本·阿里鼓励通过恢复城市社区支部为党注入新鲜血液,使这些支部成为青年男女的培训基地,让他们为将来能够胜任更高层次的工作做准备。1994年的选举结果显示了这些措施的持久影响。超过四分之三的新立法者年龄在50岁以下;一半以上之前从未在全国性部门担任公职;只有五人在1987年之前是下议院成员。

1994年选举以后,本·阿里与宪政民主联盟面临两个重大而相互联系的问题:在没有将人为的多元体制变为更真实的参与性安排的情况下,党能否确保民众支持,特别是占人口略多于80%的中产阶级的支持;他们是否愿意采取行动,将宪政民主联盟从政治舞台的主人转变为只是争夺政治影响力的众多政党之一?对这些问题的深层思考出现于选举后不久蒙塞夫·马祖基的被捕,他要求更大的政治自由及复兴党的合法地位,被指控为诽谤国家。1995年,曾经顺从的社会民主运动总书记穆罕默德·姆瓦达和与突尼斯人权联盟的激进主义有着深厚渊源的赫迈斯·查马利(Khemais Chammari)一起给总统写了一封公开信,谴责限制性的政治环境。两人均被捕入狱。在消除复兴党批评者之后,政府一直镇压直言不讳的世俗政治对手及人权拥护者,这些人现在与复兴党激进分子一起成了政治犯。

政治上的独裁主义伴随着,并且常常加快了,国家对国际货币基金组织和世界银行不断推动的经济结构调整的承诺,世界银行总裁认为突尼斯是该机构“在本地区的……模范。”[②]1995年突尼斯与欧盟(EU——更改了名称的欧共体)达成了协议,开始了在2007年建立自由贸易区的进程。自1969年获得欧共体联系国身份以后,突尼斯在同欧洲的某些方面的贸易中享受特惠待遇。到20世纪90年代中期,始于1993年的单一欧洲市场为突尼斯提供了70%的进口产品,并购买

① Camau, “D'une république à l'autre”, p. 9.

② Guilain Denoeux, “La Tunisie de Ben Ali et ses paradoxes,” *Maghreb-Machrek*, 166 (1999), p. 51.

了其80%的出口产品,使欧洲成为突尼斯最重要的贸易伙伴。在国际金融机构的要求下,突尼斯于1990年加入关税与贸易总协定,由于该
198 协定禁止原先对突尼斯有利的歧视性贸易,因此自由贸易协议是突尼斯进入欧盟市场的唯一可行方法。

然而,代价是高昂的。首先,20%国家收入的直接损失来自欧洲的进口税,意味着维持稳定所必需的社会项目要被砍掉一大部分。为了避免出现这样的结果,政府在1996年强行征收一种不受欢迎的增值税。面对激烈的竞争,突尼斯出口商要设法使其产品在欧洲更具有吸引力,同时还要寻求新的替代市场。国家经济的计划者们估计,随着协议的生效,突尼斯多达三分之二的企业,尤其是依靠传统技术的小企业与小公司,将会破产或面临严峻的经济困难。平安度过这些短期困境的企业,将会成为更加现代、更有活力且更具全球竞争力的经济的核心。由于专政政权最有可能带领国家通过困难和动荡的全球化进程,经济上依靠扩大自由贸易获取大量利益的资本主义国家政府,在很大程度上忽视甚至常常默许宪政民主联盟的独裁倾向。在国内,反对政府经济政策的人,正如对政府对多元化的理解进行批判的人一样,如果过于激烈地表达自己的观点,将会面临被骚扰甚至更糟糕的危险。宪政民主联盟变得更像是一个安全机构而非政党,本·阿里统治下的突尼斯开始变得极像"1934年的马塞尔·佩鲁东(Marcel Peyrouton)和1952年的让·德·奥特克劳克(Jean de Hautecloque)等法国强硬派居民统治下的科西嘉警察国家"。①

当20世纪接近尾声时,突尼斯电影超越了书面文字成为向公众表达政治与社会焦点的工具。为了适应私有化政策,自20世纪80年代以来影响力逐步衰退的突尼斯电影制作与传播公司于1992年完全停止运作,其工作大部分转交给艾哈迈德·阿提亚(Ahmad ʿAttia)的电

① Clement Henry Moore, "Post-Colonial Dialectics of Civil Society," in Yahya H. Zoubir (ed.), *North Africa in Transition: State, Society, and Economic Transformation in the 1990s* (Gainesville, Fl.: University Press of Florida, 1999), p. 12. 作者认为,伊斯兰主义者努力塑造自己在公民社会中的角色是在复制反对法国殖民主义的民族主义斗争。

影电视艺术公司等制片公司。除培养了赢得“突尼斯新电影业之父”殊荣的法里德·布格蒂尔(Férid Boughedir)和努里·布齐(Nouri Bouzid)外,阿提亚还将另一名有前途的导演穆菲达·特拉特莉(Moufida Tlatli)收归旗下。布齐在 1986 年首次执导成功后的几年里为银幕呈现了两部新故事片。《金鞋》(*Safa'ih min dhahab/ Sabots d'or*,1989)讲述了一位饱受牢狱煎熬直至自杀的人的故事,而突尼斯
人充满矛盾与扭曲的生活则为《商业》(*Bezness/Business*,1992)提供了 199
题材,该影片反映了一名男妓的个人行为与其对待女性亲属和朋友之间的反差。隐退数年后,两位著名导演在 21 世纪初又回到了制片行业。纳赛尔·科塔利(Naceur Ktari)凭借心理剧《是我的女朋友》(*Sois mon amie*)获得了 2000 年迦太基电影节三等奖,而努里·布齐凭借新近发行的《泥娃娃》(*Poupées d'argile*)获得了 2002 年电影节二等奖。

布格蒂尔的首部未删节的故事片《哈法欧尼:平台上的孩子》(*ʿUsfur al-stah/ Halfaouine: L'Enfant des Terrasses*,1990),是关于一名 20 世纪 50 年代在突尼斯哈法欧尼社区(Halfaouine)长大的小孩的半自传故事。这部电影不仅深受突尼斯观众的欢迎,而且获得了评论界的盛赞,例如获得了 1990 年迦太基电影节的金塔尼特奖,此外它比之前任何一部突尼斯电影都更受海外欢迎。他的第二部故事片《古莱特的夏天》(*Salifan fi Halq al-Wadi/Un Eté à La Goulette*,1995),好评稍逊一筹,这部电影对在过去就已得到广泛认可的突尼斯多样性的一个侧面进行了赞颂。以 60 年代突尼斯市古莱特郊区为背景,以三个十来岁的姑娘——一个是穆斯林,一个是犹太人,而另一个是意大利裔天主教徒——为中心,影片突显了沙文主义盛行时期宗教的宽容美德,同时通过她们父亲的态度,展现了地中海世界各民族所共有的文化相似性。

穆菲达·特拉特莉于 20 世纪 60 年代在法国学习电影制作技术,首次执导前她已从事了十余年电影编辑工作。《宫殿的寂静》(*Samt al-qasr/Les Silences du palais*,1994)讲述了 50 年代女性遭受压迫的故事,表达了对早期突尼斯女性的同情,声援了女权主义者(及其他人)

200

突尼斯电影业。正如她的几位男性同行一样，穆菲达·特拉特莉是突尼斯首位执导过几部主要影片的女导演，她的电影已经获得国际认可，其中包括2001年的《男人们的季节》。

近来不顾伊斯兰主义者对《个人地位法》的批评,为捍卫这部法典赋予 199
女性的权利所做的努力。像《哈法欧尼》一样,特拉特莉的这部影片在突尼斯和海外都成功上映,并在 1994 年迦太基电影节上获得一等奖。她的第二部作品《男人们的季节》(*Mausim al-rijal/La Saison des hommes*,2001),讲述了杰尔巴岛的现代女性处理个人和社区问题的故事,她们的丈夫常年在国内其他地方或是海外工作,把她们留在一个尽管只由女性构成,但除了传统限制性习俗之外没有其他自由的社会。

除了《哈法欧尼》和《宫殿的寂静》外,《阿里·阿比迪的雷达伊夫 54》(*ʿAli ʿAbidi's Redayef 54*,1997)是 20 世纪 90 年代上映的另一部重要电影,故事也发生在 50 年代。这部影片描述了保护领地后期在南部一个矿业城镇里,布尔吉巴的支持者与优素福主义者之间的冲
突——一个在本·优素福恢复地位之前不可能讨论,但在 1987 年以后 201
开始被搬上舞台的话题。(应本·阿里邀请,这位布尔吉巴的主要对手的遗孀于 1988 年返回突尼斯。三年以后,本·优素福的遗体被运回到他的出生地重新安葬。)从所有这些电影里可看出,布格蒂尔、特拉特莉与阿比迪都在促进着他们这代人——出生于殖民时代,国家独立和随后的岁月里又过于年轻,难以理解自己周遭的事情,而现在又处在有影响力的位置——的探索,他们对成长于其中,充斥着积极与消极的特点的文化保留有清晰的记忆。

尽管本·优素福的恢复名誉可能被解释为含蓄承认对一党专政的原则性反对,但政府在这一时期的对手试图团结一致取代宪政民主联盟的努力仍然收效甚微。1994 年选举之后,当梅斯迪利的继任者表示愿意与政府合作的时候,突尼斯人权联盟的活跃分子、前社会民主运动组织成员穆斯塔法·本·加法尔(Mustafa ben Jaʿfar)与该党决裂,并成立了劳动与自由民主论坛(FDTL),试图保持要求民主化的压力,但是当局否定该党的合法地位长达八年之久。怀着同样的目标,本·加法尔与其他自由主义者一起于 1998 年创立了突尼斯自由全国委员会(CNLT),但这个联盟组织同样没有登上政治舞台。1999 年选举前夕,进步民主党(PDP)——其前身是对政府持坚决批评态度的激进社

会主义联盟——领导人纳吉布·谢比(Najib Chebbi)厌恶地指出:“突尼斯将带着50年代的选举制度进入21世纪。”[①]

在20世纪90年代后半叶,政府竭力维持表面上推行的多元化,同时又加紧控制确属合法运作的有限的反对派。例如,1997年以后,国民大会各党派根据其国会议员数目均可获得年度补贴。尽管如此,1999年立法选举产生的结果与前两次本·阿里时代的竞选没有实质区别。惯常的反对党集团——社会民主运动组织、人民团结党、民主统一联盟、革新运动——以及新加入的自由社会党(PSL),总共只占了无足轻重的30多个议席。全国范围内的地方性选举于次年举行,即使这
202 些“成功的”党派也被证明只能让候选者在仅有的少数几个选区参加竞选,而这些选区大多数都在大城市。

在1999年的总统选举中,本·阿里遭遇了自执政以来的第一次反对——尽管只是走过场。修正后的选举法规定,作为即将解散的议会代表的政党领导人,如果年龄和任职时间都符合政党领导人的要求,他们就能竞选总统职位。人民团结党的穆罕默德·贝尔·哈迪·阿莫尔(Muhammad Bel Hadj ʿAmor)和民主统一联盟总书记阿布德·拉赫曼·特里利(ʿAbd al-Rahman Tlili)都满足这些要求,并发起了挑战本·阿里的毫无斗志的竞选活动。最后,大多数反对派选民宁愿支持必然会赢得胜利的本·阿里,也不愿投反对党领导人一票——这显然表明反对派不愿汇集他们贫乏的资源以对抗根深蒂固的政权,他们谁也不想自食其果。结果,本·阿里获得了99.44%的选票。不到三年之后,突尼斯人又一次进行投票,这一次是对宪法修正案进行表决,该修正案能够使本·阿里在2004年第三届任期以后继续当总统。99.52%的投票者都投了赞成票。公投的结果,尽管完全可以预见,使那些投了赞成票的人有苦难言,因为作为迫切需要的政治公开的第一步,取消首位“终身总统”才仅仅15年,而当时几乎所有人都认为赋予如此关键的职务以终身职位是愚蠢之举。

---

① Geisser, “Tunisie: des élections pour quoi faire?” p. 19.

在本·阿里时代的大部分时间里都蓬勃发展的经济有利于政治反对派的中立化。在千禧年来临之际,强有力的经济指标反映了一个持续增长期:自 20 世纪 90 年代中期,整体经济以年均超过 5％的速度增长;尽管受到全球化挑战,出口每年仍增长 7％以上;国外投资者大多数是欧洲人,他们每年的经济投入多达 10 亿第纳尔。部分投资与私有化有关,私有化是原来的结构调整计划的一个重要方面,旨在加强虚弱的私营企业,但一直未得到足够重视,直到 20 世纪 90 年代末国际货币基金组织和世界银行坚决要求更严格地落实该计划。结果,在 1997 至 2001 年被私有化的国营企业数量(78 家)几乎同之前整个十年的一样多。通货膨胀、预算赤字以及国民生产总值与外债的比率,如果仍可改善的话,都在可控范围之内。繁荣的经济使先前的社会阶层的进步能 203
够得以继续发展。教育、卫生保健以及其他类似的服务业,通常占去了超过半数的国家年度预算。年人口增长率维持在 1.1％的水平,全国范围内的识字率达 75％,平均寿命上升到接近 73 岁。[1] 在一派繁荣之中,个人的经济成就、享受消费品以及“美好的生活”,对很多突尼斯中产阶级来说,似乎比政治进程中的方法更重要。因此,保持突尼斯的经济活力,对政府和宪政民主联盟来说至关重要。

正因如此,2001 年 9 月 11 日美国遭遇的恐怖袭击,对突尼斯严重依赖的国际旅游业造成了严重影响。正当政府官员和从事旅游业的平民百姓——八分之一的突尼斯人的生活直接或间接依赖于这一行业——采取措施应对 9 月事件和随后的阿富汗战争的负面影响时,突尼斯本土的一起恐怖行为使旅游业雪上加霜。2002 年 4 月,在度假胜地杰尔巴岛的一座历史悠久的犹太教堂发生了一起爆炸事件,导致 21 人死亡,其中有 14 名是德国游客。尽管突尼斯在 2002 年拥有 500 万国际游客,但相比前一年下降了 6％,而旅游收入则下降了 13％。游客

① 这些统计数据出现在“L'économie: ouverture et partenariat,” *Jeune Afrique/L'Intelligent*, 2197 (2003), p. 59;关于私有化,参看“Changement de tempo,” 同上,2180－2181 (2002), pp. 79－80。

对旅游安全的担忧是旅游业衰退的最主要原因,但约占突尼斯外国游客五分之一的德国的经济衰退也起到了作用。这一情况凸显了依赖某一种兴衰不受受益者控制的行业所带来的问题。突尼斯旅游部长盲目地认可本·阿里针对国家安全威胁采取的有力措施,他把旅游业相对较小的下滑(相对于受挫更重的摩洛哥和埃及等旅游地点而言)归因于"我国在世界上具有可靠且稳定的形象。"[①]尽管如此,旅游部门的官员还是开始着手采取一些措施,以减少对欧洲人的依赖,并在中东地区和阿拉伯半岛开拓新的市场。他们还将周边的北非国家定为目标,因为2002 年大量增长的阿尔及利亚与利比亚游客是弥补西方游客减少的主要因素。然而,正当经济开始回暖时,2003 年 3 月美英入侵伊拉克,使国际旅游业再度陷入一个不稳定时期。

204 对专制者的全面思考

2000 年 4 月 6 日哈尔比·布尔吉巴离世,政府随即进行了长达一周的官方哀悼活动,但前总统的逝世没有出现像悼念 20 世纪阿拉伯政坛的其他杰出人物那样的情感流露,如埃及的贾马尔·阿布德·纳赛尔、约旦的侯赛因国王及摩洛哥的哈桑国王,他们都像布尔吉巴一样统治着自己的国家。纳赛尔与其他两名君主逝世时仍然当政,而布尔吉巴则已离任近 13 年(从 1990 年他最后一次公开政治露面起也有 11 年了,那是宪政民主联盟会议的前夜他在莫纳斯提尔接待本·阿里),这段时间成了平均年龄不到 25 岁的突尼斯公民人生中的一个重要时间段。西方媒体的讣告,毫无疑问早些年就已写好——从 20 世纪 70 年代早期就开始猜测布尔吉巴的健康状况——并最后更新于 1987 年,这个讣告故意附和政府和党的最高层在布尔吉巴如谚语中的巨人那样左右突尼斯的 53 年里形成的一个全国神话。讣告中对于突尼斯现代历史的讲述只限于布尔吉巴及新宪政党,对于那些可能需要编订者重新修改其偏颇解释的事件和人物,则轻描淡写、边缘化有时甚至完全忽

① 引自"Tunisie: Une destination toujours prisée,"同上,2194 (2003), p. 80。

略。然而，在国内，这样的历史读物，甚至在布尔吉巴被请出总统府之前就已开始失去了吸引力。到 2000 年，这类读物便让位给更符合布尔吉巴继承人需求的“历史”了。

穆罕默德·萨亚赫(Muhammad Sayah)是用布尔吉巴主义解释历
史的最具影响力的设计者，他是 1964—1987 年宪政社会主义党政治局
的重要人物，并在该阶段的后半期经常担任部长职务。1969 年，萨亚
赫接受了项目主编的职务，这个几年前就已开始的项目是以新宪政党
为主编纂官方的民族主义运动史。在他的监管下，《突尼斯民族运动
史》(*Histoire du Mouvement National Tunisien*，其第 15 卷也就是末
卷于 1979 年出版)逐渐成为至少既是一套(非常主观的)党史集也是一
部布尔吉巴言行录。萨亚赫的另外两本书，1983 年出版的《与优素福
主义者的阴谋作斗争的新国家》(*Le Nouvel état aux prises avec le
complot youssefiste, 1956－1958*)和 1986 年出版的《摆脱了外国占领
的共和国》(*La République délivrée de l'occupation étrangère, 1959－
1964*)，讲述了独立之前的历史。作为勤勉的编辑者，他最后的贡献是
1986 年和 1987 年出版的四卷本布尔吉巴信件与公文汇编，书名为《我 205
的生命，我的事业》(*Ma vie, mon oeuvre*)，时间跨度从 1934 年至 1956
年。学校的历史教科书自然对布尔吉巴另眼相看，通常将其名字与抽
象的“国家”概念联系在一起。[①]

由于布尔吉巴并没有同样成功地创造一个新的政治结构来取代他成功推翻的殖民政治结构，萨亚赫(还有其他致力于提高总统形象的人)把精力集中在国家独立前的那些岁月。然而，到 20 世纪 70 年代中期，最多只有三分之一的群众还能记得童年时代的民族主义运动，到 1987 年，这个比例已下降到不足四分之一。很多突尼斯年轻人把保护领地时期看作是“古代史”，把布尔吉巴及其同代人看作是被他们遗忘

① 关于突尼斯中学与职业培训机构教材内容的讨论，参看 Driss Abassi, “La Conception de l'histoire selon Bourguiba,” in Abdeljelil Temimi (ed.), *Habib Bourguiba et l'établissement de l'état national: approches scientifiques à Bourguibisme* (Zaghouan: Fondation Temimi pour la Recherche Scientifique et l'Information, 2000), pp. 26－29。

已久的化石残骸，与他们的日常生活无关。他们不曾想到正是这些遗骸控制着政府，理解甚至关注那些他们每天都要面对的、衰弱的社会与经济问题。突尼斯年轻人不愿意接受这种表面上的国家神话，不愿承认布尔吉巴凭借在他们出生之前取得的功勋来统治国家的权利，而比这些更具破坏性的是，在80年代，整个国家都对总统身体与精神上的健康状况充满疑虑，这些疑虑即使是再多的政治荣耀也无法掩盖。正是洞察到了这种情绪，并担心布尔吉巴的报复心理和古怪行为迟早会对国家造成不可弥补的损失，那些可以影响领导权变更的人正确地断定突尼斯人民会支持他们。权力的交接没有引起以复辟为目的的抗议。人们也没有为此举行盛大庆典。相反，普遍的情绪是宽慰，因为变革是合乎宪法的、和平的和顺利的。

到2000年布尔吉巴逝世时，大多数普通突尼斯人，就算没有完全遗忘他，也已不把他放在心里。新政府通过去除或改变旧政权的一些比较明显的表面痕迹——城镇广场上常见的布尔吉巴的雕像，印有其肖像的邮票、硬币和钞票以及为纪念他而给无数街道所命的名称——加速了这一遗忘过程。在他离任后不久，能唤起公众对前总统最引人注目的，可能也是病态的，记忆的就是他早年就下令在莫尔斯提尔建造的一座宏伟的作为自己最终安息地的陵墓。与此过程相伴的是对国家神话的再创作，本·阿里的执政成为突尼斯历史新
206 的核心焦点。11月7日成为国家的首要节日，同时，“1987年11月7日大道”成为优先使用的名称来命名先前名为“哈比卜·布尔吉巴大道”的街道。

在本·阿里执政的前期，他经常提醒突尼斯人说，布尔吉巴因其对国家所做的贡献理应得到人们的尊重。尽管如此，新政权并没有禁止对旧政权的批判。毕竟指出布尔吉巴的不足及其政策的失败，能够彰显那些赶他下台的人的合法性。前总统的一些敌人趁机进行攻击，他们不必担心主要是为了报复那些真实或想象的冷落而遭到惩罚。然而，其他人主要关心的却是通过信息披露来搞清楚一些事件的真相。整个90年代，关于布尔吉巴时代的一些真相不断被披露

出来,而他的离世也引发了对他的身世的不断关注。这一发泄过程凸显了布尔吉巴在执政期间与突尼斯民众之间的疏远与孤立。尽管如此复杂的现象显然不能单单用性格特点来解释,但布尔吉巴孤芳自赏的傲慢与自负——犹如希腊悲剧演员的自恃——充分解释了领导者与民众之间的割裂,领导者认为国家民众应该对他深怀感激之情,然而民众却把他看作是对他们日常生活中的大多数问题负有责任的漠不关心的独裁者。

在法兰西第三共和国学习的几年,让年轻的布尔吉巴懂得了诸如世俗主义、理性主义与现代主义这些概念,而这些概念成了他信仰体系的核心部分。成功的国外教育经历增强了他已然健全的自信心,使他更加确信自己的想法、判断和对一些事件的诠释必然要比其他人的更有价值,即使是那些拥有相应文凭的或者与他共事的人。因此,自他开始其政治生涯就几乎不会考虑任何违背自己观点的建议,也不会勉强接纳不同意见。布尔吉巴逝世后不久,历史学家卡尔·布朗(L. Carl Brown)在他写的一篇思考性文章中称,布尔吉巴只能与下属互动,从不会和与其地位相当的人互动。布朗认为,导致这一缺点的一个原因是,布尔吉巴确定即使最亲密的伙伴也不会永远可靠,或保持不变的忠诚,只会不断地“让他失望”。[①] 普通人不能
够像他那样敏锐地分析复杂问题,他们也不能像他那样清晰地理解这 207
些问题。在民族主义斗争期间,这一心态破坏了布尔吉巴与新宪政党的其他创始人之间的关系。随后,又导致了他与本·优素福戏剧性及破坏性的分歧。尽管布尔吉巴可能比他的那些同僚更能精确地估计围绕这些分裂所发生的情况(正如布朗所言),但他对不同观点的蓄意诋毁破坏了独立后的政治环境。

关于不同意见,布尔吉巴在独立一个月后在下议院的一次演讲中就为此后的30年定下了基调。他告诉立法者们,“结束企图抵制

① L. Carl Brown,“Bourguiba and Bourguibism Revisited: Reflections and Interpretation,” *Middle East Journal*, 55: 1 (2001), p. 50.

我们的事业的无政府主义及破坏分子的活动至关重要。"[①]他的听众准确地将这些言论与仍被抑制的优素福主义团体联系在一起，但事实上这些话有更为宽广的含义。"我们的事业"与那些"企图对抗(它)"的分子之间是摩尼教二分法，不可能存在其他立场。显然，"我们的事业"不允许其他立场。布尔吉巴的优越感使他确信自己完美无缺，因而也使他确信他为突尼斯的未来制定路线是不可或缺的——这一信念确定了他的独裁倾向，也使他将不同政见与叛国混为一谈。

此后，在任突尼斯共和国行政首脑时，布尔吉巴的自大以许多破坏性的方式表现了出来：他倾向于独自制订政策或者仅仅与小圈子内的密友磋商，对政府部长与政党官员态度漠然；就连经常变更的内部集团成员所做出的贡献或提出的观点，他也不愿认可或赞赏；尽管他自己健康状况不佳，仍拒绝将继任程序制度化，甚至拒绝指定政治继承人；他决心扼杀反对意见，先是压制，后来又通过仅允许在其牢牢控制的宪政社会主义党框架(多元一党制)内表达不同意见，使得这些不同意见不会产生任何影响；[②]当这种策略不能达到目的时，他便创立了表面上的多党制，而政府却坚决利用它在暗中对付反对党。这种做法致使许多精英分子都反对布尔吉巴。他们被排除在有效参与政治事务之外，这常常阻碍他们实现自己的抱负，也使得他们与布尔吉巴疏远，但有些人只是担心布尔吉巴正引导国家走向充满危险的道路。然而，不再抱有幻想的精英们与其追随者只是国民中的极
208 少数。突尼斯群众的疏远却主要源自总统不能忍受甚至不能承认其不足所产生的后果。随着社会与经济问题在他执政晚期的不断加剧，群众对政权的不满也在加剧。

这些事态使政府对突尼斯民主的支持变得越来越空洞。"突尼斯式的民主"时常粉饰"自由、平等和博爱"等基本原则——这是布尔吉巴

---

① Abassi, "La Conception de l'histoire," p. 21.

② 这个恰当的术语的使用，见 Geisser, "Tunisie: des élections pour quoi faire?" p. 15。

接受教育期间所了解的主要理想,在保护领地时期,他以这些思想震慑法国当局。他充分利用民主政府的这些外部标志——定期的(即使未必是自由或公平的)选举和一个有代表性的(即使未必是被授权的)立法机构——来维持门面,但将这些象征性的同意引向主权在民并将其作为必需的王牌的却是一位专制的统治者,他不准备忍受自己的意愿被干扰或回避。突尼斯式的民主让市民有机会认可政府的工作,但并不能为其设置议程。布尔吉巴设计了这一体系,并将自己置于核心位置,他利用一切机会指出,只有他自己才能保证这个体系的顺利运行。尽管独立后不久就已废除了君主政体,但除名称不同外,布尔吉巴就是贝伊,他在宫殿里行使权力,工作和生活,沉迷于曾为侯赛因王朝统治者准备的盛典与仪式。确认布尔吉巴执政地位的选举,与臣民对贝伊的效忠宣誓相差无几。

布尔吉巴是一个有点自相矛盾的人,他期望别人只接受而不质疑自己的睿智见解和英明决策,他崇尚教育。他相信自己所接受的教育已将他从传统的局限中解放出来,这种教育让他接触到了一种以与其祖先社会极为不同的原则和实践为基础的文化,也教他如何在这种文化中作为,如何利用文化遗产并将其转化为自己的优势。在他看来,为突尼斯全体民众提供类似的教育,是国家持续发展的必要条件。独立自主的政府对教育的强调,使更多的突尼斯人有能力领会社会和经济发展计划,也使突尼斯转变为拥有所有现代性外饰的国家。共和国早期制定的这些计划使人们的生活质量有了明显改善,绝大多数突尼斯人也对总统表示支持。那些敢于批评总统政策的人则被归入危险的“无政府主义和破坏分子”之列。

国家对根深蒂固的社会、教育、法律和宗教等方面活动的傲慢干 209
涉,使保守的穆斯林领导人感到不安,他们率先发起了有组织的抗议。认为他们的反对意见对自己给予高度评价的世俗主义构成了威胁,布尔吉巴驳斥了这些反对意见,甚至坚持认为,以自己的超凡智慧,完全可以像其他宗教学者一样对伊斯兰教进行权威解释。这种轻蔑的表现和对穆斯林感情的漠视——例如在斋月期间公开销售橙汁的挑衅行为，或者“就算先知还活着，他也给不了我给予你们的东西”这样心胸狭窄的言论[①]——让宗教领导人感到震惊，也使任何调和都成为不可能。此后，保守的穆斯林彻底疏远并藐视政权，他们深信对传统价值观和信仰的抛弃，是随后所有政治、社会和经济问题的根源。当以宗教为基础的反对运动在布尔吉巴时代的最后十年再度出现时，他的轻蔑比以前更强烈，并对穆斯林激进分子进行了猛烈抨击。然而就在那时，一块帷幕正从他的政治生涯上方徐徐降下。他对反对意见的本能排斥，已蜕变为对一党专政的拙劣模仿。他不顾不断恶化的健康状况与日益古怪的行为，试图继续进行独裁的铁腕统治，最终使自己成为世人的笑柄。傲慢让位于悲情。布尔吉巴的身体与精神状况不断恶化，同弥漫全国的经济与社会隐忧一样，给穆斯林激进分子以可乘之机。

至少在某种程度上，本·阿里援引宪法有关总统无工作能力的条款，阻止布尔吉巴采取那些必然引发严重冲突的手段来对付伊斯兰主义者。他在军旅生涯中执掌国家宪兵队的经历，以及随后几次在国家安全部关键职位的任职，使得这位新任行政首脑成为法律和秩序的审慎倡导者。他认为，布尔吉巴推崇的镇压措施适得其反——是使少数对政治不满的突尼斯人转变成为一支更大、更危险的队伍的重要原因。释放大量政治犯暗示新政权愿意承认多元化；一些政党的合法化似乎也证实了这种立场；举行多党选举是对这种政治立场的考验。然而，多元化未能经得起考验。对于大多数突尼斯人来说，“有限的多元化”[②]证实了本·阿里所承诺的多样性的限度，这个多样性保留了过去最令
210 人反感的那些特点。对伊斯兰主义者的排斥继续存在，而世俗反对派也没有机会对执政党构成有效的挑战，尽管他们被允许以布尔吉巴时期不可想象的方式组织起来。就选举的影响而言，“历史性变迁”几乎没有带来什么变化。的确，就这一点而言，突尼斯的第二任总统越来越

① 引自 Fathi Kacemi, “La Deuxième conférence internationale sur Bourguiba et les bourguibiens: Prélude d'une polémique politique,” in *Revue d'Histoire Maghrébine*, 102－103 (2001), p. 241。

② Geisser, “Tunisie: des élections pour quoi faire?” p. 15.

像是改头换面的第一任总统。

然而,本·阿里确实以两个领域中的成就把自己与前总统区分了开来,而这两个领域最终难倒了布尔吉巴。第一个是经济领域。在他领导下,经济得到复苏,到 2001 年人均收入达到了 2 100 美元——除了人口稀少、石油资源丰富的邻国利比亚以外,比北非的其他任何国家都要高。中上阶层突尼斯人的生活仍然过得很好,他们能够享受到近似于很多南欧和东欧国家的生活水平。尽管下层人民的收入达不到人均收入,而且常常要低很多,但不可否认,当 20 世纪接近尾声的时候,甚至连最贫穷的突尼斯人的生活都得到了改善。与经济衰退导致突尼斯人不断反对布尔吉巴形成鲜明对比,20 世纪 90 年代的繁荣支撑了本·阿里与宪政民主联盟。

本·阿里统治的关键时刻,是在复兴党激进分子诉诸暴力之后政府与突尼斯伊斯兰主义者的冲突的时候。总统决定将这个组织视为对国家安全的威胁,因此要摧毁这支有活力的政治势力,他赢得了那些(主要为中上阶层)市民的支持,他们相信任何伊斯兰主义主张的抬头都会危及布尔吉巴和本·阿里支持的世俗国家的非传统生活方式。无数赞成保护个人特权而非捍卫法治的突尼斯人,对政府常常无视法律规范、持续镇压伊斯兰主义者的行径视而不见。他们对剥夺一些公民的民权和人权的行为持默许态度,这将他们与政权绑在了一起,增加了政权本已十分强大的力量。由于在被他们定为“越轨”的少许国民身上泄愤时并没有遭到强烈反对,当局发现几乎没有什么障碍就可以攻击那些冒犯他们的群体与个人。这种对待伊斯兰主义者的方式,是对任何可能反对本·阿里政府的人的警告,并且至少在短时期内遏制了公开表达不满的行为。

随后,随着公开批评的再次出现,对复兴党命运的记忆犹新使政权的反对者有些小心谨慎,这些人当时包括许多以前支持政府镇压伊斯兰主义者的人。担心被捕也起到了类似的约束作用。政府总是否认逮 211
捕政治犯,但是那些管理新闻界、组织与协会的性质(政治性的和其他的)以及公开集会的组成与内容的法律,授权政府去逮捕那些犯有各种不敬罪的人。与布尔吉巴时期相比,因反对本·阿里而被监禁的世俗和宗教人士更多。然而,尽管遭到持不同意见和行动方针者的强烈抨击,“多党”选举仍在1994年和1999年举行,并预计在2004年再度进行。蒙塞夫·马祖基是总统直言不讳的批评者,他指责本·阿里“制定法律是为了践踏法律……宣扬民主是为了掩饰其极权统治”。他悲叹本·阿里的突尼斯已经患了“精神分裂症”。①

1989年,本·阿里和宪政民主联盟承诺要领导国家走出布尔吉巴执政后期陷入的困境。在1994年和1999年,他们继续执政是因为他们做到了这一点,特别是从伊斯兰激进主义的威胁中挽救了国家,并且切实提高了人民的物质生活水平。在2002年接受一位外国记者的采访时,职业培训与就业部部长法扎·科菲(Faïza Kéfi)夸口说,

> 在突尼斯,没有人挨饿;没有人睡在桥底下。突尼斯人都有房子并有不错的收入,能应付基本开销。②

抛开政客的夸张不说,她的这番话反映了宪政民主联盟以满足突尼斯人的迫切需要,及为实现他们的长期愿望铺平道路而自豪,而反过来,这恰恰说明了该党能够在选举中取得巨大胜利的原因。基于突尼斯党-政与人民自上而下的单向关系,前者不经协商便向后者推行其政策——这是专制统治者自负的表现,凭直觉判断人民的最大利益是1956年以来突尼斯的特点。

20世纪90年代,表面上对党-政决策的普遍接受成了党和政府拒绝对批评者要求更加开放和更具参与性的政治进程做出让步的挡箭牌。然而,2000年,一位研究突尼斯政治的见闻广博的法国观察员称,这种对公民施以物质繁荣以换取他们对政治的冷漠的做法,已创造了“沉默的,或许大批愠怒的(对本·阿里持有敌意的)人,他们大都相信

---

① Danny Braün, “Tunisie: Le pays muselé,” *L'Actualité*, August 2002, p. 62.

② 同前引,p. 63.

民主理想和政治多元化,但他们的请求受到了阻挠。”[①]由于缺乏可信 212
的公众舆论资料及其他有关反对派加强了力量的可靠证据,这种评价很难说就是正确的。但无论如何,当弱小而分散的反对派为2004年秋季的议会及总统选举做准备时,他们面临着一个艰巨的任务,那就是要做直到此刻突尼斯历史上只有新宪政党及其后来的化身做过的事——激励和动员幻想破灭了的民众。本·阿里利用2002年公投以使他能够寻求2004年连任,他似乎志在必得,而且实际上正在成为突尼斯的第二位“终身总统”。如果立法选举的结果也是对过去选举结果的复制,那么政治体制民主化的前景,至少是以非暴力的方式,很可能比独立以来的任何时候都更为暗淡。

---

① Geisser, “Tunisie: des élections pour quoi faire?” p. 16. 作者拿布尔吉巴做对比,坚持认为布尔吉巴面对的是“活跃的但却是少数人的反对”。

进一步阅读书目

1956年以前研究突尼斯的主要是法国人。之后,其他欧洲、北美和亚洲的历史学家和社会学家也开始广泛研究这个国家,并用他们自己的语言发表研究成果。虽然在独立后的50年间突尼斯学者的研究成果不断增多,其中一些人也用阿拉伯语发表成果(而另一些人则只用阿拉伯语写作),可大量有关突尼斯的出版物还是继续出现在法国。下面列举的法语和英语资料无论如何都不是一个详尽的书目。截止其出版之日的一个更详尽的汇编,请见肯尼思·J.珀金斯(Kenneth J. Perkins)的《突尼斯历史词典》(*Historical Dictionary of Tunisia*, 2nd edn [Lanham, Md.: The Scarecrow Press, 1997])中的相关部分。

有两本英语著作提供了有用的现代突尼斯概述,但比起这项研究它们的针对性都不够强,一本是编年史,另一本属于地理学。这两本书是丽萨·安德森(Lisa Anderson)的《突尼斯和利比亚的国家与社会变迁:1830－1980年》(*The State and Social Transformation in Tunisia and Libya, 1830－1980* [Princeton, NJ: Princeton University Press, 1986])和肯尼思·J.珀金斯的《突尼斯:伊斯兰和欧洲世界的十字路口》(*Tunisia: Crossroads of the Islamic and European Worlds* [Boulder, Co.: Westview Press, 1986])。另一个类似的概览是法国的让-弗朗索瓦·马丁(Jean-François Martin)的《突尼斯当代史:从费

里到布尔吉巴》(*Histoire de la Tunisie contemporaine: de Ferry à Bourguiba*, 2nd edn [Paris: L'Harmattan, 2003])。

像所有这些书一样,许多其他的推荐读物包含的相关资料都不少于本书的任何一章。这样的条目会在后面用*标出。

第一章 兵进巴尔杜(1835-1881)

对19世纪突尼斯政治、社会和经济环境的考查,以及对艾哈迈德贝伊发起的变革的阐释构成了卡尔·布朗(L. Carl Brown)的《艾哈迈德贝伊的突尼斯:1837-1855年》(*The Tunisia of Ahmad Bey, 1837-1855* [Princeton, NJ: Princeton University Press, 1974])的重点。莫兹里·布迪拉(Mezri Bdira)的《国际关系和欠发达:突尼斯1857-1864年》,(*Relations Internationales et sous-développement, la Tunisie 1857-1864* [Uppsala: Almqvist & Wiksell International, 1978]),探讨了艾哈迈德的继任者所面对的欧洲势力的增强。关于殖民前突尼斯非穆斯林少数民族群体作用的研究包括克劳德·哈戈热(Claude Hagege)的《法国保护领地前夕的突尼斯犹太人群体》("Communautés juives de Tunisie à la veille du protectorat français," *Le Mouvement Social*, 110 [1980], pp. 35-50)、朱莉娅·克兰西-史密斯(Julia Clancy-Smith)的《边缘化和迁徙:殖民前突尼斯的欧洲社会弃儿,1830-1881年》("Marginality and Migration: Europe's Social Outcasts in Pre-colonial Tunisia, 1830-1881," in Eugene Rogan [ed.], *Outside In: On the Margins of the Modern Middle East* [London: I. B. Tauris, 2002], pp. 149-182)、安德烈·L.史密斯(Andrea L. Smith)的《保护领地前夕在突尼斯的马耳他人:一个中间人群》("Les Maltais en Tunisie à la veille du protectorat: Une population intermédiate," in Jacques Alexandropoulos and Patrick Cabanel [eds.], *La Tunisie mosaïque: Diasporas, cosmopolitanisme, archéologies de l'identité* [Toulouse: Presses Universitaires du Mirail, 2000], pp. 115-127)以及珍妮斯·阿尔贝蒂·罗素的博士论

文《突尼斯的意大利人群体：一个存活下来的少数民族》("The Italian Community in Tunisia, 1861－1961: A Viable Minority," Columbia University, 1977)。这些少数民族,特别是一些性别和社会等级经历的边缘化也延伸到了一些突尼斯人。范妮·科隆纳(Fanny Colonna)与扎卡亚·达乌德(Zakya Daoud)主编的论文集《在马格里布的边缘》(*Etre marginal au Maghreb* [Paris: Centre National de la Recherche Scientifique, 1993]*)和阿布德哈米德·拉戈切(Abdelhamid Largueche)与达琳达·拉戈切(Dalenda Largueche)合著的《在伊斯兰土地的边缘》(*Marginales en terre d'islam* [Tunis: Centre d'Etudes et de Recherches Economiques et Sociales, 1992]*)讨论了他们中的很多人。

阿布德马吉德·克莱耶姆(Abdelmajid Kraiem)和赫迪·杰拉卜(Hédi Jellab)的《突尼斯的改良主义运动：1815－1920年》(*le Mouvement réformiste en Tunisie, 1815－1920* [Tunis: Institut Supérieur d'Histoire du Mouvement National, 1994]*)概括介绍了始于19世纪的政治改革成就。卡尔·布朗用英文翻译了海尔·丁(Khair al-Din)极有影响的著作《最可靠的路径：一位十九世纪穆斯林政治家的政治专论》(*The Surest Path. The Political Treatise of a Nineteenth-Century Muslim Statesman* [Cambridge, Ma.: Harvard University Press, 1967]),该书的导言提供了一个很有用的著作背景。传播现代教育是海尔·丁的主要目的之一。拉鲁西·米祖里(Laroussi Mizouri)的《殖民前欧洲教育在突尼斯的渗透：源起与影响》("La Pénétration de l'enseignement européen dans la Tunisie précoloniale: origine et répercussions," in *Cahiers de Tunisie*, 44: 157－158 [1991], pp. 177－196)把首相的教育改革置于已经存在的趋势之中,而努雷丁·斯拉耶卜(Noureddine Sraieb)的《突尼斯萨迪吉中学：1875－1956年》(*Le Collège Sadiki de Tunis, 1875－1936* [Paris: Centre National de la Recherche Scientifique, 1995]*),则极大地关注了作为该政府重要遗产之一的这所学校的早期历史。阿诺

德·H.格林(Arnold H. Green)的《突尼斯乌莱玛：1873－1915年》(*The Tunisian Ulama, 1873－1915. Social Structure and Response to Ideological Currents* [Leiden: Brill, 1978]*)记录了传统生活方式发生大的波动时宗教领袖的作用。从上层开始的改革有时会遇到地方层面,特别是比较困顿的农村地区的反对。关于19世纪农村反抗的概况,请见穆罕默德·赫迪·谢里夫(Mohamed Hédi Chérif)的《十九世纪的突尼斯农民运动》("Les Mouvements paysans dans la Tunisie du XIXe siècle," *Revue de l'Occident Musulman et de la Méditerranée*, 30 [1980], pp. 21－55)。卢塞特·范林西(Lucette Valensi)的《十八、十九世纪的突尼斯农民》(*Tunisian Peasants in the Eighteenth and Nineteenth Centuries* [Cambridge: Cambridge University Press, 1985])是对突尼斯乡村生活极有价值的全面概括。罗伯特·亨特(F. Robert Hunter)的《前保护国时期突尼斯的资本增值和地方势力：1850－1881年》("Capital Appreciation and Provincial Power in Pre-Protectorate Tunisia [1850 － 1881]: Notes from the Tunis Archives," *Middle Eastern Studies*, 23 [1987], pp. 108－115)也探讨了农村地区发展的重要性。

尽管时代较早和方法传统,但让·加尼阿热(Jean Ganiage)的《在突尼斯法国保护领地的起源(1861－1881年)》(*Les Origines du protectorat français en Tunisie [1861 － 1881]* [Paris: Presses Universitaires de France, 1959])对于了解法国占领突尼斯的外交和财政事件依然是一个重要来源。亚瑟·马斯登(Arthur Marsden)在其《英国外交和突尼斯：1875－1902年》(*British Diplomacy and Tunis, 1875－1902* [Edinburgh: Scottish Academic Press, 1971]*)中讨论了保护领地开始前及最初几十年的英国政策。突尼斯与奥斯曼帝国的关系是好几个研究的对象,包括皮埃尔·巴尔丹(Pierre Bardin)的《1848—1914年在奥斯曼帝国的阿尔及利亚人与突尼斯人》(*Algériens et tunisiens dans l'empire ottoman de 1848 à 1914* [Paris: Centre Nationale de Recherche Scientifique, 1979]*)、安德列

亚斯·童格尔-扎内蒂(Andreas Tunger-Zanetti)的《1860－1913 年突尼斯市与伊斯坦布尔的联系：外省与首都》(*La Communication entre Tunis et Istanbul 1860 – 1913. Province et métropole* [Paris: L'Harmattan, 1996]*)、肯尼思·J. 珀金斯的《大众热望伊斯坦布尔：突尼斯、伊斯兰教和奥斯曼帝国，1837－1931 年》("'The Masses Look Ardently to Istanbul': Tunisia, Islam, and the Ottoman Empire, 1837 – 1931," in John Ruedy [ed.], *Islamism and Secularism in North Africa* [New York: St. Martin's Press, 1994], pp. 23 – 36*)。

哈切米·卡洛伊(Hachemi Karoui)和阿里·马朱比(Ali Mahjoubi)的《当太阳从西方升起：1881 年的突尼斯——帝国主义与抵抗》(*Quand le soleil s'est levé à l'ouest. Tunisie 1881 – Impérialisme et Résistance* [Tunis: Centre d'Etudes et de Recherches Economiques et Sociales, 1983])、穆罕默德·赫迪·谢里夫的《据突尼斯资料记载的 1881 年赫米尔事件》("L'Incident des Khmir de 1881, d'après les sources tunisiennes," *Cahiers de Tunisie*, 45: 162－163 [1992 – 1993], pp. 149 – 155)及拜伦·卡农(Byron Cannon)的《1881 年前的阿尔及利亚-突尼斯边境的部落政治：重新审视赫米尔问题》("Tribal Polities on the Algero-Tunisian Border before 1881: The Kroumir Problem Reexamined," *Cahiers de Tunisie*, 45: 105－106 [1978], pp. 49 – 77)均将 1881 年法国入侵突尼斯及由此引起的抵抗作为研究对象。

第二章　谁的突尼斯？(1881 – 1912)

法国对突尼斯的控制过程是阿里·马朱比的《法国在突尼斯保护领地的建立》(*L'Etablissement du protectorat français en Tunisie* [Tunis: Publications de l'Université de Tunis, 1977])的研究重点。理查德·麦肯(Richard Macken)未发表的博士论文《对法国在突尼斯建立保护领地的本土反应，1881－1900 年》("The Indigenous Reaction to the French Protectorate in Tunisia, 1881 – 1900," Princeton

University，1972)对这一进程做了更详细的英文描述。另一本涵盖同一时期有用的著作是卡梅尔·萨马特(Carmel Sammut)的《法国资本帝国主义与突尼斯民族主义(1881 – 1914 年)》(*L'Impérialisme capitaliste français et le nationalisme tunisien* [*1881 –1914*] [Paris: Publisud, 1983])。突尼斯人口中特别重要的一部分,即宗教领袖的反应构成了阿诺德·H. 格林的《突尼斯乌莱玛与法国保护领地的建立：1881 – 1892 年》("The Tunisian Ulama and the Establishment of the French Protectorate, 1881 – 1892," *Revue d'Histoire Maghrébine*, 1 [1974], pp. 14 – 25)的基础。加布里埃尔·皮瑞(Gabriel Payre)的《突尼斯摄政时期民政检查处的起源与作用(1881 – 1956 年)》("Les Origines et le rôle du contrôle civil dans la régence de Tunis [1881 – 1956]," *Revue d'histoire diplomatique*, 98 [1984], pp. 267 – 288*)介绍了在突尼斯农村代表法国当局的民事机构的组成和活动。有关保护领地对意大利人的影响在劳拉·戴维(Laura Davi)的《殖民者与殖民地人民之间：突尼斯意大利人(19 – 20 世纪)》("Entre Colonisateurs et colonisés: Les Italiens de Tunisie [XIXè – XXè siècle]," in Jacques Alexandropoulos and Patrick Cabanel [eds.], *La Tunisie mosaïque: Diasporas, cosmopolitanisme, archéologies de l'identité* [Toulouse: Presses Universitaires du Mirail, 2000]*, pp. 99 – 113)。穆罕默德·拉比·斯努西(Mohamed Larbi Snoussi)的《大战前夕突尼斯犹太复国主义运动的起源：阿古达特-锡安的创立与第一次分裂(1887 – 1941)》("Aux origines du mouvement sioniste en Tunisie à la veille de la Grande Guerre: Création de l'Aghoudat-Sion et sa première scission [1887 – 1914]," *Cahiers de Tunisie*, 44: 157 – 158 [1991], pp. 225 – 274)考察了突尼斯犹太人及日益增长的犹太复国主义对一些犹太群体成员的吸引。针对法国人引起司法体制的变化的两篇全面考察是穆罕默德·达巴布(Mohamed Dabbab)和塔哈尔·阿比德(Tahar Abid)的《突尼斯司法：突尼斯百年司法简史：从 1856 年到独立前夕》(*La Justice en Tunisie: Un siècle d'histoire judiciaire* [*essai*]*: de 1856* *jusqu'à la veille de l'indépendance* [Tunis: Ministry of justice, 1998]*)和雅登·曼萨尔(Adnen Mansar)的《殖民权利和突尼斯司法》("Pouvoir colonial et justice tunisienne," *Rawafid*, 4 [1998], pp. 39－57)。

上述几部著作触及了移殖民的土地获取问题,但更具针对性的论文出现在许多文章中,其中有拜伦·卡农的《突尼斯哈布斯租赁市场:农业发展辩证法,1875－1902年》("Le Marché de location des habous en Tunisie: Dialectique de développement agricole, 1875－1902," in Byron Cannon [ed.], *Terroirs et Sociétés au Maghreb et au Moyen Orient* [Lyon: Maison de l'Orient, 1988], pp. 79－108)、查尔斯·C. 哈波尔(Charles C. Harber)的《法国保护领地早期的突尼斯土地租赁》("Tunisian Land Tenure in the Early French Protectorate," *Muslim World*, 63: 4 [1973], pp. 307－315)、皮埃尔·瓦扎赫(Pierre Voizard)的《保罗·布尔德和突尼斯的橄榄树》("Paul Bourde et l'olivier de Tunisie," *Comptes Rendus des Séances Trimestriels de l'Acadérnie des Sciences Outre-mer*, 34 [1974], pp. 205－219)。让·邦赛(Jean Poncet)的《1881年以来欧洲在突尼斯的殖民与农业》(*La Colonisation et l'agriculture européenne en Tunisie depuis 1881* [Paris and The Hague: Mouton, 1962]*),是对定居农民使用的农作物种类与种植方法的全面研究。突尼斯人对失去耕地的不满,请见蒙塞弗·德拉吉(Moncef Dellagi)的《1898年针对突尼斯移殖民不安全的斗争》("Une Campagne sur l'insécurité des colons de Tunisie en 1898," *Revue d'Histoire Maghrébine*, 7－8 [1977], pp. 99－106)及陶菲克·阿亚迪(Taoufik Ayadi)的《突尼斯的起义与宗教:以塔拉-卡塞林(1906年)和杰拉兹(1911年)为例》("Insurrection et religion en Tunisie: l'exemple de Thala-Kasserine [1906] et du Jellaz [1911]," in Direction des Archives de France, *Révoke et Société* [Paris: Publications de la Sorbonne, 1989], pp. 166－175)。对突尼斯各地移殖民生活的生动描述出现在亚赫亚·古尔(Yahya al-Ghoul)有关纳

布勒的系列文章中,其中最为全面的是《殖民与城市生活:19 世纪末的纳布勒》("Colonisation et vie municipale: Nabeul à la fin du 19è siècle," *Cahiers de Tunisie*, 45: 159 – 160 [1992], pp. 25 – 45)。

突尼斯学者努雷丁·杜古伊(Noureddine Dougui)撰写了大量有关法国资本投资特别是磷酸盐工业发展的文章。比较全面的论文,请见《突尼斯资本主义的公司和殖民投资(1881 – 1920):研究方法的某些要素》("Sociétés capitalistes et investissements coloniaux en Tunisie [1881—1920]: Quelques éléments d'approche," *Cahiers de Tunisie*, 33: 131 – 132 [1985], pp. 73 – 105)和《突尼斯的殖民政体与特许企业(1890 – 1940 年)》("Etat colonial et entreprise concessionnaires en Tunisie [1890 – 1940]," *Cahiers de Tunisie*, 46: 161 [1992], pp. 3 –23*)。关于磷酸盐矿及运送矿石到海岸的铁路,可见努雷丁·杜古伊的《一个大型殖民企业的诞生:磷酸盐公司和加夫萨铁路》("La naissance d'une grande entreprise coloniale: la compagnie des phosphates et chemin de fer de Gafsa," *Cahiers de Tunisie*, 30: 119 –120 [1982], pp. 123 – 164)和《斯法克斯-加夫萨铁路网的建设与经营(1897 – 1914 年)》("La Construction et l'exploitation du réseau de chemin de fer Sfax-Gafsa [1897 – 1914]," *Cahiers de Tunisie*, 31: 123 – 124 [1983], pp. 13 – 46)。其他铁路的重要性见穆罕默德·拉扎尔·加尔比(Mohamed Lazhar Gharbi)的《马格里布的帝国主义与改良主义:阿尔及利亚-突尼斯铁路线的历史》(*Impérialisme et réformisme au Maghreb: Histoire d'un chemin de fer algéro-tunisien* [Tunis: Centre d'Etudes et de Recherches Economiques et Sociales, 1994])。

对许多突尼斯人来说,教育代表着最可靠并且常常也是唯一的进步方式。作为对包括之前本章引用过的许多著作的教育部分的补充,请见弗朗西斯·阿努雷特(François Arnoulet)的《法国在突尼斯保护领地初期的教育问题(1881 – 1900 年)》,("Les problèmes de l'enseignement au début du protectorat français en Tunisie [1881 –

1900]," *Revue de l'Institut des Belles Lettres Arabes*, 167 [1991], pp. 31－62)、帕特里克·加巴内尔(Patrick Cabanel)的《突尼斯的法国世俗学校(1881－1914年):双重乌托邦》("L'Ecole laïque française en Tunisìe [1881 － 1914]: La Double utopie," in Jacques Alexandropoulos and Patrick Cabanel [eds.], *La Tunisie mosaïque: Diasporas, cosmopolitanisme, archéologies de l'identité* [Toulouse: Presses Universitaires du Mirail, 2000], pp. 216－285),努雷丁·斯拉耶卜的两篇文章《殖民地时期突尼斯学校的意识形态(1881－1945年)》("L'Idéologie de l'école en Tunisie coloniale [1881 － 1945]," *Revue de l'Occident Musulman et de la Méditerranée*, 68 － 69 [1993], pp. 239－254*)和《突尼斯萨迪吉中学与新精英》("Le collège Sadiki de Tunis et les nouvelles élites," *Revue de l'Occident Musulman et de la Méditerranée*, 72 [1994], pp. 37－52*)。妇女教育是索瓦德·巴卡尔蒂(Souad Bakalti)的《突尼斯殖民初期的妇女教育》("L'Enseignement féminin dans le primaire au temps de la Tunisie coloniale," *Revue de l'Institut des Belles Lettres Arabes*, 166 [1990], pp. 249－274*),以及朱丽叶·克兰西-史密斯(Julia Clancy-Smith)的《帕夏路小学:阿拉伯妇女教育与"最伟大的法国"(1900－1914年)》("L'Ecole Rue du Pacha, Tunis: L'Education de la femme arabe et 'La Plus Grande France,' [1900－1914]," *Clio: Histoire, Femmes, et Société*, 12 [2000], pp. 33－55)的主题。

对保护领地政府的缺点大失所望的突尼斯人向政治激进主义的转变,也引起了之前引用过的许多著作的关注。较为详细的描述出现在阿里·马朱比的《突尼斯民族运动的起源(1904－1934年)》,(*Les Origines du mouvement national en Tunisie [1904－1934]* [Tunis: Université de Tunis, 1982]*)。陶菲克·阿亚迪的《突尼斯市的改良主义运动和人民运动(1906－1912年)》(*Mouvement réformiste et mouvements populaires à Tunis [1906－1912]* [Tunis: Université de Tunis, 1986])直接针对青年突尼斯运动。查尔斯-安德烈·朱利安

(Charles-André Julien)的《法国移殖民和突尼斯青年(1892－1912年)》("Colons français et Jeunes Tunisiens [1892－1912]," *Revue Française d'Histoire d'Outre-mer*, 54 [1967], pp. 87－150),是法属北非学界的大家之一所做的研究,虽然年代较远,但仍具权威。另一长篇论文是贝奇尔·特里利(Bechir Tlili)的《大战前夕的社会主义者和年轻的突尼斯人(1911－1913年)》("Socialistes et Jeunes-Tunisiens à la veille de la grande guerre [1911－1913]," *Cahiers de Tunisie*, 22: 85－86 [1974], pp. 49－134)。用英语写作的有关突尼斯青年的文章较少。拜伦·卡农的《农村社会正义辞令和突尼斯青年运动,1907－1912年》("Rural Social Justice Rhetoric and the Young Tunisian Movement, 1907－1912," *Revue d'Histoire Maghrébine*, 59－60 [1990], pp. 63－71),把农村动乱问题与早期的政治激进主义联系在一起。

第三章　严阵以待(1912－1940)

除阿里·马朱比的《突尼斯民族运动的起源(1904－1934年)》(*Les Origines du mouvement national en Tunisie [1904－1934]* [Tunis: Université de Tunis, 1982]*)之外,还有两部关于北非民族主义运动的较早著作也为了解宪政党的形成提供了很好的出发点,它们是查尔斯-安德烈·朱利安的《前进中的北非:穆斯林民族主义与法国主权》(*L'Afrique du nord en marche: nationalismes musulmanes et souveraineté français* [Paris: Julliard, 1972]*)和罗杰·图尔诺(Roger Le Tourneau)的《北非穆斯林政治演变,1920－1961年》(*L'Evolution politique de l'Afrique du nord musulmane, 1920－1961* [Paris: Armand Colin, 1962]*)。由青年突尼斯人党到宪政党领导的演变过程为努雷丁·斯拉耶卜的《宪政党的起源或榜样的延续》("Aux Origines du Destour ou une continuité exemplaire," *Revue d'Histoire Maghrébine*, 65－66 [1992], pp. 71－79)提供了研究课题。丹尼尔·戈德斯坦(Daniel Goldstein)的《突尼斯历史的十字路

口：解放或者兼并(1914－1922年)》(*Libération ou annexion aux chemins croisés de l'histoire tunisienne* [*1914－1922*] [Tunis: Maison Tunisienne de l'Edition, 1978]),讨论了第一次世界大战对突尼斯和法国对保护领地的思考的影响。穆罕默德·达巴布(Mohammed Dabbab)的《宪政党代表团在巴黎或1920年的"突尼斯问题"》(*Les Délégations destouriennes à Paris ou la "Question tunisienne" dans les années 1920* [Tunis: Maison Tunisienne de l'Edition, 1980])是对第一次世界大战末期宪政党试图获得法国支持的研究。对20世纪20年代初期一度与宪政党竞争的改良主义党的研究,出现在穆斯塔法·克莱耶姆(Mustapha Kraiem)的《突尼斯改良主义党(1920－1926年)》("Le parti réformiste tunisien [1920－1926]," *Revue d'Histoire Maghrébine*, 4 [1975], pp. 150－162)。有关宪政党与有组织劳工之间的联系,请见贝奇尔·特里利的《突尼斯自由宪政主义党与突尼斯总工会之间的关系(1924－1925年)》("Des Rapports entre le Parti Libéral et Constitutionnaliste Tunisien et la Confédération Générale Tunisienne du Travail [1924－1925]," *Cahiers de Tunisie*, 28: 113－114 [1980], pp. 115－164)。艾哈默德·本·米勒德(Ahmed Ben Miled)的《穆罕默德·阿里：突尼斯工人运动的诞生》(*M'hamed Ali: La Naissance du mouvement ouvrier tunisien* [Tunis: Editions Salammbo, 1984]),概述了突尼斯首个劳工联合会的创始人的生平。埃克巴尔·艾哈迈德(Eqbal Ahmad)和斯图亚特·沙尔(Stuart Schaar)的《穆罕默德·阿里：突尼斯劳工组织者》("M'hamed Ali: Tunisian Labor Organizer," in Edmund Burke Ⅲ [ed.], *Struggle and Survival in the Modern Middle East* [Berkeley, Ca.: University of California Press, 1993], pp. 191－204)是对这位创始人生平的英文简短概括。

大萧条对突尼斯的破坏,促成了民族主义活动在一段相对平静期后的复苏。阿布德斯勒姆·本·哈米达(Abdesslem Ben Hamida)的《面临1929年经济危机的突尼斯中产阶级》("Les Bourgeois tunisiens face à la crise économique de 1929," *Cahiers de la Méditerranée*, 45 [1992], pp. 129－136)、克劳德·李奥祖(Claude Liauzu)的《突尼斯危机的一个方面：贫民窟的诞生》("Un Aspect de la crise en Tunisie: la naissance des bidonvilles," *Revue Française d'Histoire d'Outre-mer*, 63: 232 － 233 [1976], pp. 607 － 621)和安德烈·诺奇(André Nouschi)的《1930年突尼斯的危机与新宪政党的开端》("La Crise de 1930 en Tunisie et les débuts du Néo-Destour," *Revue de l'Occident Musulmane et de la Méditerranée*, 8 [1970], pp. 113－123)是对大萧条的多方面影响的研究。经济困难时期对欧洲殖民者的影响构成了让·邦赛(Jean Poncet)的《三十年代的危机及其对法国在突尼斯拓殖的影响》("La Crise des années 30 et ses répercussions sur la colonisation française en Tunisie," *Revue Française d'Histoire d'Outre-mer*, 63: 232－233 [1976], pp. 622－627)的核心部分。

以上引用的有关北非民族主义的总体研究,包括对导致1934年新宪政党成立的宪政党的分裂,及新政党随后号召抵制法国控制的策略的说明。对20世纪30年代许多重大政治和社会事件的分析收入了蒙塞弗·谢诺菲(Moncef Chenoufi)主编的《突尼斯三十年代的政治和社会运动》(*Les Mouvements politiques et sociales dans la Tunisie des années trente* [Tunis: Ministère de l'Education, de l'Enseignement et de la Recherche Scientifique, 1987])。这部著作的许多撰稿人都是突尼斯学者,其中有些人已经得到公认,另一些人相对来说则是书写自己国家历史的新手。哈赛因·拉沃夫·哈姆扎(Hassine Raouf Hamza)的《对两次大战之间民族运动史的若干反思：1934年3月宪政党的分裂》("Eléments pour une réflexion sur l'histoire du mouvement national pendant l'entre-deux-guerres: la scission du destour de mars 1934," pp. 51－78)回顾了民族主义队伍的分裂。朱丽叶·贝希斯(Juliette Bessis)的《关于三十年代在突尼斯入籍的问题》("A propos de la question des naturalisations dans la Tunisie des années trente," pp, 597－609)和阿布德马吉德克·克莱耶姆的《突尼斯入籍问题上的

政治失败(1933/1937 年)》("L'Echec de la politique de naturalisation en Tunisie [1933/1937]," pp. 623 – 651)是涉及入籍的政治性问题的两个章节。穆斯塔法·克莱耶姆(Mustapha Kraiem)的《三十年代的新宪政党:干部、激进分子及建立》("Le Néo-Destour: Cadres, militants et implantation pendant les années trente," pp. 17 – 49)评估了党的早期工作,而穆罕默德·赫迪·谢里夫的《三十年代突尼斯街头运动的社会成分》("Composition sociale des mouvements de rue en Tunisie dans les années trente," pp. 611 – 621)则涉及了参加公开抗议的突尼斯人的背景。其他特别有价值的章节是艾哈迈德·卡萨布(Ahmad Kassab)的《处在法国化与犹太复国主义之间的突尼斯犹太人群体(1930 – 1940 年)》("La communauté israélite de Tunis entre la francisation et le sionisme [1930 – 1940]," pp. 525 – 548)、默克塔尔·阿亚奇(Mokhtar Ayachi)的《三十年代的殖民政策和宰敦问题》("La politique coloniale et la question zeitounienne dans les années trente," pp. 817 – 835)和穆罕默德·拉比·斯诺西(Mohamed Larbi Snoussi)的《第二次世界大战前的民族运动和极权政体(1934 – 1939 年)》("Le mouvement national et les régimes totalitaires à la veille de la seconde guerre mondiale [1934 – 1939]," pp. 365 – 383)。虽然不在同一册,但哈赛因·拉沃夫·哈姆扎的《1938 年 4 月 9 日暴乱:是政治阴谋、民族主义诡计还是自发运动?》("Les émeutes du 9 avril 1938 à Tunis: Machination policière, complot nationaliste ou mouvement spontané?" Direction des Archives de France, *Révolte et Société* [Paris: Publications de la Sorbonne, 1988], pp. 185 – 191)也是评价 1938 年 4 月暴乱原因的一次重要尝试,这次暴乱一度使新宪政党陷入瘫痪。萨姆亚·默夏特(Samya el-Méchat)的《突尼斯民族主义:分裂与冲突,1934 – 1944 年》(*Le Nationalisme tunisien: scission et conflits, 1934 – 1944* [Paris: L'Harmattan, 2002]*)是对建党十年的总览。哈马迪·本·哈里玛(Hamadi Ben Halima)的《突尼斯半个世纪的阿拉伯戏剧(1907 – 1957)》(*Un demi siècle de théâtre arabe en*

Tunisie [*1907 – 1937*] [Tunis: Université de Tunis, 1974]*)全面评述了民族主义者时常充分利用的戏剧。

专门关注妇女在民族运动中的作用的文章主要有伊尔赫姆·玛祖吉(Ilhem Marzouki)的《女殖民者的面纱: 突尼斯,1924 – 1936 年》("La voile des colonisées: Tunisie, 1924 – 1936," *Revue de l'Institut des Belles Lettres Arabes*, 161 [1988], pp. 59 – 89)、索瓦德·巴卡迪(Souad Bakalti)的《殖民时期的突尼斯女性: 1881 – 1956 年》(*La Femme tunisienne au temps de la colonisation: 1881 – 1956* [Paris: L'Harmattan, 1996]),以及由莉莉娅·拉比迪(Lilia Labidi)撰写并收入她主编的《妇女对公众生活的参与》(*Participation des femmes à la vie publique* [Tunis: Centre de Recherche et de Formation Pédagogique, 1990])的两篇论文,《穆斯林妇女在正式的公开政治场合的出入: 殖民时期突尼斯的案例》("Circulation des femmes musulmanes dans l'espace publique et politique formel: le cas de la Tunisie en période coloniale," pp. 19 – 43)和《二十世纪上半叶女权主义政治意识的出现: 突尼斯的案例》("L'Emergence du sentiment politique chez les féministes dans la première moitié du XXè siècle: le cas de la Tunisie," pp. 44 – 62)。妇女权利的直接倡导者塔哈尔·哈达德(Tahar Haddad)的著作在宰内卜·本·赛义德·谢尔尼(Zeineb Ben Said Cherni)的《塔哈尔·哈达德作品中历史的偏差: 劳动者、上帝和妇女》(*Les Dérapages de l'histoire chez Tahar Haddad. Les Travailleurs, dieu et la femme* [Tunis: Ben Abdallah, 1993])和努雷丁·斯拉耶卜的《塔哈尔·哈达德,一种服务于解放行动的思想》("Tahar Haddad, une pensée au service de l'action émancipatrice en Tunisie," in Charles-André julien [ed.], *Les Africains* [Paris: Editions Jeune Afrique, 1977], Ⅶ, pp. 73 – 97)得到了讨论。

由哈比卜·布尔吉巴创作的两卷书信及其他文件集,《我的生活,我的事业: 1934 – 1938 年》(*Ma vie, mon oeuvre, 1934 – 1938* [Paris: Plon, 1986])和《我的生活,我的事业: 1938 – 1943 年》(*Ma* *vie, mon oeuvre, 1938－1943* [Paris: Plon, 1986]*)是非常有用的原始资料来源。布尔吉巴的报刊文集,《报刊文章合集:1929－1933年》(*Articles de presse, 1929－1933* [Tunis: Dar al-Amal, 1982])亦是如此。这些概略的编辑是布尔吉巴的老同事穆哈默德·萨亚赫(Mohamed Sayah),他还编纂了15卷本的《突尼斯民族运动史》(*Histoire du mouvement national tunisien* [Tunis: Ministère de l'Information, 1967－1979]*),但这部著作因其主观性而需谨慎使用。布尔吉巴在整个20世纪30年代的亲密伙伴穆罕默德·马特里(Mahmoud Materi)为他撰写了一本政治回忆录《一个战士的历程(1926－1942年)》(*Itinéraire d'un militant* [*1926－1942*] [Tunis: Centre d'Etudes et de Recherches Economiques et Sociales, 1992]*)。

第四章　重新界定关系(1940－1956)

蒙塞弗贝伊的短暂统治和这位被废黜的统治者对突尼斯政治生活的后续影响是阿卜杜勒哈米德·哈桑(Abdelhamid Hassen)的《蒙塞弗贝伊和蒙塞弗主义运动(1942－1948年)》("Moncef Bey et le mouvement moncefiste [1942－1948]," *Revue d'Histoire Maghrébine*, 49－50 [1988], pp. 25－45)、奥马尔·克里夫(Omar Khlifi)的《蒙塞弗贝伊:殉难的国王》(*Moncef Bey: roi martyr* [Tunis: Editions Kahia, 1994])和拉奇德·德里斯(Rachid Driss)的《新宪政党的抵抗:蒙塞弗贝伊对民族运动的贡献(1941－1943年)》("Résistance du Néo-Destour. Contribution de Moncef Bey à l'action nationale [1941－1943]," *Cahiers de Tunisie*, 28: 113－114 [1980], pp. 255－288)的研究重点。对蒙塞弗贝伊下台前以盟军胜利而告终的战役的简要说明,可以在《北非战役》("North African Campaign," in I. C. B. Dear and M. R. D. Foot [eds.], *The Oxford Companion to the Second World War* [Oxford: Oxford University Press, 1995], pp. 813－818)中找到。第二次世界大战期间的其他重要事件在《1939－1945年的突尼斯》(*La Tunisie de 1939 à*

1945 [Tunis: Ministère de l'Education, de l'Enseignement Supérieur et de la Recherche Scientifique and Centre National Universitaire de Documentation Scientifique et Technique, 1989])中有所论述。如同其侧重20世纪30年代的姊妹篇(前文已引用)一样,这本论文集的作者也主要是突尼斯的历史学家,其章节包括了穆罕默德·赫迪·谢里夫的《民族运动及德-意对突尼斯的占领(1942年11月—1943年5月)》("Mouvement national et occupation germano-italienne de la Tunisie [novembre 1942 – mai 1943]," pp. 157 – 169)和默克塔尔·阿亚奇的《第二次世界大战背景下宰敦的运动》("Le Mouvement zeitounien dans le contexte de la seconde guerre mondiale," pp. 271 – 309)。

突尼斯工人总工会的建立及其在第二次世界大战后新宪政党复兴中起到的作用一直是许多研究的主题。阿布德斯勒姆·本·哈米达(Abdesselem Ben Hamida)的《从第二次世界大战到内部自治时期的突尼斯工会运动》(*Le Syndicalisme tunisien de la deuxième guerre mondiale à l'autonomie interne* [Tunis: Université de Tunis I, 1989]),考察了该工会的目标及其与民族主义运动的关系。穆斯塔法·克莱耶姆的两篇文章详细说明了战后幼稚的劳工组织之间的竞争,它们是《突尼斯工人总工会与突尼斯工人工会联盟之间的工会统一问题》("La Question de l'unité syndicale entre l'UGTT et l'USTT," *Revue d'Histoire Maghrébine*, 12 [1978], pp. 271 – 285)和《突尼斯工人总工会加入世界工会联盟》("L'Adhésion de l'UGTT à la Fédération Syndicale Mondiale," *Revue d'Histoire Maghrébine*, 1 [1974], pp. 26 – 34)。该作者的文章《1952年,哈奇德生命的最后一年:他的抵抗行动和遇刺》("1952, l'année ultime de la vie de Hached: son action de résistance et son assassinat," in *Actes du LXè Colloque International sur Processus et Enjeux de la Décolonisation en Tunisie [1952 – 1964]* [Tunis: Institut Supérieur d'Histoire du Mouvement National, 1999], pp. 149 – 186)是对费尔哈特·哈奇德被刺那年的政治与工会问题的评论,费尔哈特·哈奇德是突尼斯工人

总工会的领袖,也是新宪政党的关键人物。威拉德·A. 贝林格(Willard A. Beling)的《世界劳工联合会和去殖民化:突尼斯案例研究》("WFTU and Decolonization: A Tunisian Case Study," *Journal of Modern African Studies*, 2: 4 [1964], pp. 551－564)是一篇关于 20 世纪 40 年代和 20 世纪 50 年代工会活动的较陈旧但仍有资料价值的英文论文。

另一本短时段按民族主义编年史论文集《战后的突尼斯(1945－1950 年)》(*La Tunisie de l'après-guerre [1945－1950]* [Tunis: Faculté des Sciences Humaines et Sociales, 1991])讨论了新宪政党重新发挥重要作用及其如何处理与其他反法阵线成员的关系。例如,哈赛因·拉沃夫·哈姆扎的《新宪政党,从 1938 年 4 月到独立前夕的结果:领导权与制度化》("Le Néo-Destour, des lendemains d'avril 1938 à la veille de l'indépendance: hégémonie et institutionalisation," pp. 209－229)、默克塔尔·阿亚奇的《新宪政党与宰敦大学生:从联合到对抗》("Le Neo-Destour et les étudiants zeytouniens: de l'alliance à l'affrontement," pp. 231－250)。突尼斯共产党的活动在哈赛因·拉沃夫·哈姆扎的著作《突尼斯从"解放"到独立的共产主义与民族主义》(*Communisme et nationalisms en Tunisie de la "Libération" à l'indépendance* [Tunis: Université de Tunis, 1994])中有详细的论述。萨姆亚·马查特(Samya El-Machat)的《突尼斯的独立得益于联合国?(1952－1954 年)》("L'indépendance de la Tunisie gagnée à l'ONU? [1952－1954]," in *Actes du LXè Colloque International sur Processus et Enjeux de la Décolonisation en Tunisie [1952－1964]* [Tunis: Institut Supérieur d'Histoire du Mouvement National, 1999], pp. 27－38)探讨了民族主义者决定将结束突尼斯被保护问题提交给联合国,其另一著作《突尼斯:走向独立之路(1945－1956 年)》(*Tunisie: Les Chemins vers l'indépendance [1945－1956]* [Paris: L'Harmattan, 1992])对此问题有更详尽的说明。穆罕默德·洛特菲·查伊比(Mohammed Lotfi Chaibi)的《以谈判取得的去殖民化的得

失：以突尼斯为例》（"Les Enjeux d'une décolonisation négociée: l'exemple tunisien [1954 — 1956]," *Revue de l'Institut des Belles Lettres Arabes*, 186 [2000], pp. 191 — 211）侧重于谈判的结束阶段。朱丽叶·贝希斯的《自治危机与突尼斯独立,政治阶层与真实的国家》（"La Crise d'autonomie et de l'indépendance tunisienne, classe politique et pays réel," in René Gallissot [ed.], *Mouvemenet ouvrier; communisme et nationalismes dans le monde arabe* [Paris: Les Editions Ouvrières, 1978], pp. 265 — 292）也考察了出现在此阶段的一些问题。法国学者查尔斯-安德烈·朱利安认识谈判双方的许多重要人物,他的《突尼斯必须独立（1951 — 1957 年）》（*Et la Tunisie devint indépendante, 1951 — 1957* [Paris: Editions Jeune Afrique, 1985]）叙述了通向独立道路的十年。

第五章　独立国家起航（1956 — 1969）

克莱门特·亨利·摩尔（Clement Henry Moore）的《独立后的突尼斯：一党政府的力量》（*Tunisia since Independence: The Dynamics of One-Party Government* [Berkeley, Ca.: University of California Press, 1965]）是第一部研究独立后突尼斯政治和治理的英文著作,至今仍然是后殖民阶段初期突尼斯研究的最好资料。尽管同样老旧,但是第二部关于突尼斯政治的著作,拉尔斯·鲁德贝克（Lars Rudebeck）的《政党与人民：突尼斯政治变化研究》（*Party and People: A Study of Political Change in Tunisia* [London: C. Hurst & Co., 1969]）同样是此时期研究的有用的资料来源。哈比卜·布尔吉巴是众多传记的书写对象,这些传记大多用法语或阿拉伯语写成。最好的英文传记是德里克·霍普伍德（Derek Hopwood）的《突尼斯的哈比卜·布尔吉巴：长寿的悲剧》（*Habib Bourguiba of Tunisia: The Tragedy of Longevity* [New York: St. Martin's Press, 1992]*）。第二部传记索菲·贝希斯（Sophie Bessis）和苏哈伊尔·贝尔哈桑（Souhayr Belhassen）撰写的两卷本《布尔吉巴：如此之长的统治（1957 — 1989

年)》(*Bourguiba: Un si long règne [1957 — 1989]* [Paris: Jeune Afrique, 1989]*)在很大程度上避免了许多出于政治目的而过度奉承或尖刻批评的写作特点。L. 卡尔·布朗(L. Carl Brown)在 2000 年布尔吉巴去世后不久发表的《布尔吉巴与布尔吉巴主义回顾: 思考及释义》("Bourguiba and Bourguibism Revisited: Reflections and Interpretation," *Middle East Journal*, 55: 1 [2001], pp. 43—57*),是对布尔吉巴在整个突尼斯现代史上的地位所做的一次尝试评价。

两篇讨论有关 20 世纪 50 年代的前殖民权力的完全不同论点的文章发表在《第十九届关于突尼斯去殖民化的进程与意义(1952—1964 年)国际研讨会会刊》(*Actes du LXe Colloque International sur Processus et Enjeux de la Décolonisation en Tunisie [1952 —1964]* [Tunis: Institut Supérieur d'Histoire du Mouvement National, 1999]),它们是吉安·保罗·卡尔西·诺瓦提(Gian Paolo Calci Novati 的)《对赛凯特·西迪·尤瑟夫的抨击和面对阿尔及利亚战争的突尼斯政治变动》("Le bombardement de Sakiet Sidi Youssef et les péripéties de la politique tunisienne face à la guerre d'Algérie," pp. 55—75)和哈比卜·卡兹达赫利(Habib Kazdaghli)的《面对去殖民化的突尼斯欧洲人群体(1955—1962 年)》("Communautés européennes de Tunisie face à la décolonisation [1955—1962]," pp. 321—338)。同卷还有一篇关于犹太人群体的类似文章,即阿卜杜勒克里姆·阿拉维(Abdelkrim Allagui)的《50 年间面对去殖民化的突尼斯犹太少数民族》("La minorité juive de Tunisie face à la décolonisation an cours des années 50," pp. 305—319)。因比塞大海军基地而同法国产生的冲突是沃纳·鲁夫(Werner Ruf)的《比塞大危机: 解决突尼斯边境问题的一次布尔吉巴主义尝试》("The Bizerte Crisis: A Bourguibist Attempt to Resolve Tunisia's Border Problem," *Middle East Journal*, 25 [1971], pp. 201—211)的研究对象。亚罗斯拉夫·比林斯基(Yaroslav Bilinsky)的《极端环境中的温和现实主义: 突尼斯和巴基斯坦问题(1965—1970 年)》("Moderate Realism in an Extremist

Environment: Tunisia and the Palestine Question [1965－1970]," *Revue de l'Occident Musulmane et de la Méditerranée*, 13－14 [1973], pp. 109－123),概述了布尔吉巴在巴勒斯坦问题上的非正统(对一个阿拉伯国家领导人来说)方法。在阿卜杜勒杰里勒·特米米(Abdeljelil Temimi)的《巴基斯坦问题以及布尔吉巴与世界犹太人大会的关系》("La Question palestinienne et les relations de Bourguiba avec le Congrès Juif Mondial," in Abdeljelil Temimi [ed.], *Habib Bourguiba et l'établissement de l'état national: approches scientifiques de bourguibisme* [Zaghouan: Fondation Temimi pour la Recherche Scientifique et l'Information, 2000], pp. 109－127)进一步讨论了这一问题。

对探讨独立后立即设法制定出行之有效的经济道路的突尼斯经济总体的研究有阿伦·芬德莱(Allan Findlay)的《突尼斯:经济发展变迁》("Tunisia: The Vicissitudes of Economic Development," in Richard Lawless and Allan Findlay [eds.], *North Africa: Contemporary Politics and Economic Development* [London: Groom Helm, 1984], pp. 217－240*)和较近期的艾玛·C.墨菲(Emma C. Murphy)的《突尼斯的经济与政治变化:从布尔吉巴到本·阿里》(*Economic and Political Change in Tunisia: From Bourguiba to Ben Ali* [London: Macmillan, 1999]*)。查尔斯·德巴什(Charles Debbasch)的《从新宪政党到宪政社会主义党:比塞大代表大会》("Du Néo-Destour au parti socialiste destourien: le congrès de Bizerte," *Annuaire de l'Afrique du Nord*, 3 [1964], pp. 27－43)评述了从自由经济到新宪政党的社会主义的转变,而让-邦赛的《独立以来的突尼斯经济》("L'Economie tunisienne depuis l'indépendance," in *Annuaire de l'Afrique du Nord*, 8 [1969], pp. 93－114)则概述了突尼斯在独立后的头十年面临的经济问题。塔哈尔·哈维特(Tahar Haouet)的《突尼斯农业发展探索》("L'Expérience tunisienne de développement agricole," in Jean Cuisenier [ed.], *Problèmes du* *développement économique dans les pays méditerranéens* [Paris and The Hague: Mouton, 1963], pp. 65－116)专门针对农业部门,而C. 扎尔卡的(C. Zarka)的《强制计划时期的突尼斯经济》("L'Economic tunisienne à l'heure de la planification impérative," *Annuaire de l'Afrique du Nord*, 1 [1962], pp. 207－241)则是计划经济的早期实证案例。艾哈迈德·本·萨拉赫思想的主要方面在马克·纳芬(Marc Nerfin)的《关于20世纪60年代社会主义动力与艾哈迈德·本·萨拉赫的对话》(*Entretiens avec Ahmed ben Salah sur la dynamique socialiste dans les années 1960* [Paris: Maspero, 1974])中有清晰体现,而关于这个计划部长的想法的英文样本可以在他的文章《突尼斯:内在发展与结构转变》("Tunisia: Endogenous Development and Structural Transformation," in Marc Nerfin [ed.], *Another Development: Approaches and Strategies* [Uppsala: The Dag Hammarskjold Foundation, 1977], pp. 242－262)中找到。约翰·西蒙斯(John Simmons)的《农业合作与乡村发展》("Agricultural Cooperatives and Rural Development," *Middle East Journal*, 24 [1970], pp. 455－465, and 25 [1971], pp. 45－57)评价了本·萨拉赫的政策,而穆迪·拉赫马尔(Mouldi Lahmar)的《60年代的突尼斯农业改革:宪政社会主义党忽视了农村群众基础》("La Réforme agraire dans les années soixante en Tunisie: le PSD contre ses assises rurales," *Revue de l'Institut des Belles Lettres Arabes*, 52, 163 [1989], pp. 39－68)则是突尼斯学者的较晚评论。哈费德·赛瑟姆(Hafedh Sethom)的《纳布勒-哈马马特地区的农业与旅游业:同步发展还是交叉失衡?》("Agriculture et tourisme dans la région de Naheul-Hammamet, co-existence féconde ou déséquilibre croissant?" *Cahiers de Tunisie*, 24: 93－94 [1976], pp. 101－111*)是关于突现在旅游业高度集中地区的严重问题的旅游业早期研究。

莫妮拉·M.夏拉德(Mounira M. Charrad)的《国家和妇女权利:后殖民时代突尼斯、阿尔及利亚和摩洛哥的抉择》(*States and Women's*

Rights: The Making of postcolonial Tunisia, Algeria, and Morocco [Berkeley, Ca.: University of California Press, 2001]*)的相关章节,对突尼斯妇女法律地位的变化,特别是1956年《个人地位法》的影响提供了不错的概述,同样的研究还有马克·泰斯勒(Mark Tessler)、珍妮特·罗杰斯(Janet Rogers)和丹尼尔·施奈德(Daniel Schneider)的《突尼斯妇女的解放》("Women's Emancipation in Tunisia," in Lois Beck and Nikki Keddie [eds.], *Women in the Muslim World* [Cambridge, Ma.: Harvard University Press, 1978], pp. 141－158*)。伊尔赫姆·玛祖吉的《20世纪的突尼斯妇女运动:女权主义和政治》(*Le Mouvement des femmes en Tunisie au XXè siècle: féminisme et politique* [Paris: Maisonneuve et Larose, 1993]*)讨论了上至前殖民时代的妇女动员成就。穆罕默德·恩纳塞尔(Mohamed Ennaceur)的《独立以来的突尼斯社会政策及其在社会发展中的地位》("La Politique sociale de la Tunisie depuis l'indépendance et sa place dans le développement," in Abdelwahab Bouhdiba [ed.], *Le Développement en question* [Tunis: Centre d'Etudes et de Recherches Economiques et Sociales, 1990], pp. 335－392*)研究了作为发展工具的社会政策,包括针对妇女的社会政策的应用。詹姆斯·奥尔曼(James Allman)的《突尼斯的社会流动、教育和发展》(*Social Mobility, Education and Development in Tunisia* [Leiden: Brill, 1977]*)特别关注独立后教育在促进发展中发挥的作用。

第六章　政权的巩固与反对的加剧(1968－1987)

20世纪70年代初期社会主义宪政党内部的改革要求为阿拉亚·阿拉尼(Alaya Allani)的《布尔吉巴与宪政党内部的"自由"潮流:1970－1971年》("Bourguiba et le courant 'libéral' au sein du parti destourien: 1970－1971," in Abdeljelil Temimi [ed.], *Habib Bourguiba et l'établissernent de l'état national: approches scientifiques du bourguibisme* [Zaghouan: Fondation Temimi pour la Recherche

Scientifique et l'Information, 2000], pp. 51 – 57)提供了研究背景。用英文发表的关于过去 30 年的事件的研究比突尼斯历史上任何较早时期的研究都要多。约翰·恩特里斯(John Entelis)的《意识形态变化和正在突尼斯政治中出现的反主流文化》("Ideological Change and an Emerging Counter-Culture in Tunisian Politics," *Journal of Modern African Studies*, 12 [1974], pp. 543 – 568)是对改革运动的当代评价。乔恩·马克斯(Jon Marks)的《突尼斯》("Tunisia," in Tim Niblock and Emma Murphy [eds.], *Economic and Political Liberalization in the Middle East* [London: British Academic Press, 1993], pp. 166 – 176*)概述了出现在 20 世纪 70 和 80 年代的变革。第二个相似的概述是阿斯玛·拉里夫-比阿特里克斯(Asma Larif-Beatrix)的《突尼斯国家变革》("L'évolution de l'état tunisien," *Maghreb-Machrek*, 116 [1987], pp. 35 – 44)。德克·范德威尔(Dirk Vandewalle)在《布尔吉巴、超凡领导及突尼斯的一党制》("Bourguiba, Charismatic Leadership and the Tunisian One Party System," *Middle East Journal*, 34 [1980], pp. 149 – 159)中对政治领导权的幸存,尽管它反对任何表面上的多元主义表现,做了可能的解释。克莱门特·亨利·摩尔的《突尼斯和布尔吉巴主义:二十年危机》("Tunisia and Bourguibisme: Twenty Years of Crisis," *Third World Quarterly*, 10:1 [1988], pp. 176 – 190),概括了布尔吉巴执政末期困扰他的许多难题。明显针对这一时期的研究还有莉萨·安德森(Lisa Anderson)的《受挫的民主:突尼斯的姆扎里时期》("Democracy Frustrated: The Mzali Years in Tunisia," in Reeva Simon [ed.], *The Middle East and North Africa: Essays in Honor of J. C. Hurewitz* [New York: Columbia University Press, 1990], pp. 185 – 203)。

大卫·塞登(David Seddon)的《北非的骚乱与叛乱:突尼斯、摩洛哥和苏丹经济危机的政治反应》("Riot and Rebellion in North Africa: Political Responses to Economic Crisis in Tunisia, Morocco, and Sudan," in Berch Berberoglu [ed.], *Power and Stability in the*

Middle East [London: Zed Press, 1989], pp. 114 − 135),把由始于20世纪70年代末期的经济政策引发的公众骚乱与类似骚乱的爆发做了比较。相似的研究还有穆迪·拉赫马尔的《突尼斯乡村的"面包起义":社会名流、工人和农民》,("La 'Révolte du pain' dans la campagne tunisienne: notables, ouvriers et fellahs," *Esprit*, 100 [1985], pp. 9 − 19)。哈比卜·阿舒尔(Habib Achour)的回忆录《我的政治和工会生活:热情与失望(1944 − 1981年)》(*Ma Vie politique et syndicale. Enthousiasme et déception* [*1944 − 1981*] [Tunis: Alif, 1989]*),展示了资深工会领导人对这些事件的看法,并将这些看法置于更广泛的党与工会关系的环境之中。皮埃尔·罗伯特·巴杜勒(Pierre Robert Baduel)的《像赌注一样加夫萨》("Gafsa comme enjeux," *Annuaire de l'Afrique du Nord*, 19 [1980], pp. 485 − 511)是对加夫萨袭击事件的分析。

关于从布尔吉巴的总统权力逐渐衰弱时开始的突尼斯经济重建的论著有很多。对所涉问题介绍的是马赫默德·本·罗姆丹(Mahmoud Ben Romdhane)的《突尼斯面对经济危机的重建基础和内容:一个批判性分析》("Fondements et contenu des restructurations face à la crise économique en Tunisie: Une Analyse critique," *Annuaire de l'Afrique du Nord*, 26 [1987], pp. 149 − 176)。其他有价值的评述还有斯蒂芬·J.金(Stephen J. King)的《经济改革与突尼斯的独裁政党:行政精英的结局》("Economic Reform and Tunisia's Hegemonic Party: The End of the Administrative Elite," in Ali Abdullatif Ahmida [ed.], *Beyond Colonialism and Nationalism in the Maghrib: History; Culture, and Politics* [New York: Palgrave, 2000], pp. 165 − 193)和卡伦·菲弗(Karen Pfeiffer)的《在暗礁和艰难选择之间:突尼斯的国际金融与经济调整》("Between Rocks and Hard Choices: International Finance and Economic Adjustment in North Africa," in Dirk Vandewalle [ed.], *North Africa: Development and Reform in a Changing Global Economy* [New

York: St. Martin's Press, 1996], pp. 25－63*)。萨米尔·拉德万(Samir Radwan)、瓦利·贾马尔(Vali Jamal)和阿吉特·高斯(Ajit Ghose)的《突尼斯：农村劳动力和结构转型》(*Tunisia: Rural Labour and Structural Transformation* [London: Routledge, 1990]*)探讨了一些农村特有的重建层面。伊利亚·哈里克(Iliya Harik)的《突尼斯的私有化和发展》("Privatization and Development in Tunisia," in Iliya Harik and Dennis J. Sullivan [eds.], *Privatization and Liberalization in the Middle East* [Indianapolis, In.: Indiana University Press, 1992], pp. 210－232*)考察了推动私有化的努力。阿卜杜勒萨特尔·格里萨(Abdelsatar Grissa)的《突尼斯的国有企业和私有化政策》("The Tunisian State Enterprises and Privatization Policy," in I. William Zartman [ed.], *Tunisia: The Political Economy of Reform* [Boulder, Co.: Lynne Rienner, 1991], pp. 109－127*)。在上篇论文所在的论文集中还有伊娃·贝琳(Eva Bellin)探讨强大的企业界与政府的联系的论文《突尼斯企业家与国家》("Tunisian Industrialists and the State," pp. 45－65*)。

伊斯兰主义运动的出现向布尔吉巴的总统权力提出了严重挑战，也引起了学术界的极大兴趣。在讨论该运动早期活动的众多文章中，阿卜杜勒巴吉·赫尔马希(Abdelbaki Hermassi)的两篇文章《伊斯兰运动所反映的突尼斯社会》("La société tunisienne au miroir islamiste," *Maghreb-Machrek*, 103 [1984], pp. 39－56)和《突尼斯伊斯兰运动的兴衰》("The Rise and Fall of the Islamist Movement in Tunisia," in Laura Guazzone [*ed.*], *The Islamist Dilemma: The Political Role of Islamist Movements in the Contemporary Arab World* [London: Ithaca Press, 1995], pp. 105－127*)，如其题目所示，比较全面地介绍了伊斯兰主义运动。对研究伊斯兰主义运动早期阶段同样有帮助作用的还有帕特里克·巴纳曼(Patrick Bannerman)的《突尼斯的伊斯兰倾向运动》("The Mouvement de la Tendance Islamique in Tunisia," in R. M. Burrell [ed.], *Islamic Fundamentalism*

[London: Royal Asiatic Society, 1989], pp. 67－74)。另外几篇提出关于伊斯兰主义事业普遍性理论的文章是阿卜杜勒卡德尔·扎勒(Abdelkader Zghal)的《圣物的回归和青年学者的新的思想要求：以突尼斯为例》("Le Retour du sacré et la nouvelle demande idéologique des jeunes scholarisés: le cas de Tunisie," *Annuaire de l'Afrique du Nord*, 18 [1979], pp. 41－64)、苏珊·华尔兹(Susan Waltz)的《突尼斯的伊斯兰主义呼声》("Islamist Appeal in Tunisia," *Middle East journal*, 40 [1986], pp. 651－670)和诺玛·塞伦(Norma Salem)的《突尼斯的伊斯兰教及政治认同》("Islam and the Politics of Identity in Tunisia," *journal of Arab Affairs*, 2 [1986], pp. 194－216)。阿卜杜勒巴吉·赫尔马希的《伊斯兰运动和 11 月 7 日》("The Islamist Movement and November 7," in Zartman, *Tunisia: The Political Economy of Reform*, pp. 193－204)研究了伊斯兰主义者在推翻布尔吉巴政府中所起的作用。

突尼斯的电影历史及许多重要电影作品的插图被收入罗伊·阿尔姆斯(Roy Armes)的《马格里布电影：突尼斯》("Cinema in the Maghreb: Tunisia," in Oliver Leaman [ed.], *Companion Encyclopedia of Middle Eastern and North African Film* [London and New York: Routledge, 2001], pp. 490－512)、穆罕默德·萨拉赫·拉萨阿(Mohamed Salah Rassaa)的《突尼斯电影 35 年》(*35 ans de cinéma tunisien* [Tunis: Saliar, 1993])和索尼娅·查姆基(Sonia Chamkhi)的《突尼斯新电影》(*Cinéma tunisien nouveau* [Tunis: Sud Editions, 2002])。弗里德·博格德尔(Férid Boughedir)是突尼斯评论家和许多优秀国产电影的导演,他写了《突尼斯电影(1966－1986 年)——突尼斯电影 20 年：从突尼斯电影看突尼斯社会》("Le Cinéma en Tunisie [1966－1986]. Vingt ans de cinéma tunisien: la société tunisienne vue par ses films," *Revue Tunisienne de Communication*, 9 [1986], pp. 88－113)。吉耶梅特·曼苏尔(Guillemette Mansour)的《突尼斯电影与摄影——萨马玛·齐克利——一位与 20 世纪相遇的突尼斯人》

(*Cinéma et photographie en Tunisie — Samama Chikly — Un tunisien à la rencontre de XXé siècle* [Tunis: Simpact, 2000])考察了一位突尼斯电影和摄影开拓者的工作。巴德拉·布奇尔(Badra Bchir)的《突尼斯戏剧元素》(*Eléments du fait théâtral en Tunisie* [Tunis: Centre d'Etudes et de Recherches Economiques et Sociales, 1993])、穆罕默德·马苏德·德里斯(Mohamed Masood Driss)的《突尼斯的戏剧活动,1970－1980年:总结性评述》("L'Activité théâtrale en Tunisie, 1970－1980: essai de bilan," *Revue de l'Institut des Belles Lettres Arabes*, 156 [1985], pp. 313－329)论述了舞台作品。让·方丹(Jean Fontaine)的《突尼斯市的"新戏剧",1976－1982年》("Le 'Nouveau Théâtre' de Tunis, 1976－1982," *Revue de l'Institut des Belles Lettres Arabes*, 151 [1983], pp. 123－133)描述了突尼斯首次投入私人商业戏剧的情况。方丹还撰写了《突尼斯当代文学》(*La Littérature tunisienne contemporaine* [Paris: Centre Nationale de Recherche Scientifique, 1990])、《突尼斯阿拉伯语小说,1956－2001年》(*Le Roman tunisien de langue arabe, 1956－2001* [Tunis: Centre d'Etudes et de Recherches Economiques et Sociales, 2002])、关于女性作家的《突尼斯女作家》(*Ecrivaines tunisiennes* [Tunis: Gai Savoir, 1990])以及英文的《突尼斯阿拉伯语文学(1956－1990年)》("Arabic Language Tunisian Literature [1956－1990]," *Research in African Literatures*, 23 [1992], pp. 183－193)。索菲·古丽(Sophie el-Goulli)的《突尼斯造型艺术》("Les Arts plastiques en Tunisie," *Europe*, 702 [1987], pp. 49－56)主要关注绘画。有关突尼斯的现代音乐,请见阿里·莱希(Ali Racy)的《突尼斯音乐:一种当代视角》("Music of Tunisia: A Contemporary Perspective," *Arabesque*, 5: 1 [1979], pp. 18－24 and 28)。

第七章 "新"突尼斯的稳定与改革(1987－2003)

对突尼斯1987年"历史性转变"的早期评价有莫森·托米

(Mohsen Toumi)的《从布尔吉巴到本·阿里的突尼斯》(*La Tunisie de Bourguiba à Ben Ali* [Paris: Presses Universitaires de France, 1989])、克莱门特·亨利·摩尔的《二十年继任危机后的突尼斯》("La Tunisie après vingt ans de crise du succession," *Maghreb-Machrek*, 120 [1988], pp. 5－22),以及《中东期刊》1988 年第 42 期中的两篇文章:德克·范德威尔(Dirk Vandewalle)的《从新国家到新时期:迈向突尼斯第二共和国》("From the New State to the New Era: Towards a Second Republic in Tunisia," pp. 602－620)和刘易斯·B. 维尔(Lewis B. Ware)的《本·阿里在突尼斯的合乎宪法的政变》("Ben Ali's Constitutional Coup in Tunisia," pp. 587－601)。格林·德纽克斯(Guilain Denoeux)的《本·阿里的突尼斯及其悖论》("La Tunisie de Ben Ali et ses paradoxes," *Maghreb-Machrek*, 166 [1999], pp. 32－52)和米歇尔·加缪(Michel Camau)的《从一个共和国到另一个共和国:政治重建与自由转变的风险》("D'Une république à l'autre: Refondation politique et aléas de la transition libérale," *Maghreb-Machrek*, 157 [1997], pp. 3－16)都是对转变后十年的政治形势的全面评述。莉萨·安德森的《政治公约、自由主义和民主:1988 年突尼斯全国公约》("Political Pacts, Liberalism and Democracy: The Tunisian National Pact of 1988," *Government and Opposition*, 26 [1991], pp. 244－260)是对新政权最初尝试建立广泛支持基础的说明。穆罕默德·阿卜杜勒哈克(Mohamed Abdelhaq)和让-伯纳德·休曼(Jean-Bernard Heumann)的《突尼斯的反对派与选举》("Opposition et élections en Tunisie," *Maghreb-Machrek*, 168 [2000], pp. 29－40*)分析了几次形式上的多党全国大选的选举结果。

利亚德·扎勒(Riadh Zghal)的《突尼斯工会主义的新方向》("Nouvelles orientations du syndicalisme tunisien," *Maghreb-Machrek*, 162 [1998], pp. 6－17)和克里斯托弗·亚历山大(Christopher Alexander)的《突尼斯的国家、劳工和新全球经济》("State, Labor, and the New Global Economy in Tunisia," in Dirk

Vandewalle [ed.], *North Africa: Development and Reform in a Changing Global Economy* [New York: St. Martin's Press, 1996], pp. 177－202)考察了1987年以来工会组织的作用。克里斯托弗·亚历山大的《机会、组织和思想：阿尔及利亚与突尼斯的伊斯兰主义者和工人》("Opportunities, Organizations, and Ideas: Islamists and Workers in Tunisia and Algeria," *International Journal of Middle East Studies*, 32 [2000], pp. 465－490)概述了劳工与伊斯兰主义运动的联系。克莱门特·亨利·摩尔的《后殖民时期的公民社会辩证法》,("Post-Colonial Dialectics of Civil Society," in Yahya H. Zoubir [ed.], *North Africa in Transition: State, Society, and Economic Transformation in the 1990s* [Gainesville, FL: University Press of Florida, 1999], pp. 11－28)描述了后布尔吉巴时代公民社会其他成分的出现。人权组织的发展及其在政治进程中的参与为苏珊·华尔兹(Susan Waltz)的《人权与改革：变化中的北非政治面貌》(*Human Rights and Reform: Changing the Face of North African Politics* [Berkeley, Ca.: University of California Press, 1995])提供了研究主题。

德尔菲娜·亨利(Delphine Henry)的《本·阿里总统和伊斯兰运动拥护者》("Le Président Ben Ali et les islamistes," *L'Afrique et l'Asie Moderne*, 164 [1990], pp. 135－149)论述了国家新领导人对伊斯兰运动的最初手段。迈克尔·C. 邓恩的《突尼斯的复兴运动：从复兴到革命》("The al-Nahda Movement in Tunisia: From Renaissance to Revolution," in John Ruedv [ed.], *Islam and Secularism in North Africa* [New York: St. Martin's Press, 1994], pp. 149－165*)描述了伊斯兰主义运动同政府无法达成暂时妥协造成的日渐恶化的局势,但是关于伊斯兰主义者所起政治作用的最有趣的英文说明可能是前激进主义者穆罕默德·埃尔哈奇米·哈米迪(Mohamed Elhachmi Hamdi)的《伊斯兰的政治化：以突尼斯为例》(*The Politilization of Islam: A Case Study of Tunisia* [Boulder,

Co.: Westview Press, 1998]*)。对伊斯兰主义的成功可能危害妇女在过去所获进步的担心,是扎卡亚·达乌德(Zakya Daoud)的《突尼斯妇女:司法利益及经济与社会地位》("Les femmes tunisiennes: Gains juridiques et statut économique et social," *Maghreb-Machrek*, 145 [1994]. pp. 27 – 48*)的潜在倾向。

国民经济得到了哈切米·阿拉亚(Hachemi Alaya)的《突尼斯的经济游戏新规则:市场经济的原则与机制》(*Les Nouvelles règles du jeu économique en Tunisie: principes et mécanismes de l'économie de marché* [Tunis: Centre de publication universitaire, 1999])的关注。安德烈·威尔莫茨(André Wilmots)的《从布尔吉巴到本·阿里:非凡的突尼斯经济路线,1960 – 2000 年》(*De Bourguiba à Ben Ali: L'Etonnant parcours économique de la Tunisie, 1960 – 2000* [Paris: L'Harmattan, 2003]*)就近期经济发展提出了一个更广泛的视角。对如何解决经济全球化提出的挑战是哈吉米·本·哈姆达(Hakim Ben Hammouda)的《突尼斯:国际融入的调整与困难》(*Tunisie, ajustement et difficulté de l'insertion international* [Paris: L'Harmattan, 1995])研究的核心问题,也是世界银行的一项研究《突尼斯的全球一体化与可持续发展:21 世纪的战略选择》(*Tunisia's Global Integration and Sustainable Development: Strategic Choices for the 21st Century* [Washington, DC: World Bank, 1996])。让-皮埃尔卡萨里诺(Jean-Pierre Cassarino)的《欧盟-突尼斯合作协定和突尼斯的结构改革方案》("The EU-Tunisian Association Agreement and Tunisia's Structural Reform Program," *Middle East Journal*, 53: 1 [1999] pp. 59 – 74)讨论了突尼斯与欧盟的正式关系给其造成的经济后果。

索　引

（索引条目后数字为原书页码，即本书边码）

B

C

F

M

Q

R

U